CENTRE NATIONAL DE PRET

~~Service des doubles~~

(à renvoyer au Service des prêts, Grande
Ecurie du roi, référence postale 1101;
78011 VERSAILLES CEDEX).

2514

Délai du prêt : 1 mois

PRET A DOMICILE NON AUTORISE

SOCIÉTÉ DE L'HISTOIRE DE FRANCE

NOTE POUR LE TOME Ier

DE LA

CHRONIQUE DES RÈGNES DE JEAN II ET DE CHARLES V

*La présente note sera remplacée par l'*Introduction, *qui paraîtra en même temps que le second et dernier volume de l'édition.*

La *Chronique des règnes de Jean II et de Charles V* est la dernière partie de l'œuvre historique considérable, connue sous le nom de *Grandes Chroniques de France,* et dont une nouvelle édition, allant des origines à la mort de Philippe de Valois, doit être publiée pour la Société de l'Histoire de France. La période comprise entre 1350 et 1380 est une des plus importantes de l'histoire de France, et aussi l'une des mieux connues, les événements qui la remplissent ayant été racontés par un témoin admirablement placé pour tout voir et tout savoir. La *Chronique des règnes de Jean II et de Charles V* est une histoire officielle au premier chef, sèchement écrite, sans art, mais non sans habileté. Charles V a su trouver un interprète fidèle de sa pensée, un avocat autant qu'un annaliste, dont le plaidoyer passionné, malgré sa froideur apparente, a porté aux ennemis de ce prince des coups dont leur mémoire ne s'est pas relevée. Mais, ces réserves faites, et aussi largement qu'on le voudra, il faut reconnaître que le Roi nous a laissé un monument historique d'un prix infini, par l'exactitude matérielle et la précision chronologique. Il n'y a rien, dans l'historiographie française du xive siècle, qui soit comparable, même de loin, à cette partie des *Grandes Chroniques*. Il est généralement admis qu'elle a été composée, sur l'ordre de Charles V, par son chancelier Pierre d'Orgemont. Cette attribution, plausible à certains égards, n'est pas rigoureusement démontrée.

La *Chronique de Jean II et de Charles V*, plusieurs fois imprimée avec le corps des *Grandes Chroniques*, forme le tome VI de l'édition de Paulin Paris. Cette édition, — je n'entends parler ici que du tome VI, — a rendu de grands services, en faisant connaître davantage une œuvre de premier ordre. Elle ne saurait suffire aujourd'hui. P. Paris a dressé son texte d'après une méthode assez incertaine et avec un éclectisme souvent malheureux. Il eût été préférable qu'il se fût borné à reproduire simplement le manuscrit de Charles V (Bibl. nat., ms. fr. 2813), où l'on ne trouve aucune des mauvaises leçons, si fréquentes ailleurs.

C'est ce manuscrit qui a servi de base à la présente édition, laquelle se composera de deux volumes, le premier consacré au règne de Jean II, le second à celui de Charles V. Les éditions des *Grandes Chroniques* comprenant généralement une continuation, qui embrasse le début du règne de Charles VI, sans dépasser dans aucun manuscrit le mois de février 1384, il a paru utile de ne pas omettre ce supplément. On le trouvera donc en appendice au tome II. Le manuscrit de Charles V a été « enluminé » avec un soin particulier. C'est un des plus beaux livres qui aient été exécutés pour la Bibliothèque royale. Le Conseil de la Société de l'Histoire de France a estimé qu'il y aurait intérêt à reproduire les miniatures, qui illustrent le texte de la *Chronique de Jean II et de Charles V* et ont souvent une valeur documentaire. On les trouvera, réunies et décrites, dans un album, qui constituera un troisième volume, du même format que ceux de la Société. Il sera distribué et mis en vente avec le tome II.

Nogent-le-Rotrou, imprimerie DAUPELEY-GOUVERNEUR.

CHRONIQUE

DES RÈGNES

DE JEAN II ET DE CHARLES V

CHRONIQUE

DES RÈGNES

DE JEAN II ET DE CHARLES V

PUBLIÉE

POUR LA SOCIÉTÉ DE L'HISTOIRE DE FRANCE

PAR

R. DELACHENAL

TOME PREMIER

1350-1364

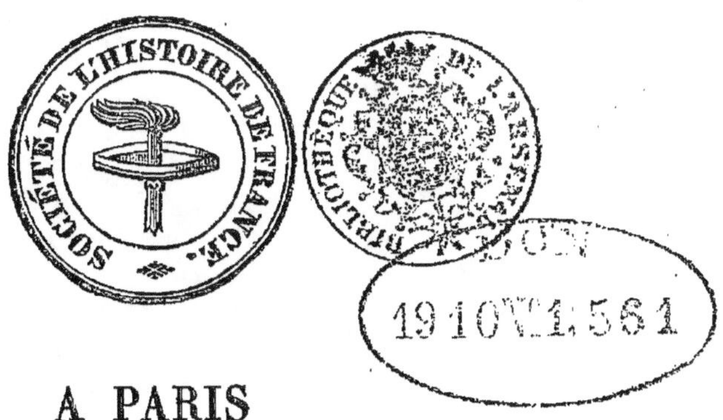

A PARIS

LIBRAIRIE RENOUARD

H. LAURENS, SUCCESSEUR

LIBRAIRE DE LA SOCIÉTÉ DE L'HISTOIRE DE FRANCE

RUE DE TOURNON, N° 6

M DCCCC X

LES GRANDES CHRONIQUES DE FRANCE

CHRONIQUE

DES RÈGNES

DE JEAN II ET DE CHARLES V

Ci commencent les chapitres des faiz du roy Jehan, filz du roy Phelippe de Valois, et les chapitres des faiz de Charles, filz du dit roy Jehan, tant avant qu'il fust roy comme après[1].

Le premier chapitre[2] fait memoire du coronnement et du sacre du roy Jehan de France, filz du devant dit

1. Dans le manuscrit français 2813 de la Bibliothèque nationale, qui a servi de base à la présente édition, on lit, immédiatement après le mot *Amen*, par lequel se termine une sorte d'épilogue ajouté au règne de Philippe de Valois, les lignes suivantes : « Ci finent la vie et les fais du roy Phelippe de Valois et après commencent les chapitres des faiz du roy Jehan, filz du dit Phelippe, et les chapitres des faiz de Charles, filz du dit roy Jehan, tant avant qu'il fust roy comme après » (fol. 389). Comme j'ai modifié quelque peu ce passage, j'ai cru nécessaire de reproduire en note la phrase tout entière, parce qu'elle établit un lien voulu entre la partie antérieure des *Grandes Chroniques* et la chronique des règnes de Jean II et de Charles V.

2. A la marge supérieure, en titre courant : « Le roy Jehan » ;

roy Phelippe de Valois, et des chevaliers qu'il fist à son joieux advenement, et de la mort messire Raoul, conte de Eu et de Guynes, lors connestable de France [1].

Le secont comment le roy de France fist messire Charles d'Espaigne connestable de France, et de pluseurs incidences.

Comment la ville et le chastel de Guynes furent pris des Anglois, le jour que le roy de France faisoit la feste de l'Estoille à Saint-Oyn [2].

Comment le duc de Lancastre et le duc de Bresvic vindrent à Paris pour euls combatre devant le Roy; mais le Roy prist le fait en sa main [3].

De la mort messire Charles d'Espaigne, connestable de France [4].

Comment le roy de France pardonna au roy de Navarre la mort du dit connestable.

De la reconsiliacion de ceuls de Harecourt pour la mort du dit connestable [5].

De la rebellion des Navarrois contre le roy de France, et de la revenue messire Robert de Lorris.

De la prise de la ville de Nantes par les Anglois, et comment chastel et ville furent recouvrez.

Comment le Roy envoia mons. le dalphin, son ainsné filz, en Normandie, et du pillement que les Navarroiz faisoient sur les François [6].

sur les feuillets suivants, on lit toujours, et uniformément : « Du roy Jehan ».
  1. En marge : « MCCCL. »
  2. En marge : « MCCCLI. »
  3. En marge : « MCCCLII. »
  4. En marge : « MCCCLIII. »
  5. En marge : « MCCCLIIII. »
  6. En marge : « MCCCLV. »

1. En marge : « MCCCLVI. »

tiers, fist assembler les gens des trois estas, pour ordener hastivement de la delivrance du Roy, son pere, et furent les genz du conseil du Roy separez du conseil de ceulz des III estas, qui furent esleus cinquante pour tous.

De l'ordenance que ceuls de la Langue d'oc firent pour l'amour et delivrance du roy de France.

Comment mons. le duc de Normandie, tant de son bon entendement naturel, comme par bonne deliberacion de son Conseil, fist departir les gens des trois estas et leur fist dire que chascun d'eulx s'en repairast en son lieu.

Comment mons. Robert de Clermont desconfist en Normandie les gens messire Phelippe de Navarre, et y morut messire Godefroy de Harecourt.

Comment le chastel du Pont-Audemer, que les Navarrois tenoient, fu rendu aus gens du roy de France.

Comment mons. le duc de Normandie ala par devers l'Empereur, son oncle.

Comment le prevost des marchanz, avecques pluseurs des habitans en la ville de Paris, alerent par pluseurs fois devers mons. d'Anjou, pour faire cessier la nouvelle monnoie.

De la revenue mons. le duc de Normandie de devers l'Empereur, son oncle.

Comment mons. le duc de Normandie, par droit anuy et pour paix avoir, accorda au prevost des marchans et à ses aliez pluseurs requestes, qu'il li firent sanz raison et injustement.

De ceuls chez les quelz l'en envoia sergens en gar-

De la predicacion, par paroles couvertes et equivoques, que le roy de Navarre fist, ou Pré aus clers, à pluseurs de Paris, en concluant à la fin à quoy il tendoit.

De la response que l'evesque de Laon rendy pour mons. le duc sans en demander son plaisir.

Comment mons. le duc, par le conseil qu'il ot, et aussi par sa benignité, ala premierement devers le roy de Navarre, en l'ostel de la royne Jehanne.

Comment il fu conseillié à mons. le duc, par l'evesque de Laon et par le prevost des marchans, que il acordast toutes les requestes du roy de Navarre.

Des ordenances comment les dessus diz decapitez et pendus à Rouen fussent despendus et enterrez et les biens tous rendus aus hoirs.

Comment les capitaines des chasteaux de Normandie, qui estoient tenuz contre le roy de France, vindrent à Mante par devers le roy de Navarre, le quel les reçut lieement.

Des chaperons partis, que ceuls de Paris pristrent, et comment le roy de Navarre ala à Rouen.

Comment le roy de Navarre fist despendre les dessus diz decapitez à Rouen et les fist enterrer solempnelment.

Du sermon que le roy de Navarre fist à ceuls de Rouen, en nommant les decapitez martyrs.

Comment mons. le duc, en asseurant ceuls de Paris, leur dist, en plaines halles, que il vouloit vivre et mourir avecques euls, et que les gens d'armes qu'il faisoit venir estoient pour le bien de eulz et du royaume, car, par la deffaute de ceuls qui avoient pris

ordenances que les III estaz avoient ordenées l'année devant.

De la revenue du roy de Navarre à Paris, et du mandement que le roy de France fist au duc de Normandie.

Des lettres que le prevost des marchans envoia aus bonnes villes, pour les faire allier et prendre chaperons de meismes ceuls de Paris.

De la response de ceuls qui tenoient les forteresses faite à ceuls que le roy d'Angleterre leur envoia.

La teneur des saufs conduiz que le roy de Navarre donnoit à Paris.

Comment mons. le duc prist le nom de regent par tiltre de lettres, par raison et à tres bonne et juste cause.

De la mort de Phelipot de Repenti, escuier.

Comment mons. le regent ala à Senlis et à Compiegne.

Comment le conte de Brene respondi au dit regent pour ceuls de Champaigne, et comment le chastel de Monstereul ou fort d'Yonne fu rendu au dit regent, le quel y demoura une nuyt, et de là se parti et ala en la cité de Meaux[1].

De l'artillerie que ceuls de Paris pristrent au Louvre et la firent porter en l'ostel de la ville.

Du descort de ceuls d'Amiens les uns contre les autres, et comment les ennemis, qui tenoient Esparnon, pillierent la ville de Chasteau-Landon.

De l'ordenance qui fu faite en Champaigne sur le fait des aides pour la guerre.

---

1. En marge : « MCCCLVIII. »

blerent, soubz un paveillon qui fu tendu sur une mote entre Saint-Anthoine et le Bois, pour acorder un traictié que la royne Jehanne avoit basti, et du sairement que le dit roy fist sus *Corpus Domini*, que l'evesque de Lisieux avoit celebré en entencion que le dit regent et le roy le usassent, pour plus fermement tenir leurs sairemens; mais le roy de Navarre le refusa premier à recevoir.

Comment, après les dessus diz sairemenz, les gens du roy de Navarre coururent sus aus genz du regent.

Comment le roy de Navarre mist sus au regent qu'il avoit enfraint le traictié, et du pont de bateaux qui fu fait sur Saine.

Comment mons. le regent et ses gens rebouterent ceuls de Paris de dessus le pont qu'il avoit fait faire sur Saine, et de pluseurs escarmuches faites environ Saint-Anthoine de ceulz de Paris contre les gens du dit regent, et du traictié qui fu pour faire la paix entre le regent et ceuls de Paris.

Comment ceuls de Paris s'esmurent contre les Anglois, que le roy de Navarre avoit fait venir en la dite ville, et en tuerent partie et les autres emprisonnerent au Louvre, et de la mort de ceulz de Paris entre Paris et Saint-Clost.

Comment le prevost des marchans et ses alliez delivrerent les Anglois du Louvre.

De la mort du prevost des marchans et de pluseurs autres à luy alliez.

De la venue du regent à Paris et de la mort Charles Toussac et de Joceran de Mascon.

Comment le regent fu deffié de par le roy de Navarre.

De la mort de pluseurs autres, qui estoient traistres

______

1. Les mots entre crochets manquent dans le manuscrit.

veoir son pere le roy de France, et des sairemens des deux roys, et de la paix du roy de Navarre, et comment le roy de France se parti de Calais.

Des noms de ceuls qui demourerent en hostages en Angleterre pour le roy de France.

Comment l'en fist les joustes à Saint-Omer, et de la venue du roy de France à Saint-Denis, et comment le roy de Navarre vint par devers li.

Comment le roy de France entra à Paris, et de deux incidences, l'une de la bataille de Maingot Maubert et Fouque d'Archiac, qui se combatirent à Meaux, et l'autre incidence est de messire Phelippe, duc et conte de Bourgoigne, conte d'Artois et d'Auvergne et de Bouloigne, le quel trespassa à Rouvre, pres de Dijon[1].

Comment le roy de France ala à Avignon, et de la mort de pape Innocent, et de l'eleccion de pape Urbain dit Grimoart[2].

Comment le roy de France Jehan retourna de France en Angleterre de sa franche volenté, et comment il y fu honorablement receu des Anglois, et après une maladie le prist dont il devia[3].

Comment messire Bertram du Guesclin prist les villes de Mante et de Meullenc, et prist pluseurs de Paris[4].

Comment le corps du roy Jehan fu apporté en France en l'abbaye de Saint-Anthoine-lez-Paris, et de son enterrement et obseque à Saint-Denis en France.

De la prise du captal de Buch par messire Bertram du Guesclin.

1. En marge : « M CCC LXI. »
2. En marge : « M CCC LXII. »
3. En marge : « M CCC LXIII. »
4. En marge : « M CCC LXIIII. »

1. En marge : « M CCC LXV. »
2. En marge : « M CCC LXVI. »
3. En marge : « M CCC LXVII. »

vint à Paris, et de l'oneur que le roy de France et les barons li firent[1].

Des appellacions que le conte d'Armignac et autres nobles firent contre le prince de Galles en France.

La teneur des lettres des renonciacions que le roy d'Angleterre et le prince, son filz, devoient faire par le traictié des terres qu'ilz tenoient, nommées ou chapitre.

Comment le Roy ala à Tournay, pour parler au conte de Flandres du mariage de sa fille et de Phelippe, duc de Bourgoigne, frere du Roy, et des XII cardinaulx que le pape Urbain fist.

De la nativité de Charles, premier fil de Charles le Quint, roy de France[2].

De la solempnité du baptizement du dit Charles, filz du Roy.

De la desconfiture du roy Pierre d'Espaigne et comment il mourut.

De la confirmacion du mariage de messire Phelippe, duc de Bourgoigne, et de la fille au conte de Flandres, et comment Abbeville, en Pontieu, et pluseurs autres villes se rendirent au roy de France[3].

Du parlement que le Roy tint sur le fait des appellacions dessus dites.

Après s'ensuit la teneur d'une lettres du roy d'Angleterre.

Du mariage de mons. de Bourgoigne et de madame Marguerite, fille du conte de Flandres.

Après s'ensuit la teneur du traictié du mariage dessus dit.

1. En marge : « M CCC LXVIII. »
2. En marge : « Nota. »
3. En marge : « M CCC LXIX. »

_____

1. En marge : « MCCCLXX. »

Comment le duc de Braiban fu desconfit, et le duc de Guerle mort, et du trespassement de madame Jehanne de France, jadis fille du roy Phelippe[1].

De la nativité de messire Loys, second filz du roy de France, et de son baptizement.

Comment l'abit et les livres des Turelupins furent ars en Greve, et les Turelupins et Turelupines condempnez[2].

Des nefs anglesches que François gaaignierent, et comment la ville de Poitiers se rendi françoise.

Comment ceuls de Thouars et de Poitou se rendirent françois à messeigneurs les dux de Berry et de Bourgoigne, et du siege qui fu devant Brest[3].

De la naissance de madame Ysabele, fille du Roy, et comment le duc de Lancastre vint en France, et de la mort de madame Jehanne, suer du roy de France et femme du roy de Navarre, et de la mort des deux cardinaulx de Beauvais et de Paris.

Comment Jehan de Montfort vint de Bourdeaux en Bretaigne et se mist ou fort de Auroy.

Une incidence des grandes rivieres.

Comment la ville et le chastel de la Rochelle furent prises.

De l'assemblée qui fu à Bruges pour traictier de la paix entre les II roys.

De la loy que le roy Charles le Quint ordena sur l'aagement des ainsnez filz des roys de France, et comment elle fu publiée en Parlement à Paris[4].

---

1. En marge : « M CCC LXXI. »

2. En marge : « M CCC LXXII. »

3. En marge : « M CCC LXXIII. »

4. Dans le manuscrit français 2813, la table des règnes de Jean II et de Charles V s'arrête aux mots : « Et comment elle

[Comment Richart, filz du prince de Galles, fu fait roy d'Angleterre, ses oncles vivans.

Du grant effort de gens d'armes que le roy de France avoit sur les champs, en v parties diverses.

Comment monseigneur le duc d'Anjou prist en Guyenne pluseurs chasteaux et forteresses, dont les noms s'ensuivent.

Comment pluseurs viles, chasteaux et forteresses se rendirent à mons. le duc d'Anjou.

Comment ceuls qui tenoient le chastel d'Auroy se rendirent en l'obeissance du roy de France, par le sire de Cliçon.

Comment Charles, empereur de Romme, escripst au Roy qu'il vouloit venir en France.

Comment le roy de France envoia honorables messages en la cité de Cambray, pour aler à l'encontre de l'Empereur, qui y devoit venir, et le acompaignerent tres honorablement jusques dedenz la dicte ville, en laquelle il fu receu joieusement à processions; et des paroles que ledit Empereur dist aus gens que le Roy li avoit envoiez.

Les noms des villes par où l'Empereur passa depuis Cambray jusques à Senliz, et des nobles hommes qui li furent à l'encontre.

Comment messeigneurs de Berry et de Bourgoigne,

fu publiée en Parlement à Paris. » Je l'ai complétée : 1° jusqu'au chapitre intitulé : « Comment le Roy manda à Paris pluseurs barons de Bretaingne, etc. » (voy. ci-après, p. 24), à l'aide des rubriques prises dans ce même manuscrit; 2° à partir de ce chapitre, qui est le dernier du manuscrit précité, en reproduisant les rubriques qu'on retrouve, avec des variations de graphie insignifiantes, dans un bon nombre de manuscrits des Grandes Chroniques de France. — Ces diverses additions ont été placées entre crochets.

dux et freres du roy de France, acompaigniez de pluseurs nobles chevaliers, barons et prelas, alerent au devant de l'Empereur, pour lui acompaignier à entrer en la cité de Senlis, et comment les diz chevaliers et escuiers estoient noblement vestuz d'unes couleurs.

Comment l'Empereur vint de Senliz à Louvres, et li envoia le Roy un curre et une litiere noblement atelez, et de là vint à Saint-Denis en France.

Comment l'Empereur, après ce qu'il ot veu les reliques de Saint-Denis, tant ou tresor comme aillieurs, et visité les sepultures qu'il requist à veoir, se parti de Saint-Denis pour venir à Paris.

Comment les prevols (*sic*) de Paris et des marchans et le chevalier du guet se departirent d'avecques le commun, qui estoient rengiez sur les champs, et alerent au devant de l'Empereur pour lui faire reverence.

Comment le roy de France se parti de son palais pour aler à l'encontre de l'Empereur, son oncle.

Comment le roy de France et l'Empereur, avecques son filz, le roy des Rommains, s'entreencontrerent entre la Chapelle et le moulin à vent, et de la reverence qu'il firent l'un à l'autre à l'assembler.

De la noble ordenance qui estoit quant le Roy et l'Empereur et son filz entrerent à Paris.

De l'ordenance des nobles barons, chevaliers, prelaz, escuiers et gens de Paris qui chevauchoient après les III princes dessus diz.

Comment le roy de France vint à l'Empereur emprès le perron où il estoit assis, et le salua et baisa, et puis baisa le roy des Romains, et de l'assiete du soupper de celui jour.

Des presens que ceuls de la bonne ville de Paris

envoiez à lui et à son filz, le roy des Romains, et à leurs gens.

Des aneaulx que le Roy et l'Empereur s'entredonnerent, et comment le Roy et l'Empereur pristrent congié l'un de l'autre amiablement et piteusement, et de ceuls qui convoierent le dit Empereur.

Comment l'Empereur se parti de Meaulx, et pristrent de lui congié les freres du Roy, qui l'avoient convoié euls et pluseurs autres seigneurs.

Les chemins que l'Empereur tint, en alant hors du royaume de France.

Des lettres de l'Emperiere, que son chancellier bailla au dalphin, contenanz les choses dessus dites.

Comment la royne de France enfanta une fille en l'ostel de Saint-Pol à Paris, la quelle fut nommée Katherine.

Du trespassement de madame Jehanne de Bourbon, royne de France, et de son noble appareil.

Comment le corps de la Royne fu porté à Nostre-Dame de Paris, et l'endemain à Saint-Denis en France, à grant honneur.

Comment le corps de la Royne fu enterré à Saint-Denis, et son cuer aus Cordeliers de Paris.

Comment les entrailles de la dicte Royne furent enterrées solempnelment en l'eglise des Celestins.

Du trespassement de madame Ysabel, fille du Roy, et de son enterrement.

Comment les messages commis à traictier de la paix du roy de France et de cil d'Angleterre recommencierent.

Du trespassement de pape Gregore XIᵉ, et de la fouldre qui chey.

tenoit pour ses amis et bien vueillans, que il s'estoit deliberé pour la partie du pape Climent.

Comment le dit Berthelemi, qui se nommoit pape Urbain, fist xxix cardinaulx dont les noms s'ensuivent.

Comment mons. Jehan de Montfort, qui se tenoit duc de Bretaigne, fu privé en Parlement de toutes les terres qu'il tenoit ou royaume de France.

Comment le cardinal de Limoges vint à Paris, de par le pape Climent, pour signifier, monstrer et declarer tout ce qui avoit esté fait de la nominacion de Berthelemi, dont dessus est faite mencion, et aussi de l'election du pape Climent.

Comment le Roy manda à Paris pluseurs barons de Bretaigne, pour leur dire les choses dont cy après est faite mencion.

De la venue des cardinaulx d'Aigrefueil et de Poitiers à Paris.

Comment le viconte de Rohen et pluseurs autres nobles du pays de Bretaingne remanderent mess. Jehan de Montfort, qui estoit en Angleterre.

De la rebellion des Flamens.

De la rebellion de Montpeslier.

C'est la sentence contre ceulx de Montpeslier.

De la mort mons. Bertram du Guesclin, connestable de France.

De la chevaucie des Englois en France.

Du conte de Flandres et des Flamens.

Du trespassement du roy Charles le Quint, filz du roy Jehan.

Du commencement du roy Charles sisiesme.]

Du coronnement du roy Jehan, et des chevaliers qu'il fist, et de la mort messire Raoul, conte d'Eu et de Guynes, lors connestable de France[1].

Apres le trespassement du roy Phelippe de Valois[2], regna pour luy Jehan, son ainsné filz[3], et fu coronné en l'eglise de Reims, le dymenche, xxvi jours en septembre, l'an de grace mil CCCL. Et aussi fu coronnée à celui jour la royne Jehanne, femme du dit roy Jehan[4]. Et après ce coronnement le Roy fist pluseurs chevaliers nouveaux, c'est assavoir : Charles, son

1. Cette rubrique est précédée, dans le manuscrit français 2813, d'une miniature représentant le couronnement de Jean II (fol. 393, col. 1). Je signalerai de même les autres miniatures du manuscrit, au fur et à mesure qu'elles se rencontreront, mais je me bornerai à les indiquer, me réservant de les décrire ultérieurement, dans l'album qui sera le complément de la présente publication.

2. Philippe de Valois mourut dans la nuit du dimanche 22 au lundi 23 août 1350, à l'abbaye de Coulombs, située à un kilomètre de Nogent-le-Roi (*Chronique de Jean le Bel*, éd. J. Viard et E. Déprez, Soc. de l'hist. de France, t. II, p. 185, n. 3). — Nogent-le-Roi, Eure-et-Loir, arr. de Dreux, ch.-l. de cant.

3. Jean de France, duc de Normandie et de Guyenne, fils aîné du feu roi et de sa première femme, Jeanne de Bourgogne, né au château du Gué-de-Maulny (Sarthe) en 1319.

4. Jeanne, comtesse de Boulogne, veuve de Philippe de Bourgogne, fils du duc Eudes IV, mort au siège d'Aiguillon, des suites d'une chute de cheval (1346). Jean, duc de Normandie, veuf lui-même de Bonne de Luxembourg (11 août 1349), épousa Jeanne de Boulogne le 9 février 1350. Dé son premier mariage, elle avait un fils, Philippe, dit de Rouvre, qui fut le dernier duc de Bourgogne de la race capétienne.

ainsné filz, dalphin de Vienne[1]; Loys, son secont filz[2]; le conte d'Alençon[3]; le conte d'Estampes[4]; monseigneur Jehan d'Artois[5]; monseigneur Phelippe, duc d'Orliens, frere du dit roy Jehan[6]; le duc de Bourgoingne, filz de la devant dite royne Jehanne, de son premier mary, c'est assavoir de monseigneur Phelippe de Bourgoingne[7]; le conte de Dampmartin[8], et pluseurs autres[9].

1. Charles de France ou Charles Monseigneur, né au Bois-de-Vincennes le 21 janvier 1338, dauphin de Viennois depuis l'année 1349.

2. Louis, comte, puis duc d'Anjou, né le 23 juillet 1339.

3. Charles III, comte d'Alençon. Fils aîné de Charles II de Valois, comte d'Alençon et du Perche, frère de Philippe VI, et tué à Crécy.

4. Louis II, fils aîné de Charles d'Évreux, comte d'Étampes, et de Marie d'Espagne.

5. Le fils aîné du célèbre Robert d'Artois; comte d'Eu en février 1351, après l'exécution du connétable Raoul de Brienne, comte d'Eu et de Guines.

6. Fils de Philippe VI et de Jeanne de Bourgogne, né au Bois-de-Vincennes le 2 juillet 1336 (*Grandes Chroniques*, t. V, p. 365). — Après les mots « du dit roy Jehan », on lit, dans l'édition de P. Paris : « monseigneur d'Artois ». Le ms. fr. 2813 n'a pas cette addition assez inexplicable. En tout cas, on ne peut supposer l'omission de Charles d'Artois, le frère de Jean, qui ne fut fait chevalier qu'un an plus tard, à l'occasion de la création de l'Ordre de l'Étoile.

7. Il était né à la fin d'août ou au commencement de septembre 1346 (Ernest Petit, *Hist. des ducs de Bourgogne de la race capétienne*, t. VII, p. 40-41; t. IX, p. 2, n. 1, p. 228). Duc de Bourgogne depuis la mort de son aïeul (3 avril 1349), par suite du prédécès de son père (*op. cit.*, t. VIII, p. 61 et n. 1).

8. Charles de Trie, comte de Dammartin (Anselme, t. VI, p. 671).

9. Un compte d'Étienne de la Fontaine, argentier du Roi,

Et, après ces choses faites, le Roy se parti de la dicte ville de Reims, le lundy au soir, et s'en retourna à Paris par Laon, par Soissons et par Senlis. Et entrerent les diz Roy et Royne à Paris, à tres belle feste, le dymenche, XVII jours du mois d'octobre après ensuyvant, après vespres, et dura la feste toute la sepmaine. Et puis demoura le Roy à Paris à Neelle au palays[1], jusques après la Saint-Martin ensuyvant[2], et fist l'ordenance de son Parlement[3]. Et quant le Roy entra en Paris, au retour de son joieux advenement[4], la ville de Paris et Grant pont[5] estoient encourtinés de divers draps; et toutes manieres de gens de mestier estoient

---

dont on ne connaît que des extraits pris par Gaignières, donne quelques noms de plus (Bibl. nat., ms. fr. 20681, fol. 211).

1. La phrase est mal construite, et le sens en est un peu obscur. Le copiste du manuscrit de Charles V a mis après « Neelle » (l'hôtel de Nesle) un point équivalant à une virgule ou à un point et virgule. P. Paris a imprimé : « A Neelle *et* au palais (le palais de la Cité) », ce qui est la leçon donnée par divers manuscrits. Ceux qui dérivent du manuscrit français 2813 suppriment simplement le point (« à Neelle au palays »). Le sens paraît être : le Roi installa sa cour, son *palais*, à l'hôtel royal de Nesle.

2. P. Paris : « La Saint Martin d'yver ensuyvant. » Le lendemain de la Saint-Martin d'hiver (12 novembre) fut de bonne heure la date traditionnelle de la rentrée du Parlement.

3. C'est-à-dire qu'il fixa la composition du Parlement, en confirmant très probablement dans leurs charges les magistrats en exercice. Cette ordonnance ne s'est pas conservée; mais on connaît celle que rendit Charles V à son avènement (*Ordonnances des rois de France*, t. IV, p. 418).

4. Au retour de Reims; mais, à cette époque, les mots « joyeux avènement » s'appliquent aussi à la première entrée d'un nouveau roi dans une ville de son royaume.

5. Le Pont-au-Change.

vestus chascun mestier d'unes robes pareilles[1]; et les bourgois de la dite ville, d'unes autres robes pareilles; et les Lombars, qui en la dite ville demouroient, furent tous vestus d'unes robes parties de deux tartares de soye[2], et avoient chascun sur sa teste chapeaux haulz aguz, mypartiz de meismes leurs robes; et tous les uns après les autres par ordenance, les uns à cheval et les autres à pié, alerent au devant du Roy, qui entra à Paris à grant joie, et jouoit l'en devant de moult de divers instrumens.

Item, le mardi, xvie jour de novembre après ensyvant, en l'an mil CCC L dessus dit, Raoul, conte de Eu et de Guynes[3], lors connestable de France, qui nouvellement estoit venu de Angleterre de sa prison, en la quelle il avoit esté depuis l'an XLVI qu'il avoit esté pris à Caen, fors tant qu'il avoit esté eslargi[4] pour venir en France, par pluseurs foiz, fu pris en l'ostel de Neelle, à Paris, là où le dit roy Jehan estoit, par le prevost de Paris, du commandement du Roy. Et ou dit hostel de Neelle fu tenu prisonnier jusques au jeudy ensuyvant, xviiie jour du dit mois de novembre. Et

---

1. Le mot « robes » au pluriel s'entend d'un costume ou vêtement complet.

2. « Tartare » ou « tartaire » désigne une riche étoffe qui se trouve parmi les draps d'or et de soie. Sans doute qu'elle venait de l'Asie Mineure qu'on appelait Tartarie (Douët d'Arcq, *Comptes de l'Argenterie des rois de France au XIV[o] siècle. Table des mots techniques*).

3. Raoul de Brienne, comte d'Eu et de Guines, connétable de France, avait été fait prisonnier à la prise de Caen par les Anglais, le 26 juillet 1346.

4. Entre le 20 octobre et le 8 novembre (S. Luce, *Froissart*, t. IV, p. xlviii, n. 1).

là, à heure de matines, dont le venredy adjourna[1], en la prison là où il estoit, fu decapité, presenz le duc de Bourbon[2], le conte d'Armaignac[3], le conte de Montfort[4], monseigneur Jehan de Bouloingne[5], le seigneur de Revel[6], et pluseurs autres chevaliers et autres qui,

1. Manière de compter les jours en usage au xive siècle et dont on trouve plusieurs exemples dans *Froissart*. Le jeudi comprend ici toute la nuit suivante jusqu'à l'aube du vendredi. Le comte d'Eu fut exécuté aux premières heures du vendredi (G. Bilfinger, *Der bürgerliche Tag*. Stuttgart, 1888, in-12, p. 272-275). Les lettres du 18 novembre, par lesquelles le Roi donne à Gautier, duc d'Athènes, marié à Jeanne d'Eu, sœur du connétable, l'hôtel que Raoul d'Eu possédait à Paris, dans le quartier Saint-Pol, en le mentionnant déjà comme défunt, ont donc été antidatées ou simplement mal datées (S. Luce, *Froissart*, t. IV, p. xlviii, n. 1).

2. Pierre de Bourbon, le beau-père du dauphin Charles.

3. Jean Ier, comte d'Armagnac.

4. Charles d'Espagne, ou de la Cerda, qui était à cette époque en possession du comté de Montfort, mais ne paraît jamais avoir été connu sous le titre que lui donnent les *Grandes Chroniques*. Je ne crois pas qu'il faille entendre le texte visé, comme s'il y avait « monseigneur Jehan de Bouloingne, comte de Montfort », en supposant que le chroniqueur a commis un léger anachronisme.

5. Jean de Boulogne, seigneur de Montgascon et comte de Montfort, oncle de la reine de France. Ce n'est qu'en janvier 1351 que le comté de Montfort-l'Amaury, enlevé dès 1345 au compétiteur de Charles de Blois, fut donné à Jean de Boulogne. Le comté avait été d'abord attribué par Philippe VI à son fils aîné, Jean, duc de Normandie, qui en fit don à Charles d'Espagne. Celui-ci le remit au Roi au commencement de 1351. Jean de Boulogne garda le comté jusqu'à l'année 1361, où, en exécution du traité de Brétigny, il fut restitué à Jean de Montfort (Baluze, *Hist. d'Auvergne*, t. I, p. 137-139; t. II, p. 197-198).

6. Guillaume Flotte, sire de Revel (ou mieux de Ravel), qui fut chancelier de France sous Philippe VI (1339-1343).

du commandement du Roy, estoient là; le quel Roy
estoit au Palais. Et fu le dit connestable decapité pour
tres grans et mauvaises trahisons qu'il avoit faites et
commises contre le dit roy de France Jehan; les quelles
trahisons il confessa en la presence du duc d'Athenes[1]
et de pluseurs autres de son lignage. Et fu le corps
enterré aus Augustins de Paris, hors du moustier, du
commandement du Roy, pour l'onneur des amis du
dit connestable.

*Comment le roy de France fist connestable de France
   messire Charles d'Espaigne, et de pluseurs incidences.*

Au mois de janvier après ensuyvant, Charles d'Espaigne[2], à qui le dit roy Jehan avoit donné la contée

1. Gautier VI, comte de Brienne, duc d'Athènes, connétable
de France le 6 mai 1356, tué la même année à la bataille de
Poitiers. — Les motifs de cette « cruelle justice », comme
dit Froissart, n'ayant jamais été divulgués, l'imagination des
contemporains a pu se donner libre carrière. Le bruit cou-
rait notamment que Jean II aurait eu la preuve d'une intrigue
amoureuse entre sa première femme, Bonne de Luxembourg,
récemment décédée, et le connétable Raoul de Brienne.
Voyez, sur ce point, la *Chronique de Jean le Bel*, t. II,
p. 198-200. Froissart a tronqué le récit de son devancier,
supprimant tout ce qui s'y trouvait de fâcheux pour l'honneur
du roi de France (*Chroniques*, t. IV, p. 123-125). Jean de
Noyal a donné la même explication, mais sous une forme
presque inintelligible (*Fragments inédits de la chronique de
J. de N.*, publiés par A. Molinier. Extrait de l'*Annuaire-Bulle-
tin de la Soc. de l'hist. de France*, 1883, p. 9).
2. Fils d'Alphonse de la Cerda, seigneur de Lunel, qui était
cousin issu de germain de Philippe de Valois. La généalogie
de la Cerda a été rectifiée par M. H.-Fr. Delaborde dans les
Mélanges Julien Havet, p. 411-427 : *Un arrière-petit-fils de saint*

d'Angoulesme, fu fait par yceli Roy connestable de France. — *Item,* le premier jour d'avril après ensuyvant, se combati messire Guy de Neelle[1], mareschal de France, en Xantonge, à pluseurs Anglois et Gascoins, et furent le dit mareschal et sa compaignie desconfis; et y furent pris le dit mareschal, monseigneur Guillaume, son frere[2], monseigneur Ernoul d'Odeneham[3], et pluseurs autres. — *Item,* le jour de Pasques flories, qui furent le xe jour d'avril, l'an mil CCCL, fu presenté à Gilles Rigaut de Royci, qui avoit esté abbé de Saint-Denis en France et de nouvel avoit esté fait cardinal, le chappel rouge, ou Palais à Paris, en la presence du dit roy Jehan, par les evesques de Laon et de Paris, et par mandement du Pape fait à eulz par bulle; ce qui n'avoit pas acoustumé à estre fait autre fois; mais ce fu par la priere du dit Roy[4]. — *Item,* en ycelui

Louis, Alfonse d'Espagne. « On devra compter désormais une génération de plus entre saint Louis et Charles d'Espagne, naguère considéré comme son arrière-petit-fils » (p. 414).

1. Guy de Nesle II, seigneur de Mello et de Guinemicourt, fils de Jean de Nesle, seigneur d'Offémont, de Mello, etc., chambellan du Roi. Il fut tué au combat de Mauron le 14 août 1352.

2. Il fut la souche des seigneurs de Saint-Venant, de la maison de Clermont-en-Beauvaisis, et fut tué à la bataille de Poitiers.

3. Arnoul d'Audrehem, fait maréchal de France cette même année, entre le 21 juin et le 1er juillet (E. Molinier, *Étude sur la vie d'Arnoul d'Audrehem,* p. 26).

4. Gilles Rigaud, abbé de Saint-Denis en 1343, par résignation de l'abbé, Guy de Chartres, et sur la recommandation du roi de Navarre, présent en cour de Rome (*Grandes Chroniques,* t. V, p. 427). Il fut fait cardinal par le Pape le 17 décembre 1350 (Dom Félibien, *Histoire de l'abbaye royale de Saint-Denys en France,* p. 275-278). La faveur qu'il reçut ne devait

an mil CCC LI, ou mois de septembre, fu recouvré
des François la ville de Saint-Jehan-d'Angeli, que les
Anglois avoient tenue v ans ou environ, et fu rendue
par les gens du roy anglois pour ce qu'il n'avoient
nuls vivres, et sans bataille aucune[1]. — *Item*, en
ycelui an, fu la plus grande chierté en toutes choses
que homme, qui lors vesquist, eust onques veu ou
royaume de France, et, par especial de grains, car
un setier de fourment valoit à Paris, par aucun temps,
en la dite année, viii livres parisis; un setier d'avoine,
lx sous parisis; un setier de pois, viii livres parisis,

pas créer de précédent. Lorsque le chancelier de Jean II,
Pierre de la Forêt, eut été nommé cardinal à la fin de l'année 1356, le Roi demanda que le chapeau lui fût porté à Bordeaux, où il allait se rendre pour négocier la paix avec les
procureurs d'Édouard III et du prince de Galles. Le pape
Innocent VI fit ressortir combien cette façon de procéder était
contraire aux usages de la cour de Rome; il laissait espérer
que peut-être le chapeau pourrait être apporté par ses nonces,
Talleyrand et Capocci, se rendant eux-mêmes à Bordeaux. C'est
ce tempérament qui fut admis (Reg. Vat. 239, fol. 16, 1er février
1357, le Pape à Pierre de la Forêt; fol. 16 v°, même date, le
Pape à ses nonces). — Roissy, Seine-et-Oise, arr. de Pontoise,
cant. de Gonesse. — L'évêque de Laon était alors Hugues
d'Arcy, qui, ayant été promu archevêque de Reims (24 octobre
1351), par suite du décès de Jean de Vienne (14 juin 1351), eut
pour successeur Robert le Coq (22 octobre 1351). — L'évêque
de Paris était Pierre de la Forêt, qui ne devait pas tarder à être
transféré à Rouen, et qui fut remplacé sur le siège épiscopal de
Paris par Jean de Meulan (8 février 1352).

1. La date exacte de la reddition de Saint-Jean-d'Angély est
le 31 août (*Chron. de Jean le Bel*, t. II, p. 192, n. 2, et p. 193,
n. 1, d'après *Arch. hist. de la Saintonge et de l'Aunis*, t. XXIV,
p. 130-136). — Saint-Jean-d'Angély, qui était tombé aux mains
des Anglais vers le 21 septembre 1346, fut assiégé par les Français en 1351 et ne capitula qu'après un long siège.

et les autres grains à la value[1]. — *Item*, en celui an, fu fait le mariage de monseigneur Charles d'Espaigne, lors connestable de France, au quel le dit roy Jehan avoit donné la conté d'Angoulesme[2], et de la fille monseigneur Charles de Blois, duc de Bretaingne[3].

Comment la ville et le chastel de Guynes furent pris des Anglois par trahison le jour que le roy Jehan faisoit à Saint-Ouyn la feste de l'Estoille, la quelle feste est cy après pourtraite et ymaginée[4].

En celui an mil CCCLI dessus dit, ou mois d'octobre,

1. Pour les prix de ces denrées de première nécessité, on trouvera de nombreux points de comparaison dans Leber, *Essai sur l'appréciation de la fortune privée au moyen âge*, p. 64-68. — L'exagération des prix indiqués par le chroniqueur tient aux mutations des monnaies qui furent la plaie du règne de Jean II. Il est clair que, quand le prix de la livre, déduit des espèces d'argent, peut tomber jusqu'à 1 fr. 73 (Em. Bridrey, *Nicole Oresme*, p. 163), ces espèces subissent fatalement une dépréciation comparable à celle des assignats. « Au commencement du règne de Jean II, le marc d'argent valoit cinq livres cinq sols et, sur la fin de l'année 1351, il valoit onze livres... » (*Ord.*, t. II, p. 389 n. *b*, 19 mars 1351). Jean le Bel a stigmatisé la politique financière de Jean II, en une phrase que Froissart n'a pas reproduite : « Si fut appellé le roy Jehan de France (à son avènement), et empira tantost les monnoyes par convoitise, et fit faire nouveaulx escus qu'on nommoit *Johannes*, dont la tierce partie estoit cuivre » (*Chronique*, t. II, p. 186).

2. Ce devait être l'origine de la querelle avec les enfants de Navarre, qui coûta la vie à Charles d'Espagne, car ils avaient des droits sur le comté d'Angoulême (Secousse, *Mémoires pour servir à l'histoire de Charles II, roi de Navarre*, etc., p. 29-30).

3. Cette princesse était une petite-nièce de Philippe VI.

4. Le manuscrit de Charles V contient, en effet, folio 394,

fu publiée la confrarie de la Noble-Maison de Saint-
Ouyn, pres de Paris, par le dit roy Jehan; et portoient
ceuls qui en estoient chascun une estoille en son chap-
peron par devant ou en son mantel[1]. Et durant celle
feste de l'Estoille fu prise, par trayson, la ville et chastel de Guynes[2] par les Angloiz, car bonnes treves
jurées estoient entre les roys de France et d'Angleterre[3]; et, pour ce, en celle seurté estoit venu veoir
la dite feste le sire de Bavelinguehan[4], capitaine et
garde du dit lieu. Et, durant ce, les Anglois traicterent
avecques un de ceuls à qui la garde du dit chastel
estoit bailliée, nommé Guillaume de Biauconroy[5]; et,
par trahison, sanz ce que deffense y feust mise, y

une très curieuse miniature, où « l'on voit les chevaliers de
l'Étoile habillés d'une blanche tunique serrée par une ceinture
dorée, puis d'un riche manteau fourré... Le Roi, sur son trône,
porte le même costume et comme eux une grande étoile semblable aux *plaques* de nos grands dignitaires au côté gauche
de la poitrine. Au-dessous de ce premier tableau est celui
du dîner des chevaliers de l'Étoile » (éd. de P. Paris, p. 5,
n. 1).

1. Voy. *la Noble maison de Saint-Ouen ... et l'ordre de
l'Étoile*, par Léopold Pannier. Paris, A. Franck, 1872, in-8°.

2. Guines, Pas-de-Calais, arr. de Boulogne, ch.-l. de cant.

3. A l'avènement de Jean II avait été confirmée une trêve,
récemment conclue entre Philippe VI et Édouard III, qui
devait durer du 13 juin 1350 au 1er août 1351 (Rymer, t. III,
i, p. 207). Le 11 septembre 1351, la durée en avait été prorogée jusqu'au 12 septembre de l'année suivante (Rymer, t. III,
i, p. 232).

4. Baudouin ou Tassart de Bouvelinghem (*Chronique normande*, p. 294, n. 2). — Bouvelinghem, Pas-de-Calais, arr. de
Saint-Omer, cant. de Lumbres.

5. Le traître s'appelait Hugues et non Guillaume de B. (*Chronique normande*, p. 292, n. 2).

entrerent et la pristrent. De la quelle prise le peuple
se merveilla trop, disans que verité, loyauté ne foy
n'estoit es Anglois[1]. Et pour ce fu pris le dit Guillaume, qui, pour la dite trayson ainsi faite par luy, à
la requeste des diz Anglois, fu decapité et pendu,
comme raison estoit.

Comment le duc de Lancastre et le duc de Bresvic
vindrent à Paris pour eulz combatre devant le Roy;
mais le Roy prist le fait en sa main.

En l'an mil trois cens cinquante deux, la
veille de la Nostre-Dame mi aoust, se combati monseigneur Guy de Neelle, seigneur d'Aufemont, lors
mareschal de France, en Bretaigne[2], et fu le dit mareschal occys en la dicte bataille, le sire de Brique-
bec[3], le Chastellain de Beauvais[4] et pluseurs autres

1. La tentative manquée de Geoffroy de Charny contre
Calais, dans la nuit du 31 décembre 1349 au 1er janvier 1350,
avait été faite également en violation d'une trêve (Froissart,
Chroniques, t. IV, p. 70-79).

2. Il s'agit du combat de Mauron (Morbihan, arr. de Ploërmel,
ch.-l. de cant.), où une grande partie des chevaliers de l'Étoile,
de la nouvelle promotion, se firent tuer plutôt que de reculer,
comme les y obligeaient les statuts de leur ordre.

3. Guillaume Bertrand, sire de Bricquebec, fils de Robert
Bertrand, maréchal de France, mort avant 1348. Il ne laissa
pas d'enfants. Sa sœur aînée, Jeanne Bertrand, héritière de la
baronnie de Bricquebec, épousa Guillaume Paynel II, baron
de Hambye, seigneur d'Olonde.

4. Colart Chastelain de Beauvais, chevalier, et non pas Guy
de Nesle, châtelain de Beauvais, comme l'a cru S. Luce (Froissart, *Chroniques*, t. IV, p. xlix, n. 2). Voyez Bibl. nat., Clairambault, t. XII, n° 79 (22 août 1348), et Pièces originales, 704,
dossier 16284, Chatelain.

nobles, tant du dit pays de Bretaigne comme d'autres marches du royaume de France. — *Item,* en icelui an CCCLII, le mardy quart jour de decembre, se dot combatre à Paris un duc d'Alemaigne, appellé le duc de Bresvic[1], contre le duc de Lanclastre[2], pour paroles que le dit duc de Lanclastre devoit avoir dites du dit duc de Bresvyc, dont il l'appella en la court du roy de France[3]. Et vindrent le dit jour les deux ducs dessus nommés en champ, tous armés pour combatre, en unes lyces, qui pour celle cause furent faites ou Pré-aux-Clers : l'Alemant demandeur, et l'Anglois deffendeur. Et jà fust ce que le dit Anglois fust ennemy du dit roy

1. Othes ou Othon, duc de Brunswick, seigneur de Thuringe, « fils au grand duc de Brunswick », comme il se qualifie lui-même dans les lettres de défi adressées au duc de Lancastre (Knighton, *Chronicon,* t. II, p. 69-73). C'est un *condottiere* célèbre du xive siècle, qui finit par épouser Jeanne de Naples (1376), lui survécut et ne mourut qu'en 1399.

2. Henri Plantagenet, comte de Derby (16 mars 1337), comte puis duc de Lancastre (6 mars 1351), un des plus grands capitaines du xive siècle.

3. Othes de Brunswick avait, paraît-il, comploté d'enlever le duc de Lancastre, tandis qu'il traversait l'Allemagne au retour d'une croisade en Prusse ou plutôt d'un séjour en Pologne; son intention aurait été de le livrer au roi de France. Lancastre qualifia sévèrement, devant témoins, les agissements de Brunswick. Ce dernier, l'ayant su, envoya des lettres de défi à Lancastre. On trouve dans Knighton (*Chronicon,* t. II, p. 69-73) et dans Le Baker de Swynebroke (*Chronicon,* t. II, p. 121-122, 287-289) les détails de cette affaire. Les préliminaires du duel n'y sont pas rapportés comme dans les *Grandes Chroniques,* mais le roi Jean y joue également le rôle de médiateur; il réconcilie les deux adversaires. Voy. encore sur ce point : Arch. nat., KK. 8, fol. 102, 122, troisième compte d'Étienne de la Fontaine, argentier du Roi.

Jehan de France, et que, par sauf conduit, il fust venuz soy combatre pour garder son honeur, toutes-voies le dit roy de France ne souffry pas qu'ilz se com-batissent; mais, depuis qu'ilz orent fais les sairemens et que ilz furent montez à cheval pour assembler, les glevez es poings, le Roy prist la besoigne sur li et les mist à acort.

Item, en celuy an mil CCC LII, le jeudi, vi^e jour de decembre, morut le pape Clement VIe à Avignon, le quel estoit en l'onzieme an de son pontificat. — *Item*, le mardi, xviiie jour du dit mois de decembre[1], fu esleu en pape, environ heure de tierce, un cardinal lymosin que l'en appelloit, par son titre de cardinal, le cardinal d'Ostie; mais, pour ce qu'il avoit esté evesque de Cleremont, on l'appelloit plus communelment le car-dinal de Cleremont; et fu appellé Innocent, et par son propre nom estoit appellé monseigneur Estienne Aubert[2].

De la mort de monseigneur Charles d'Espaigne, connestable de France.

L'an de grace mil CCC LIII, le huitiesme jour de janvier, assés tost après le point du jour, monseigneur Charles, roys de Navarre et contes d'Evreux, fist tuer

---

1. P. Paris : « Le mardi ensuivant dix huitiesme jour de decembre », ce qui est inexact, la date qui précède immédia-tement étant celle du « jeudi vi^e jour de decembre » (le jour de la mort de Clément VI). Le « mardi ensuivant » aurait été le 11 décembre.

2. Innocent VI fut couronné le 30 décembre 1352, et non le 23 décembre, comme l'a écrit Baluze (*Vitæ pap. Aven.*, t. I, p. 321). C'est au 30 décembre 1352 que commence la première

en la ville de Laigle, en Normandie, en une hostelerie,
monseigneur Charles d'Espaigne, lors connestable de
France[1]. Et fu le dit connestable tué en son lit, par
pluseurs gens d'armes que le dit roy de Navarre y
envoia, le quel demoura en une granche au dehors de
la dite ville de Laigle[2], jusques à tant que ceuls qui
firent le dit fait retournerent par devers li. Et en sa
compaignie estoient, si comme l'en dist, monseigneur
Phelippe de Navarre, son frere, monseigneur Jehan,
conte de Harecourt[3], monseigneur Loys de Harecourt,
son frere[4], monseigneur Godefroy de Harecourt, leur
oncle[5], et pluseurs autres chevaliers et autres, tant de
Normandie comme Navarrois et autres. Et après se
retraist le dit roy de Navarre et sa compaignie en la
cité d'Evreux, dont il estoit conte[6], et là se garny et
enforça, et avecques li s'alierent pluseurs nobles, par

année de son pontificat, et elle va jusqu'au 29 décembre 1353
(H. Denifle, *la Désolation des églises de France*, t. I, p. 184,
n. 4, et p. 318, n. 4).

1. Le 10 janvier 1354, le roi de Navarre écrivait au roi
d'Angleterre, à la reine et au prince de Galles : « Savoir
vous fais que j'ay fait morir le dit connestable à Laigle en
Normandie. » — Lettre du même jour au duc de Lancastre :
« ... ce mescredi après la Thiphanie (8 janvier), je fis mettre
à mort Charles d'Espaigne, nadgueres connestable de France. »
(British Museum, Caligula D. III, n° 63 ; Kervyn de Lettenhove,
Chroniques de Froissart, t. XVIII, p. 350-352, 353-354).

2. Laigle, Orne, arr. de Mortagne, ch.-l. de cant.

3. Jean V, comte d'Harcourt, qui devait être décapité à
Rouen, le 5 avril 1356, sur l'ordre et en présence du roi Jean.

4. Louis d'Harcourt, vicomte de Châtellerault, second fils de
Jean IV, premier comte d'Harcourt, qui avait été tué à Crécy.

5. Godefroy d'Harcourt, frère puîné de Jean IV, qui fut
l'allié des Anglais pendant toute la campagne de 1346.

6. Charles le Mauvais, comme son père le roi Philippe, se

especial de Normandie, c'est à savoir : les dessus nommés de Harecourt, le seigneur de Hambuie[1], monseigneur Jehan Malet, seigneur de Graaville[2], monseigneur Almaury de Meulent[3] et pluseurs autres. Et assés
tost après se transporta le dit roy de Navarre en sa
ville de Mante, qui jà par avant avoit envoiez lettres
closes à pluseurs des bonnes villes du royaume de
France[4], et aussi au Grant Conseil du Roy, par lesquelles
il escrivoit que il avoit fait mettre à mort le dit connestable pour pluseurs grans mesfaiz que le dit connestable li avoit fais; et envoia le conte de Namur par
devers le roy de France à Paris[5]. Et depuis, le roy de
France envoia en la dicte ville de Mante, par devers le
dit roy de Navarre, pluseurs grans hommes, c'est asavoir : monseigneur Guy de Bouloingne, cardinal[6],

disait toujours : « Par la grace de Dieu roy de Navarre et conte
d'Evreux. »

1. Guillaume Paynel, sire ou baron de Hambye. — Hambye,
Manche, arr. de Coutances, cant. de Gavray.

2. Jean Malet, sire de Graville. L'un des quatre seigneurs
normands qui furent mis à mort à Rouen, le 5 avril 1356.

3. Amaury de Meulan, chevalier, sire de Neubourg.

4. On a conservé celle qui fut adressée aux habitants de
Reims, à la date du 11 janvier 1354 : « Savoir vous faisons,
écrit le roi de Navarre, que ... nous avons fait mourir le dit
Charles (d'Espaigne), ... et se par avanture mons. le Roy est
un peu troublé de ce fait à ce commencement, dont moult nous
peseroit, certes si croions nous que, se il n'a mauvais conseil,
il en devra avoir grant joye quant il y aura bien pensé » (*Bul-
letin de la Soc. de l'hist. de France*, 1834, 2e partie, *Doc. hist.
originaux*, p. 25-27).

5. Guillaume de Flandre, comte de Namur, fils de Jean Ier,
comte de Namur, et de Marie d'Artois, sœur du fameux Robert.
Il était petit-fils de Guy de Dampierre.

6. Guy d'Auvergne ou de Boulogne, fils de Robert VII et de

monseigneur Robert le Coq, evesque de Laon[1], le duc
de Bourbon, le conte de Vendosme[2] et pluseurs autres,
les quelz traicterent avecques le dit roy de Navarre et
son conseil. Car jà fust ce que ycelui roy de Navarre
eust fait mettre à mort le dit connestable, si comme
dessus est dit, il ne li souffisoit pas que le roy de France,
de qui le dit roy de Navarre avoit espousé la fille[3], li
pardonnast le dit fait; mais faisoit pluseurs requestes
audit roy de France son seigneur, et cuida l'en bien ou
royaume de France que, entre les deux roys dessus dis,
deust avoir grant guerre, car le dit roy de Navarre
avoit faites grans aliances et grans semonces en diverses
regions; et si garnissoit et efforçoit ses villes et chasteaux[4]. Finablement, après pluseurs traictiés, fu fais
accort entre les II roys dessus diz par certaines
manieres dont aucuns des poins s'ensuyvent, c'est

sa seconde femme Marie de Flandre, oncle de la reine de
France. Cardinal depuis 1342 ; mort en 1373.

1. Robert le Coq était évêque de Laon depuis le 22 octobre
1351. Voy. ci-dessus p. 31, n. 4.

2. Jean VI, comte de Vendôme et de Castres, plutôt que son
père Bouchard, qui mourut en février 1354. Les lettres de
commission de Jean II pour Guy de Boulogne et le duc de
Bourbon sont du 8 février 1354 (Secousse, *Recueil*, p. 32-33).

3. Le roi de Navarre avait épousé Jeanne de France, fille
de Jean II, au Vivier-en-Brie, dans les derniers jours de février
ou au plus tard le 1er mars 1352 (Secousse, *Recueil*, p. 24,
n. 1).

4. Charles le Mauvais avait positivement sollicité l'interven-
tion d'Édouard III. C'est surtout la crainte d'une alliance anglo-
navarraise, exploitée par les conseillers de Jean II, qui déter-
mina le roi de France à céder. Voy. mon article sur les
Premières négociations de Charles le Mauvais avec les Anglais
(*Bibl. de l'École des chartes*, t. LXI, 1900, p. 253-282).

asavoir[1] : que le dit roy de France bailleroit au dit roy de Navarre XXXVIII mil livres à tournois de terre[2], tant pour cause de certaine rente que le dit roy de Navarre prenoit sur le tresor à Paris, comme pour autre terre[3] que le dit roy de France li devoit asseoir par certains traictiez fais lonc temps avoit entre les predecesseurs des deux roys dessus diz pour cause de la conté de Champaigne, tant aussi pour cause du mariage du dit roy de Navarre, qui avoit espousée la fille du dit roy de France; pour le quel mariage li avoit esté promise certaine quantité de terre, c'est asavoir, XII[M] livres à tournois. Pour les quelles XXXVIII[M] livrées de terre le dit roy de Navarre volt avoir la conté de Beaumont-le-Rogier[4], la terre de Breteul en Normandie[5] et de Conches[6] et d'Orbec[7], la viconté du Pont-Audemer[8] et le bailliage de Constentin; les quelles choses li furent acordées par le roy de France, jà fust ce que la dicte conté de Beaumont et les terres de Breteul, d'Orbec et de Conches fussent à monseigneur Phelippe, frere du dit roy de France, qui estoit duc d'Orliens, au quel duc le dit roy, son frere, bailla autres terres en recompensacion de ce. Oultre, convint acorder au dit roy de Navarre, pour paix avoir,

1. Le traité, conservé en original au Trésor des chartes (J 615, Navarre, III, n° 12), a été publié par Secousse, *Recueil*, p. 33-36.

2. P. Paris : « Trente huit mil livres de terre à tournois. »

3. P. Paris : « Autres titres. »

4. Beaumont-le-Roger, Eure, arr. de Bernay, ch.-l. de cant.

5. Breteuil-sur-Iton, Eure, arr. d'Évreux, ch.-l. de cant.

6. Conches-en-Ouche, Eure, arr. d'Évreux, ch.-l. de cant.

7. Orbec-en-Auge, Calvados, arr. de Lisieux, ch.-l. de cant.

8. Pont-Audemer, Eure, ch.-l. d'arr.

que les dessus diz de Harecourt et tous ses autres aliés enterroient en sa foy, se il leur plaisoit, de toutes leurs terres, quelque part que elles fussent ou royaume de France, et en auroit le dit roy de Navarre les hommaiges, se ilz voloient, autrement non. Oultre li fu accordé que il tendroit toutes les dites terres, avecques celles que il tenoit par avant en parrie. Et pourroit tenir eschequier deux fois l'an, se il vouloit, aussi noblement comme le duc de Normandie. Encore li fu accordé que le roy de France pardonroit à tous ceuls qui avoient esté à mettre à mort le dit connestable, la mort d'icelui[1]. Et ainsi le fist, et promist par son serement que jamais pour achoison de ce ne leur feroit ou feroit faire villenie ou domage. Et avecques toutes ces choses ot encore le dit roy de Navarre une grant somme d'escus d'or du dit roy de France; et avant ce que le dit roy de Navarre vousist venir par devers le roy de France, il convint que l'en li envoiast par maniere d'ostage le conte d'Anjou, secont filz du dit roy de France. Et après ce vint à Paris, à grant foison de gens d'armes.

Comment le roy de France pardonna au roy de Navarre la mort de Charles d'Espaigne, connestable de France[2].

Le mardy, quart jour du mois de mars ou dit an CCC LIII, vint le dit roy de Navarre au Parlement, pour la mort du dit connestable, comme dit est, environ

1. Lettres de rémission données à Paris le 4 mars 1354 (Secousse, *Recueil*, p. 38-40).
2. Entre la rubrique et le commencement du chapitre a été

heure de prime[1]; et descendy ou Palays, et puis vint en ladite chambre de Parlement en laquelle estoit le Roy en siege, et pluseurs de ses pers de France avec ses gens de Parlement et pluseurs autres de son Conseil, et si y estoit le dit cardinal de Bouloingne. Et là, en presence de tous, pria li diz roys de Navarre au Roy que il li vousist pardonner le dit fait du dit connestable, car il avoit eue bonne cause et juste de avoir fait ce qu'il avoit fait, la quelle il estoit prest de dire au Roy, lors ou autre fois, si comme il disoit. Et oultre dist lors et jura que il ne l'avoit fait en contempt du Roy ne de son office, et qu'il ne seroit de riens si courroucié comme de estre en l'indignacion du Roy. Et ce fait, monseigneur Jaques de Bourbon, connestable de France[2], du commandement du Roy, mist la main au dit roy de Navarre, et puis si le fist l'en traire arriere. Et, assez tost après, la royne Jehanne, ante[3], et la royne Blanche, suer du dit roy de Navarre[4], la

intercalée une miniature, qui représente la scène du pardon (fol. 395, col. 1).

1. Probablement vers 8 ou 9 heures du matin, car au xive siècle l'heure de prime, — au moins en France, — marque assez sensiblement le milieu de la matinée (G. Bilfinger, *Die mittelalterlichen Horen*, p. 31-33).

2. Jacques de Bourbon, comte de la Marche et de Ponthieu, second fils de Louis Ier de Bourbon, et frère du duc Pierre Ier. Connétable de France après l'assassinat de Charles d'Espagne; se démet de son office le 9 mai 1356, en faveur de Gautier de Brienne, duc d'Athènes; fait prisonnier à Poitiers; blessé mortellement à la bataille de Brignais, et mort à Lyon de ses blessures, le 6 avril 1361. Le traité de Brétigny lui avait enlevé le comté de Ponthieu, restitué à Édouard III.

3. Jeanne d'Évreux, veuve de Charles IV le Bel, tante de Charles le Mauvais.

4. Blanche d'Évreux, que Philippe de Valois avait épou-

quelle Jehanne avoit esté femme du roy Charles, derrenierement trespassé, vindrent en la presence du Roy
et li firent la reverance en euls enclinant devant ly.
Et adont monseigneur Regnaut de Trie, dit Patroullart[1],
se agenoulla devant le Roy et li dist teles parolles en
substance : « Mon tres redoubté seigneur, veez-ci mes
dames la royne Jehanne et la royne Blanche qui ont
entendu que monseigneur de Navarre est en vostre
male grace, dont elles sont forment courrouciées;
et pour ce sont venues par devers vous, et vous sup-
plient que vous luy vueilliez pardonner vostre mal
talent; et, se Dieu plaist, il se portera si bien envers
vous que vous et tout le peuple de France vous en ten-
drez bien contemps. » Les dites paroles dites, les diz
connestable et mareschaux alerent querre le dit roy
de Navarre et le firent venir derechief devant le Roy,
le quel se mist ou milieu des dictes deux roynes, et
adont le dit cardinal dist les paroles qui ensuyvent, en
substance :

« Monseigneur de Navarre, nuls ne se doit esmerveillier se le Roy monseigneur s'est tenus pour mal
contempt de vous pour le fait qui est avenu, le quel il
ne convient jà que je die, car vous l'avez si publié par
voz lettres et autrement par tout que chascun le scet.

sée en secondes noces le 11 janvier 1350. Elle mourut en
1398.

1. Regnaut ou Renaud de Trie, dit Patrouillart, seigneur de
Moucy et du Plessis, d'une branche cadette de la grande
famille de Trie (Anselme, t. VI, p. 667). Les pièces originales
prouvent que le surnom qui lui est donné ici était absolument
consacré par l'usage : « Messire Patrouillart de Trye », « messire Patroyllart de Trie », « Regnaut de Trye, dit Patroullart »
(Bibl. nat., P. O. 2883, d. 64022, TRIE).

Car vous estes tant tenus à li que vous ne le deussiez
avoir fait. Vous estes de son sanc, si prochain comme
chascun scet : vous estes son homme et son per, et si
avez espousée ma dame sa fille, et de tant avez plus
mespris. Toutesvoies pour l'amour de mes dames les
roynes qui ci sont, qui moult affectueusement l'en ont
prié, et aussi pour ce que il tient que vous l'avez fait
par petit conseil, il le vous pardonne de bon cuer et
de bonne volenté. »

Et lors les dites roynes et le dit roy de Navarre, qui
mist le genoil à terre, en mercierent le Roy. Et encore
dist lors le dit cardinal que aucun du lignage du Roy
ou autre ne se adventurast d'ores en avant à faire telz
fais comme le dit roy de Navarre avoit fait; car vraiement, se il avenoit et fust le filz du Roy qui le feist du
plus petit officier que le Roy eust, si en feroit il justice.
Et ce fait et dit, le Roy se leva et la court se departi.

Item, le vendredi devant la My karesme après
ensuyvant, xxie jour de mars, un chevalier banneret
des Basses-Marches, appellé monseigneur Regnaut de
Prissigny, seigneur de Marant près de la Rochele, fu
traynez et puis pendus au gibet de Paris, par le juge-
ment de Parlement et de pluseurs du Grant Conseil du
Roy[1].

1. Regnaut de Pressigny, seigneur de Marans, avait abusé
de sa situation de haut justicier pour commettre toutes sortes
d'excès, et même un véritable meurtre juridique. Son procès
dura longtemps ; il avait commencé dans les dernières années
du règne de Philippe VI. Il semble que, s'il finit par aboutir,
on doive en faire honneur à l'esprit d'équité du roi Jean.
L'arrêt fut prononcé très solennellement, en présence de plusieurs princes du sang et de représentants de tous les grands
corps judiciaires du royaume. L'expédition en était ainsi

De la reconsiliacion de ceulz de Harecourt pour la mort dudit connestable.

L'an mil CCCLIIII, environ le mois d'aoust, se reconsilierent au roy de France les diz conte de Harecourt et monseigneur Loys, son frere; et li dorent reveler moult de choses, si comme l'en disoit, et par especial li dorent reveler tout le traictié de la mort du dit monseigneur Charles d'Espaigne, jadis connestable de France, et par qui ce avoit esté. Et assez tost après, c'est assavoir ou mois de septembre, se parti de Paris le dit cardinal de Bouloigne et s'en ala à Avignon, et disoit l'en communelment qu'il n'estoit pas en la grace du Roy, jà fust ce que par avant bien par l'espace d'un an que il avoit demouré en France, il eust esté tousjours avecques le Roy si privé comme homme povoit estre d'autre. Et en celui temps se departi monseigneur Robert de Lorris, chambellent du Roy[1], et se absenta, tant hors du royaume de France comme autre part; et disoit l'en communelment que s'il ne se feust absenté, il eust eu vilennie et domage du corps; car le Roy estoit courroucié et moult esmeu contre luy, mais la cause fu tenue si secrete que peu de gens la sceurent. Toutesvoies disoit l'en qu'il devoit

signée : « Per arrestum curie de expresso mandato Regis orethenus facto prolatum » (Arch. nat., X²ᴬ 6, fol. 129 v°-137). — « Fu traynez », c'est-à-dire traîné sur la claie avant d'être pendu. — Marans, Charente-Inférieure, arr. de la Rochelle, ch.-l. de cant.; Pressigny, Deux-Sèvres, arr. de Parthenay, cant. de Thénezay.

1. Seigneur d'Ermenonville, conseiller et chambellan de Jean II.

avoir sceu la mort du dit connestable avant qu'il feust mis à mort, et qu'il devoit avoir revelé au dit roy de Navarre aucuns consaulx secrez du Roy, et que toutes ces choses furent revelées au Roy par les diz conte de Harecourt et monseigneur Loys, son frere.

Item, assez tost après, c'est assavoir environ le mois de novembre, l'an LIIII dessus dit, le dit roy de Navarre se parti de Normandie et s'en ala latitant en divers lieux et jusques à Avignon.

Item, en icelui mois de novembre, partirent de Paris l'arcevesque de Rouen, chancellier de France, le duc de Bourbonnois et pluseurs autres, pour aler à Avignon, et aussi y alerent[1] le duc de Lenclatre et pluseurs autres Anglois pour traictier de paix, devant le Pape, entre les roys de France et d'Angleterre.

De la rebellion des Navarrois contre le Roy et de la revenue monseigneur Robert de Lorris.

En l'an dessus dit, ou dit mois de novembre, se parti le Roy de Paris et ala en Normandie et fu jusques à Caan, et fist prendre et mettre toutes les terres du dit roy de Navarre en sa main, et instituer officiers de par li et mettre gardes es chasteaux du dit roy de Navarre, excepté en VI, c'est assavoir : Evreux, le Pont-Audemer, Cherebourc, Gavray[2], Avranches et Mortaing, les quelz ne li furent pas rendus; car il avoit dedenz Navarrois qui respondirent à ceuls que li Roys y envoia que ilz ne les rendroient fors au roy de Navarre, leur seigneur, le quel les leur avoit bailliez en garde.

1. P. Paris : « Partirent. »
2. Gavray, Manche, arr. de Coutances, ch.-l. de cant.

Item, ou mois de janvier ensuyvant, vint à Paris le dit monseigneur Robert de Lorris, par sauf conduit qu'il ot du Roy, et demoura bien xv jours à Paris avant qu'il [eust] assès ou temps de parler au Roy[1]. Et après y parla il, mais il ne fu pas reconsilié à plain[2], mais s'en retourna à Avignon, par l'ordenance du Conseil du Roy, pour estre aus traictiez avec les genz du Roy[3]. Et assez tost après, c'est asavoir vers la fin de fevrier ou dit an, vindrent nouvelles que les treves qui avoient esté prises entre les deux roys, jusques en avril ensuyvant, estoient alongnies par le Pape jusques à la Nativité de saint Jean-Baptiste après ensuyvant, pour ce

1. P. Paris : « Avant que il eust nè temps nè lieu de parler au roy. »

2. Il n'obtint son pardon qu'un peu plus tard, le 3 avril 1355. Ce jour-là, qui était le vendredi saint, il vint tout en larmes se jeter aux pieds du Roi, le suppliant de lui faire grâce en raison des souvenirs évoqués par l'anniversaire de la Passion du Christ (Arch. nat., JJ 84, fol. 98 v°-99, n° 173).

3. Depuis l'avènement de Jean II, et en dépit de fréquentes escarmouches que signalent les chroniques, la guerre proprement dite n'avait pas recommencé entre Français et Anglais, Clément VI et son successeur Innocent VI ayant toujours réussi à faire renouveler les trêves antérieures. Le vœu de l'un et de l'autre aurait été de faire mieux et d'utiliser cette suspension des hostilités pour la conclusion d'un traité de paix. Ils ne purent y parvenir. Un dernier et plus sérieux effort fut tenté par Innocent VI à la fin de 1354 et au commencement de 1355. Deux ambassades extraordinaires, envoyées par les rois de France et d'Angleterre, se rencontrèrent à la cour d'Avignon (Rymer, t. III, ɪ, p. 283-284, 289, 28 août et 30 octobre 1354). Les négociations durèrent longtemps sans aboutir au résultat désiré par le Pape. Tout ce que celui-ci put obtenir fut de faire proroger une dernière fois la trêve, du 6 avril 1354 au 1ᵉʳ avril 1355 (Rymer, t. III, ɪ, p. 276-277), après quoi ce devait être et ce fut effectivement la guerre.

que le dit Pape n'avoit peu trouver voie de paix à
la quelle les diz tracteurs qui estoient à Avignon,
tant pour l'un roy comme pour l'autre, se vousissent
consentir. Et envoya le Pape messages par devers les
diz roys sur une autre voie de traictié que celle qui
avoit esté pourparlée autre foiz entre les diz tracteurs.

*De la prise de la ville de Nantes par les Anglois
et comment chastel et tout fu recouvré.*

En l'an dessus dit M CCC LIIII, ou mois de janvier,
fist faire le Roy florins de fin or appellez florins à l'aignel, pour ce que en la pille avoit un aignel, et estoient
de LII ou marc[1]. Et le Roy en donnoit, lors qu'il furent
faiz, XLVIII pour un marc de fin or; et deffendi l'en
le cours de tous autres florins.

Item, en icelui an, ou dit mois de janvier, vint à
Paris monseigneur Gauchier de Lor, chevalier[2], comme
message du dit roy de Navarre par devers le roy de
France, et parla à li, et finablement s'en retourna ou
mois de fevrier ensuyvant par devers le dit roy de
Navarre, et emporta lettres de sauf conduit pour le
dit roy de Navarre, jusques en my avril ensuyvant.

1. *Ordonnances*, t. II, p. 570-571 (Paris, 17 janvier 1355).
Mandement du Roi aux généraux maîtres des monnaies de
faire fabriquer des deniers d'or fin appelés deniers d'or à l'aignel, qui auront cours pour 20 sols parisis la pièce et qui
seront de 52 de poids au marc de Paris. Le marc d'or fin sera
payé 60 livres tournois, ce qui laisse au Roi un bénéfice de
100 sous ou 5 livres tournois par marc.

2. Gaucher de Lor, chevalier, seigneur de Ressons et de
Broye en Thiérache (Arch. nat., JJ 91, fol. 110, n° 218), prit
part à la défense de Reims contre Édouard III en 1359-1360.

Item, en ycelui an, le soir de Karesme prenant[1], qui fu le XVIIe jour de fevrier, vindrent pluseurs Anglois près de la ville de Nantes en Bretaigne, et en entra par eschieles environ LII dedenz le chastel et le pristrent[2]. Mais monseigneur Guy de Rochefort, chevalier, qui en estoit capitaine et estoit en la dite ville hors du dit chastel, fist tant par assaut et effort que il le recouvra en la nuit meismes[3]. Et furent touz les LII Anglois que mors que pris.

Comment le Roy envoia monseigneur le dalphin en Normandie et du pillement que les Navarrois faisoient sus les François[4].

L'an mil CCCLV, aus Pasques[5], le dit roy de France Jehan envoia en Normandie Charles, dalphin de Vienne, son ainsné filz, son lieutenant, et y demoura tout esté[6]. Et li octroierent les gens du dit païs de Normandie deux mile hommes d'armes pour trois

1. Le mardi gras.
2. C'était en pleine trêve, car une suspension des hostilités, particulière à la Bretagne, avait été stipulée, du 11 novembre 1354 au 24 juin 1355, entre les partisans du mari de Jeanne de Penthièvre, d'une part, et ceux de Montfort et les Anglais, d'autre part.
3. Guy, sire de Rochefort, avait combattu à Mauron (*Chronique normande*, p. 296). Pendant le siège de Rennes par le duc de Lancastre (1355-1356), il fut chargé par le dauphin de lever quelques troupes de secours pour délivrer la place.
4. P. Paris : « Et du *parlement* que les Navarrois faisoient sur les François. »
5. Pâques tombait, en 1355, le 5 avril.
6. Le dauphin partit pour Rouen dans les derniers jours de mars; il resta en Normandie jusqu'à la fin de septembre.

mois[1]. Et ou mois d'aoust ensivant, ou dit an LV, le dit roy de Navarre vint de Navarre et descendi ou chastel de Cherebourc en Quostentin, et avecques environ deux mile hommes, que uns que autres; et firent pluseurs tractiez entre les genz du roy de France du quel le dit roy de Navarre avoit espousée la fille; et envoierent par pluseurs fois de leurs gens l'un des diz roys par devers l'autre, et cuida l'en, tele fois fu vers la fin du dit mois d'aoust, qu'ilz deussent avoir grant guerre l'un contre l'autre.

Et les gens dudit roy de Navarre, qui estoient es chasteaux d'Evreux et du Pont-Audemer, en faisoient bien semblant, car ilz tenoient et gardoient moult diliganment les diz chasteaux et pilloient le païs environ comme ennemis.

Et en vindrent aucuns ou chastel de Conches[2], qui estoit en la main du Roy, et le pristrent et garnirent de vivres et de gens. Et pluseurs autres choses firent les gens du dit roy de Navarre contre le roy de France et contre ses gens. Et, finablement, fu fait acort entre euls[3]. Et ala le dit roy de Navarre par devers le dit dalphin ou chastel du Vau de Rueil[4], là où il estoit, environ le XVII ou XVIIIe jour de septembre ensuy-

1. Les États de Normandie se réunirent dans les derniers jours d'avril, ou au plus tard au commencement de mai. Le subside consistait en un fouage de 5 soŭs par feu et par mois.

2. Conches-en-Ouche, Eure, arr. d'Évreux, ch.-l. de cant.

3. Ce fut le traité de Valognes, conclu le 10 septembre entre le roi de Navarre et les députés du roi de France, c'est-à-dire Jacques de Bourbon, comte de Ponthieu, et Gautier de Brienne, duc d'Athènes.

4. Le Vaudreuil, Eure, comm. de Saint-Pierre-de-Vauvray, arr. et cant. de Louviers. — Voy. Paul Goujon, *Hist. de la*

vant; et de là le dit monseigneur le dalphin le mena à Paris devers le Roy. Et le jeudi xxiiiie jour du dit mois de septembre[1] vindrent à Paris devers le Roy ou chastel du Louvre. Et là, en presence de moult grant quantité de genz et des roynes Jehanne, ante, et Blanche, seur du roy de Navarre, fist iceluy roy de Navarre la reverence au dit roy de France et se excusa par devers le Roy de ce qu'il s'estoit partis du royaume de France. Et avecques ce dist que l'en li avoit raporté que aucuns le devoient avoir blasmé par devers le Roy; si requist le Roy qu'il li voulsist nommer ceuls qui ce avoient fait; et après jura moult forment que il n'avoit onques fait chose, après la mort du connestable, contre le Roy que loyaus homs ne peust et deust faire. Et neantmoins requist au Roy que il luy voulsist tout pardonner et le voulsist tenir en sa grace; et li promist que il li seroit bons et loyaus, si comme filz doit estre à pere, et vassal à son seigneur. Et lors le Roy li fist dire par le duc d'Athennes que il li pardonnoit tout de bon cuer.

Item, en celui an mil CCCLV, ala le prince de Gales, ainsné filz du roy d'Angleterre, en Gascoigne, ou mois d'octobre; et chevaucha près de Tholouse; et puis passa la riviere de Garonne, et ala à Carcassonne et ardi le bourc; mais il ne pot forfaire à la cité, car elle fu deffendue, et de là ala à Narbonne, ardant et pillant le pays[2].

---

châtellenie et haute justice du Vaudreuil (*Recueil des travaux de la Société libre... de l'Eure.* Évreux, 1863, in-8°, p. 295-492).

1. P. Paris : « Et le xxiiii° jour du dit mois de septembre qui fu au lundi, etc. »

2. Le prince de Galles était arrivé à Bordeaux au plus tard

*Comment le roy de France manda à cil d'Angleterre
qu'il se vouloit combatre à li, corps contre corps ou
force contre force.*

Item, en celui an LV, descendi le roy d'Angleterre
à Calais en la fin du mois d'octobre, et chevaucha
jusques à Hedin; et rompi le parc et ardi les maisons
qui estoient ou dit parc; mais il n'entra point ou chastel ne en la ville[1]. Et le roy de France, qui avoit fait
son mandement à Amiens, tantost qu'il ot oy nouvelle
de la venue du dit Anglois, et estoit en la dicte ville
d'Amiens, se parti et les genz qui estoient avecques

le 20 septembre. Sa chevauchée commença le 5 octobre et se
termina dans les premiers jours de décembre. Le récit tradi-
tionnel de Froissart (*Chroniques*, t. IV, p. 161-174) appelle
tant de rectifications, qu'il vaut mieux n'y pas recourir. Les
vraies sources pour l'historique de cette expédition sont les
deux lettres adressées à l'évêque de Winchester par le prince
de Galles et un chevalier anglais de sa suite, John de Wingfield
(Bordeaux, 23 et 25 décembre; Robert d'Avesbury, *De gestis
mirabilibus regis Edwardi III*, p. 434-437 et 439-443). La
chronique de Geoffroy le Baker de Swynebroke est également
très développée et très exacte (p. 128-129). Enfin, on consul-
tera utilement un article d'A. Breuils, *Jean I*er*, comte d'Armagnac* (*Revue des Questions historiques*, 1896, p. 54-55).

1. *Et rompi le parc.* « Baudouin de Mons, comte de Flandre,
fit bâtir à Hesdin un château magnifique vers 1068. Il y joignit
un parc très étendu, qui renfermait la plaine située entre les
deux vallées de Canche et de Ternoise, la largeur de cette dernière vallée et la colline qui la domine à droite. Ce parc aboutissait à la forêt d'Hesdin, située à une lieue du château. » Il a
été l'origine du château du Parcq (arr. de Saint-Pol, ch.-l. de
cant.), fondé en 1586 et érigé en paroisse deux ans plus tard
(S. Mondelot, *le Vieil et le nouvel Hesdin*. Abbeville, 1823,
in-12, p. 4-5).

lui pour aler contre le dit Anglois. Mais il ne l'osa attendre, et s'en retourna à Calais tantost qu'il oy nouvelles que le roy de France aloit vers li en ardant et pillant le pays par le quel il passoit. Si ala le dit roy de France après jusques à Saint-Omer et li manda par le mareschal d'Odenehan, et par pluseurs autres chevaliers, que il se combatroit au dit Anglois, se il vouloit, corps à corps ou povoir contre povoir, à quelque jour qu'il voudroit. Mais le dit Anglois refusa la bataille et s'en repassa la mer en Angleterre sans plus faire à celle foiz, et le roy de France à Paris[1].

Item, en icelui an LV, ou mois de novembre, le dit prince de Gales, après ce qu'il ot couru le pays de Bourdeaux jusques près de Thoulouse, et de là jusques à Narbonne, et ars, gasté et pillé tout environ, s'en retourna à Bourdeaux à toute la pille et grant foison de prisonniers, sanz ce qu'il trouvast qui aucune chose li donast à faire. Et toutes voies estoient ou dit pays pour le roy de France le conte d'Armignac, lieutenant

1. Cette courte campagne, commencée le 2 novembre et qui était terminée le 11, le jour de la fête de Saint-Martin, est racontée très différemment par les chroniqueurs français et par les chroniqueurs anglais. Jean II, qui avait « fait crier l'arrière-ban », s'était posté avec son armée à Saint-Omer, ce qui n'empêcha pas Édouard III de s'avancer jusqu'à Hesdin. Le vide avait été fait devant les Anglais, qui souffrirent beaucoup du manque de vivres. Une prise d'armes des Écossais, provoquée par les subsides du roi de France, contraignit Édouard III à repasser en Angleterre (Robert d'Avesbury, *De gestis...* *Edwardi III*, p. 427-431; Knighton, t. II, p. 83-88; *Chronicon Galfridi Le Baker de Swynebroke*, p. 125-126; Th. Walsingham, *Hist. anglicana*, t. I, p. 280; *Rotuli Parliamentorum*, t. II, p. 264).

du Roy en la Langue d'oc pour le temps[1], le conte de Fouez[2], monseigneur Jaques de Bourbon, conte de Pontieu et connestable de France et monseigneur Jehan de Clermont, mareschal de France[3], à plus grant compaignie la moitié, si comme l'en disoit, que n'estoit le dit prince de Gales: Si en parla l'en forment contre aucuns des dessus nommés qui là estoient ou devoient estre pour le roy de France.

De l'assemblée que le Roy fist faire en Parlement des nobles, du clergé et des bonnes villes, pour ordener aide à soustenir le fait de la guerre.

En celui an meismes, à la Saint-Andri[4], furent assemblez à Paris, par le mandement du Roy, les prelas, les chapitres, les barons et les bonnes villes du royaume de France; et leur fist le Roy exposer en sa presence l'estat des guerres, le merquedi après la dite Saint-Andry, en la chambre de Parlement, par maistre Pierre de la Forest, lors arcevesque de Rouen et chancellier de France[5]. Et leur requist le dit chancellier, pour le

1. On a fait valoir, à la décharge du comte d'Armagnac, des raisons assez plausibles : des défections qui se seraient produites dans son armée, l'attitude ambiguë de Gaston de Foix, l'ennemi-né de la maison d'Armagnac, etc. (A. Breuils, *Jean Ier, comte d'Armagnac, ubi supra*, p. 54-55).

2. Gaston Phébus, comte de Foix.

3. Jean de Clermont, sire de Chantilly, avait été fait maréchal de France en août 1352, après la mort de Guy de Nesle. Il fut tué à la bataille de Poitiers.

4. Le lundi 30 novembre. Les lettres de convocation avaient été données à Saint-Denis le 9 octobre.

5. Précédemment évêque de Tournai, puis évêque de Paris;

Roy, qu'ilz eussent avis ensemble quelle ayde ilz pourroient faire au Roy, qui feust souffisant pour faire les fraiz de la guerre. Et pour ce qu'il avoit entendu que les subjectz du royaume se tenoient forment à grevez de la mutacion des monnoies, il offri à faire forte monnoie et durable, mais que l'en li feist autre aide qui fust souffisant pour faire sa guerre. Les quelz respondirent, c'est asavoir, le clergié par la bouche de monseigneur Jéhan de Craon, lors arcevesque de Reins[1], les nobles par la bouche du duc d'Athenes, et les bonnes villes par la bouche de Estienne Marcel, lors prevost des marchans à Paris[2], que ilz estoient tous près de vivre et mourir avecques le Roy, et de mettre corps et avoir en son servise; et requistrent deliberacion de parler ensemble, la quelle leur fu octroiée.

Comment le Roy donna à monseigneur Charles, dalphin de Viennois, la duchié de Normandie, et li en fist hommage.

Item, en cellui an, le lundy, veille de la Concepcion Nostre-Dame[3], donna le Roy le duchié de Normandie à monseigneur Charles, son ainsné filz, dalphin de

promu au siège archiépiscopal de Rouen le 1er janvier 1352; chancelier de France depuis le mois de décembre 1349.

1. Jean III de Craon venait d'être promu au siège de Reims, qu'il occupa jusqu'au 26 mars 1373.

2. En fonction depuis l'année 1354. Il avait succédé à Jean de Pacy. — Pour l'histoire de ces États, voy. G. Picot, *Hist. des États généraux*. Paris, Hachette, 1888, 2e éd., in-12, t. I, p. 35-39.

3. Le 7 décembre.

Viennois et conte de Poitiers, et le landemain, jour de
mardi et jour de la dicte feste de la Concepcion, li en
fist le dit monseigneur Charles hommage, en l'ostel
maistre Martin de Mello, chanoine de Paris, ou
cloistre Nostre-Dame[1].

*Comment, le Roy present, les gens des trois estas res-
pondirent par deliberacion que ilz feroient continuel-
ment, chascun an, trente mile hommes d'armes, et de
l'ordenance qui fu faite et advisée pour trouver le
paiement à paier les dis trente mil hommes d'armes[2].*

Après la devant dicte deliberacion eue des III estas
dessus diz, ilz respondirent au Roy, en la dicte
chambre de Parlement, par les bouches des dessus nommés, que ilz li feroient XXX mil hommes
d'armes par un an[3], à leur fraiz et despens, dont le
Roy les fist mercier. Et pour avoir la finance pour

1. Martin de Mello, qui faisait partie du chapitre cathédral
au moins depuis 1346, avait acheté en 1348 la maison ou hôtel
de Firmin de Coquerel, doyen de Paris et évêque élu de Noyon
(l'ancien chancelier de France). L'immeuble était évidemment
très important, car il fut payé un prix élevé : 1,200 florins de
Florence (Arch. nat., LL 105, p. 326, et LL 256, fol. 8 v°).

2. Manuscrit, fol. 397, col. 2. Entre la rubrique et le commencement du chapitre, miniature représentant le roi Jean
entouré des députés des trois états.

3. P. Paris : « chascun an ». Comment entendre les mots
par un an? Pour une année ou par an? La rubrique semble
autoriser le second sens et la leçon *chascun an.* Mais, alors,
c'eût été l'établissement d'un impôt permanent, et, au XIVe siècle,
ni les États généraux, ni les États provinciaux n'engagent ainsi
l'avenir. En outre, il est à remarquer que les rubriques résument
souvent d'une façon incomplète, ou même inexacte, le contenu
des chapitres.

paier les diz xxx mil hommes d'armes, la quelle fu
estimée à L cent mile livres[1] par les III estas dessus
diz, ordenerent que l'en leveroit sus toutes gens, de
quelque estat que ilz feussent, gens d'eglise, nobles ou
autres, imposicion de VIII deniers pour livre de toutes
denrées[2], et que gabele de sel courroit par le royaume[3].
Mais, pour ce que l'en ne povoit lors savoir se les dites
imposicion et gabele souffiroient, il fu lors ordené que
les III estas dessus diz retourneroient à Paris le premier jour de mars ensuyvant, pour veoir l'estat des
dittes imposicion et gabele, et sur ce ordener ou de
autre aide faire pour avoir les dites L cens mile livres,
ou de laissier courir les dictes imposicion et gabele.
Au quel premier jour de mars les III estas dessus diz
retournerent à Paris, exceptées pluseurs grosses villes
de Picardie, les nobles et pluseurs autres villes de
Normandie. Et virent ceulz qui y furent l'estat des
dites imposicion et gabele; et tant pour ce que elles
ne souffisoient pas pour avoir les dittes L[c] mile livres,
comme pour ce que pluseurs du royaume ne se
vouloient acorder que les dictes imposicion et gabelle
courussent en leur pays et es villes là où il demouroient,
ordenerent nouvel subside sur chascune personne
en la maniere qui ensuit[4]. C'est asavoir que tout

1. Cinq millions de livres.

2. 3 33 °/₀ du prix de vente.

3. Ces quelques lignes ne font pas du tout comprendre l'importance de la session de décembre 1355. Pour en avoir une
juste idée, il faut se reporter au texte de la grande ordonnance
du 28 décembre 1355, qui codifiait l'œuvre réformatrice et
législative des États (*Ordonnances des rois de France*, t. III,
p. 19 et suiv.).

4. Ce nouvel impôt est appelé, dans les documents de comp-

homme et personne, feust du sanc et lignage du
Roy et autre, clerc ou lay, religieux ou religieuse,
exempt ou non exempt, hospitaliers, chiefs d'eglise ou
autres, eussent rentes ou revenues, office ou administracion, femmes veves ou celles qui faisoient chief,
enfans mariez et non mariez, qui eussent aucune
chose de par eulz, feussent en garde, bail, tutele, cure,
mainburnie ou administracion quelconques, monnoiers
et tous autres, de quelque estat, auctorité ou previlege
qu'il usassent ou eussent usé ou temps passé, qui auroit
vaillant c livres de revenue et au dessoubz, feust à
vie ou à heritage, en gaiges à cause d'office, en pen-

tabilité contemporains, le « subside du pris et du vaillant des
gens, octroyé au dit nostre sire ou moys de mars mil CCC LV
(1356, n. st.) derrain passé », pour le distinguer de quantité
d'autres subsides qui coururent dans le même temps, et par-
ticulièrement en Normandie (Bibl. nat., P. O. 105, d. 2264,
n° 2; 16 juillet 1356). Il constituait un premier essai d'impôt
sur le revenu, avec des « exemptions à la base » et « au sommet », car cette sorte d'imposition frappe surtout « les for-
tunes moyennes ». Michelet a durement apprécié la réforme.
« Plus on avait, écrit-il, et moins l'on payait. » C'est le contraire qu'il aurait dû dire, non pas pour la raison que les nobles
devaient en outre le service militaire (P. Paris, p. 23, n. 1),
car, à cette époque, nul ne fait la guerre à ses frais, mais
parce que les deux ordres privilégiés (clergé et noblesse) étaient
en réalité plus fortement taxés que le troisième état. — Le
chroniqueur, dans son exposé exact, mais peu clair, du méca-
nisme de l'impôt, résume plutôt les instructions pour la levée
du subside (Paris, 20 mars 1356; *Ordonnances des rois de
France*, t. III, p. 24, n. *c*) que les articles de l'Ordonnance
des États (Paris, mars 1356; *Ordonnances des rois de France*,
t. IV, p. 171-175). On fera bien de rapprocher du texte de la
chronique le sommaire de l'Ordonnance donné par Secousse
(*ubi supra*, p. 171-172).

sions à vie ou à volenté, feroit aide et subside de
IIII livres pour le fait des dictes guerres; de XL livres
de revenue et au dessus, XL solz; de X livres de revenue et au dessus, XX solz, et au dessouz de X livres,
soient enfans en maimburnie au dessus de XV ans,
laboureurs et ouvriers gaignans qui n'eussent autre
chose que de leur labourage, feroient aide de X solz. Et
s'il avoient autre chose du leur, ilz feroient aide comme
les autres serviteurs, mercenaires ou allouez qui ne
vivoient que de leur service; et qui gaignast C solz par
an, ou plus, feroient semblable aide et subside de X solz;
à prendre les sommes dessus dites à parisis ou païs de
parisis, et à tournois ou païs de tournois. Et, se les diz
serviteurs ne gaignoient C solz ou au dessus, il ne aideroient de riens, s'il n'eussent aucuns biens equipolens;
ou quel cas ilz aideroient comme dessus. Et aussi n'aideroient de riens mendiens ne moines cloistriers, sauz
office ou administracion, ne enfanz en maimburnie soubz
l'aage de XV ans qui n'eussent aucune chose comme dessus; ne nonnains qui n'eussent en revenue[1] au dessus
de X livres; ne aussi femmes mariées, pour ce que leur
maris aidoient; et estoit et seroit compté ce que elles
avoient de par elles avec ce que leurs mariz avoient. Et
quant aus clers et gens d'eglise, prelaz, abbés[2], prieurs,
chanoines, curez et autres comme dessus qui avoient
vaillant au dessus de C livres en revenue, feussent
benefices de sainte Eglyse, en patrimoine, ou en l'un
avec l'autre jusques à V^m livres, feroient aide de
IIII livres pour les premiers C livres et pour chascunes

---

1. P. Paris : « Qui vivent de revenue. »
2. P. Paris : « Gens d'églyse, abbés, prieurs, etc. »

autres c livres, jusques aus dites v^m livres, xl sols, et ne feroient de riens aide a[u] dessus des dictes v^m livres, ne aussi de leurs meubles; et les revenues de leur benefices seroient prisées et extimées selon le taux du disieme, ne ne s'en pourroient franchir, ne exempter, par quelzconques previleges, ne qu'il feissent de leur x^e, quant les disiemes estoient octroiez.

Et quant aus nobles et gens des bonnes villes qui auroient vaillant au dessus de c livres de revenue, les diz nobles feroient aide jusques à v^m livres de revenue et neent oultre, pour chascun c livres xl solz, oultre les iiii livres pour les premiers c livres, et les gens des bonnes villes par semblable maniere, jusques à mil livres de revenue tant seulement. Et quant aus meubles des nobles qui n'avoient pas c livres de revenue, l'en extimeroit leurs meubles qu'il auroient, jusques à la valeur de m livres et non plus. Et des gens non nobles qui n'avoient pas iiii cenz livres de revenue, l'en extimeroit leurs meubles jusques à la valeur de iiii mile livres, c'est asavoir c livres de meubles pour x livres de revenue; et de tant feroient aide par la maniere ci dessus devisée. Et se il advenoit que aucuns nobles n'eust vaillant en revenue tant seulement jusques à c livres de revenue, ne en meuble purement jusques à mil livres, ou que aucun [non] noble n'eust seulement en revenue iiii cens livres, ne en meubles purement iiii mile livres, et ilz eussent partie en revenue et partie en meubles, l'en regarderoit et extimeroit sa revenue et son meuble ensemble, jusques à la somme de mil livres quant aux nobles et de quatre mil livres quant aus non nobles, et non plus.

De la rebellion des menus de la cité d'Arras contre les gros.

Après avint, le samedi v^e jour de mars l'an M CCC LV dessus dit, que une dissencion s'esmut en la ville d'Arras, des menus contre les gros, tant que le dit jour les menuz tuerent XVII des plus notables de la dicte ville. Et le lundy ensivant en tuerent autres IIII et pluseurs en bannirent qui n'estoient pas en la dicte ville. Et ainsi demourerent les diz menuz seigneurs et maistres d'icelle ville[1].

Comment le roy de Navarre fu pris ou chastel de Rouen et de la mort d'aucuns chevaliers de Normandie qui estoient rebelles au roy de France[2].

Le mardy quint jour d'avril ensuyvant, qui fu le mardy après la My karesme[3], le roy de France se parti à matin, avant le jour, de Meneville[4], tout armé, acompaignié de environ c hommes d'armes, entre les

1. Voy. E. Molinier, *Étude sur la vie d'Arnoul d'Audrehem*, p. 54-56, et les sources indiquées. — P. Paris : « Le samedi sixiesme jour de mars », ce qui est une erreur ; le 6 mars tombait un dimanche en 1356. E. Molinier a reproduit la date donnée par P. Paris (*loc. cit.*, p. 56).

2. Manuscrit, fol. 398, col. 1. — Après la rubrique, intercalation d'une miniature, où est figurée l'exécution des quatre seigneurs normands arrêtés au château de Rouen, en même temps que le roi de Navarre.

3. P. Paris : « Le mardi *sixiesme* jour d'avril. » Mauvaise leçon que n'autorise aucun manuscrit.

4. P. Paris : « Maneville ». — Mainneville, Eure, arr. des Andelys, cant. de Gisors.

quelz estoit le conte d'Anjou, son filz, le duc d'Orliens, son frere, monseigneur Jehan d'Artois, conte d'Eu, monseigneur Charles, son frere, cousins germains du dit Roy[1], le conte de Tarquanville[2], monseigneur Ernoul d'Odenehan, mareschal de France, et pluseurs autres jusques au nombre dessus dit. Et vint droit au chastel de Rouen par l'uis de derrieres, sanz entrer en la ville. Et trouva en la sale du dit chastel, assis au disner, monseigneur Charles son ainsné filz, duc de Normandie, Charles, roy de Navarre, Jehan, conte de Harecourt, les seigneurs de Preaux[3], de Graville[4] et de Clere[5], et pluseurs autres. Et là fist le dit roy de France Jehan prendre les diz roy de Navarre, le conte de Harecourt, les seigneurs de Preaux, de Graville et de Clere, monseigneur Loys et monseigneur Guillaume de Harecourt, freres du dit conte, monseigneur Friquet de Fricamp[6], le seigneur de Tournebu[7], monseigneur Maubué de Mainesmares[8], tous chevaliers, Colinet Doublet[9] et Jehan de Bantalu, escuiers, et aucuns autres.

La cause fu que, depuis leur reconsiliacion faite par

1. P. Paris : « Cousin germain. »

2. Jean II, vicomte de Melun, puis comte de Tancarville, connétable héréditaire de Normandie, chambellan de France.

3. Pierre, seigneur de Préaux, avec qui s'éteignit la ligne masculine de la famille (La Roque, *Histoire généalogique de la maison d'Harcourt*, t. I, p. 164).

4. Jean Malet, sire de Graville.

5. Jean, baron de Cleres.

6. Jean de Fricamps, dit Friquet, d'une ancienne famille picarde depuis longtemps établie en Basse-Normandie.

7. Pierre de Tournebu, chevalier.

8. Guillaume de Mainesmares, dit Maubué.

9. Colin ou Collinet *Doublel*, et non *Doublet*.

le roy de France de la mort du devant dit connestable,
le dit roy de Navarre avoit machiné et traictié pluseurs
choses[1], au domage, deshonneur et mal du Roy et de
monseigneur son ainsné filz et de tout le royaume de
France. Et aussi le conte de Harecourt avoit dit ou
chastel de Val-de-Rueil, où estoit faite assemblée pour
octroier estre faite ayde au Roy pour sa guerre en la
duchié de Normandie, pluseurs injurieuses et orgueil-
leuses parolles contre le Roy, en destourbant de son
povoir ycelle ayde estre accordée et mise à execucion,
combien que le dit ainsné filz du Roy, duc de Normandie, et le dit roy de Navarre l'eussent acordé au
roy de France. Et, pour ces causes, fist le Roy mettre
les dessus nommés en prison en diverses chambres ou
dit chastel; et tantost ala disner le dit roy de France. Et
quant il ot disné, il et touz ses enfans, son frere et ses
diz cousins d'Artois, et pluseurs des autres qui estoient
venuz avecques luy, monterent à cheval et alerent en
un champ derrieres le dit chastel, appellé le Champ du
pardon[2]. Et là furent menez en deux charrettes, par
le commandement du Roy, les dis conte de Harecourt,
seigneur de Graville, monseigneur Maubué et Colinet
Doublet; et là leur furent le dit jour les testes coupées,
et puis furent tous IIII traynez[3] jusques au gibet de

1. P. Paris : « Machiné pluseurs choses. »

2. Il y a encore à Rouen une rue du Champ-du-Pardon, à
mi-hauteur de la côte de Neufchâtel, au sommet de laquelle
s'élevait le gibet de Bihorel. L'exécution avait dû se faire d'abord
à Bihorel, mais, arrivé à moitié chemin, le cortège prit à
gauche pour gagner le Champ-du-Pardon, où se tenait chaque
année, le 22 septembre, une importante foire aux chevaux.

3. P. Paris : « Tous nus traînés, etc. »

Rouen ; et là furent penduz et leurs testes mises sur le dit gibet[1]. Et fu ledit roy de France present, et aussi ses diz enfans et son frere, à couper les dites testes et non pas au pendre. Et ce jour et l'andemain, jour de merquedi, delivra le Roy pluseurs des autres qui avoient esté pris. Et finablement ne demourerent prisonniers que trois, c'est asavoir le dit roy de Navarre, le dit Friquet et le dit Bantalu, lesquelz furent menez à Paris[2], c'est asavoir le dit roy de Navarre au Louvre et les autres deux en Chastellet. Et depuis fu le dit roy de Navarre mis en Chastellet[3], et li furent bailliez aucuns du conseil du Roy pour lui garder. Et pour ce monseigneur Phelippe de Navarre, son frere, fist garnir de gens et de vivres pluseurs des chasteaux que le dit roy de Navarre avoit en Normandie[4]. Et ja soit ce que le roy de France mandast au dit monseigneur Phelippe qu'il li rendist les diz chasteaux, toutesvoies ne

---

1. P. Paris : « Et leurs testes mises sur eux sur le dit gibet. »

2. P. Paris : « Menez à part. »

3. P. Paris : « Mené en Chastellet. » — Le roi de Navarre, enfermé d'abord au Louvre, puis au Châtelet, subit un interrogatoire qui malheureusement n'est pas parvenu jusqu'à nous (Arch. nat., J 618, Navarre, V, n° 9. Déclaration faite, en 1385, par le notaire Yves Dérian). Du Châtelet, il fut transféré au château de Crèvecœur, dans le Cambrésis, et de là dans celui d'Arleux-en-Palluel. Il fut délivré dans la nuit du 8 au 9 décembre 1357. Friquet de Fricamps réussit à s'évader du Châtelet, non sans avoir fait auparavant, et plus ou moins spontanément, des dépositions très intéressantes, en partie conservées.

4. Il fit plus. Par des lettres datées de Cherbourg (28 mai 1356), il *défia* publiquement le roi de France, c'est-à-dire qu'il lui retira sa foi. Plusieurs gentilshommes normands l'imitèrent.

le voult il faire, mais assemblerent il et monseigneur
Godefroy de Harecourt, oncle du dit conte de Harecourt, pluseurs ennemis du roy de France et les firent
venir ou pays de Constentin, le quel pays ilz tindrent
contre le dit roy de France et [ses gens].

Comment monseigneur Ernoul d'Odenehan, lors mares-
chal de France, ala à Arraz et mist la ville en
l'obeissance du roy de France.

L'an de grace mil CCC LVI, le merquedi XXVIIe jour
du dit mois d'avril, et fu le merquedi après Pasques,
qui furent le XXIIIIe jour d'avril l'an dessus dit, monseigneur Ernoul d'Odenehan, lors mareschal de
France[1], ala en la ville d'Arraz, et là, sagement et sanz
effort de gens d'armes[2], fist prendre pluseurs, jusques
au nombre de cent et de plus, de ceulz qui avoient
mise la ditte ville en rebellion et avoient murdry pluseurs des gros bourgois d'icelle ville dont dessus est
faite mencion. Et l'endemain, jour de jeudy, fist le dit
mareschal couper les testes à XX des dessus diz, qu'il
avoit fait prendre, ou marchié de la ditte ville, et les
autres fist tenir en prison fermée, jusques ad ce que le
Roy ou li eussent autrement ordené de eulz. Et par ce
fu mise la dicte ville en la vraie obeissance du Roy. Et
demourerent les bones gens paisiblement en ycelle, si
comme ilz faisoient avant laditte rebellion[3].

1. Il avait été fait maréchal de France entre le 21 juin et le
1er juillet 1351.
2. P. Paris : « Sans effroy de gens d'armes. »
3. Voy. E. Molinier, *op. cit.*, p. 62-63.

Du siege que le roy de France fist devant Breteul, le quel chastel li fu rendu. Et comment il poursuyvi le duc de Lencastre qui touzjours fuyoit devant luy. Et de la prise de pluseurs chevaliers de France par le dit prince de Gales.

Eu dit an LVI, en la fin du mois de juing, descendi le duc de Lenclastre en Constantin, et se assembla avecques monseigneur ·Phelippe de Navarre qui s'estoit rendu ennemi du Roy, pour cause de la prise du roy de Navarre, son frere, qui encores estoit en prison. Et avecques les diz duc et monseigneur Phelippe estoit monseigneur Godefroy de Harecourt, oncle du conte de Harecourt qui avoit eu la teste coupée à Rouen. Et se mistrent à chevauchier, et estoient environ IIII mile combatans[1]. Et chevauchierent à Lisieux, au Bec[2], au Pont-Audemer. Et refrescherent le chastel qui avoit esté assegié par l'espace de VIII ou de IX semaines. Mais monseigneur Robert de Hotetot, lors maistre des arbalestiers[3], qui avoit tenu le siege devant le dit chastel, et en sa compaignie pluseurs

1. On trouvera les détails les plus complets sur la chevauchée du duc de Lancastre dans Robert d'Avesbury, *De gestis mirabilibus regis Edwardi III*, p. 461-465. Voir aussi L. Delisle, *Histoire du château et des sires de Saint-Sauveur-le-Vicomte*, p. 86-87.

2. Le Bec-Hellouin, Eure, arr. de Bernay, cant. de Brionne.

3. Robert de Houdetot. — D'une famille noble de Normandie. Il était titulaire de son office depuis le 15 mai 1350, après avoir d'abord guerroyé dans le Midi, où sous le règne de Philippe VI il avait été sénéchal d'Agenais. M. A. Coville lui a consacré une notice biographique (*les États de Normandie... au XIVe siècle*, p. 272-275).

nobles et autres, se partirent du dit siege quant ilz sorent la venue des diz duc, monseigneur Phelippe et monseigneur Godefroy, et laissierent les engins et l'artillerie qu'il avoient. Et ceuls du dit chastel pristrent tout et mistrent dedenz le dit chastel. Et après chevaucherent les diz duc et messire Phelippe et leur compaignie jusques à Breteul[1], en pillant et robant les villes et le pays par où il passoient, et raffracherent le chastel. Et pour ce qu'il trouverent que la cité et chastel d'Evreux avoient esté de nouvel renduz aus gens du Roy, qui longuement avoient esté à siege devant et avoit esté la dicte cité toute arse et l'eglise cathedral aussi, et pillée et robée tant par les Navarrois qui rendirent le dit chastel, lequel fut rendu par composicion, comme par aucuns des gens du Roy qui estoient au siege, les diz duc et messire Phelippe et leur compaignie alerent à Vernueil ou Perche[2], et pristrent la ville et le chastel, et pillierent et roberent tout, et ardirent partie de la dicte ville. Et le roy de France, qui avoit fait sa semonce tantost qu'il avoit ouy nouvelles du dit duc de Lancastre, aloit après, à moult grant et bele compaignie de gens d'armes et de gens de pié; et les suyvi jusques à Condé[3], en alant vers la dicte ville de Vernueil là où il les cuidoit trouver. Et, quant il fu au dit Condé, il ouy nouvelles que les diz duc et messire Phelippe s'estoient partis celui jour de la ditte ville de Vernueil, et s'en aloient vers la ville de

1. Breteuil-sur-Iton, Eure, arr. d'Évreux, ch.-l. de cant.
2. Verneuil-sur-Avre, Eure, arr. d'Évreux, ch.-l. de cant.
3. Condé-sur-Iton, Eure, arr. de Bernay, cant. de Breteuil-sur-Iton.

Laigle[1]. Si les suyvi le Roy jusques à Tuebuef[2], à deux liues ou environ de la dicte ville de Laigle; et là fu dit au Roy qu'il ne les pourroit aconsuir, car il y avoit grans forès là où ilz se bouteroient sanz ce que l'en les peust avoir. Et pour ce s'en retourna le Roy et tout son ost, et vindrent devant un chastel appellé Tilleres[3], que l'en disoit estre en la main des Navarrois, et le prist le Roy et y mist gardes.

Et après ala devant le dit chastel de Bretueil ou quel avoit gens de par le roy de Navarre. Mais pour ce qu'ilz ne le vouldrent rendre, le Roy et tout son ost y mistrent siege et y demourerent environ VIII semaines. Et finablement fu rendu le dit chastel au Roy[4], par composicion, et s'en alerent ceuls qui estoient dedenz là où ilz vouldrent et emporterent leurs biens. Et de là se parti le Roy et s'en ala à Chartres et fist sa semonce pour aler encontre le prince de Galles, ainsné filz du roy d'Angleterre, qui s'estoit parti de Bourdeaux[5] et estoit venu ou pays de Berry[6], en robant, pillant et ardant les pays[7] par où il passoit. Et, par semblable maniere, s'en vint vers la riviere de Laire et passa par la ville de Rumorentin[8], et la prist et pluseurs cheva-

1. Laigle, Orne, arr. de Mortagne, ch.-l. de cant.
2. Tubœuf, Orne, arr. de Mortagne, cant. de Laigle.
3. Tillières-sur-Avre, Eure, arr. d'Évreux, cant. de Verneuil.
4. Entre le 12 et le 19 août.
5. Le prince de Galles était parti de Bordeaux le 6 juillet, mais c'est seulement le 4 ou le 5 août que, venant de Bergerac, il foula pour la première fois le sol français.
6. P. Paris : « En Berry. »
7. P. Paris : « Le pays. »
8. Romorantin, Loir-et-Cher, ch.-l. d'arr.

liers et autres qui estoient dedenz[1], entre les quelz furent pris le seigneur de Craon[2] et Bouciquaut[3]. Et après chevaucha le dit prince droit vers Tours. Et le dit roy de France ala à Tours pour le encontrer. Et quant le dit prince sçot que le Roy li aloit en l'encontre, il s'en retourna en alant droit vers Poitiers[4], et ja soit ce que le dit Roy n'eust encores que un peu de gent, toutesvoies suyyoit-il le dit prince le plus tost qu'il povoit pour soy combatre à lui. Et avint que le samedi XVIIe jour du mois de septembre, l'an dessus dit, le dit Roy, bien accompaignié, fu près du dit prince et de son ost, à deux luyes ou environ.

Et ycelui samedi, le conte d'Auceurre[5], le conte de Joigny[6], le seigneur de Chastillon-sur-Marne, souverain maistre de l'ostel du Roy[7], et pluseurs autres

1. Dans le donjon qui résista cinq jours; la ville avait été prise assez facilement.

2. Amauri IV, seigneur de Craon, qui avait été lieutenant du Roi en Poitou et en Languedoc.

3. Jean le Maingre, dit Boucicaut, le futur maréchal de France. — Boucicaut, le sire de Craon et l'Hermite de Caumont, à la tête de 300 lances, surveillaient depuis quelques jours la marche de la colonne anglaise, épiant l'occasion de l'attaquer. Ils réussirent à surprendre l'avant-garde, mais des renforts, promptement accourus, les obligèrent à se réfugier en toute hâte dans le château de Romorantin.

4. P. Paris : « S'en retourna vers Poitiers. »

5. P. Paris : « Le comte de Sancerre. » — Jean III de Chalon, comte d'Auxerre, bouteiller de France, fils de Jean II, tué à Crécy.

6. Jean de Noyers, comte de Joigny, gouverneur de Bourgogne.

7. Second fils de Gaucher de Châtillon, comte de Porcien, connétable de France, et d'Isabelle de Dreux (Anselme, t. VI, p. 91).

armez chevaliers et escuiers, qui aloient après le Roy,
trouverent pluseurs des gens du dit prince en leur chemin, aus quelz ilz se combatirent; et furent les diz
contes et seigneur de Chastillon pris et pluseurs de
ceulz qui estoient en leur compaignie.

*De la bataille qui fu devant Poitiers et de la prise du
roy de France qui plus vassalment s'i porta que nul
autre* [1].

Le lundy ensuyvant, xixe jour du dit mois de septembre, l'an LVI dessus dit, entre prime et tierce ou
environ, le dit roy de France et son ost furent logiez
devant l'ost au dit prince, à mains du quart d'une
lieue. Et là vint le cardinal de Pierregort, qui avoit
esté envoié en France par le Pape, pour traictier de
la paix entre les diz roys de France et d'Angleterre [2];
le quel cardinal ala pluseurs foiz de l'un ost à l'autre,
pour savoir se il pourroit trouver aucun bon traictié;
mais il ne pot. Et pour ce s'en ala à Poitiers qui estoit
à deux petites lieues du lieu où le dit roy de France et
son ost estoient d'une part et le dit prince de Gales et

______

1. Manuscrit, fol. 399, col. 1. — En tête du chapitre, miniature qui figure la bataille de Poitiers (le roi de France et
quelques chevaliers français combattant contre le prince de
Galles et quelques chevaliers anglais).

2. Hélie Talleyrand de Périgord, cardinal du titre de Saint-
Pierre-ès-liens, évêque d'Albano. Il était l'un des deux légats,
— l'autre était Nicolas Capocci, cardinal du titre de Saint-
Vital, — que le Pape avait envoyés en France pour tenter un
nouvel effort en faveur de la paix. Le cardinal de Périgord
avait eu une première entrevue avec le prince de Galles à
Montbazon (Indre-et-Loire, arr. de Tours, ch.-l. de cant.).

son ost d'autre part, le quel lieu estoit assez près d'un
chastel de l'evesque de Poitiers, appellé Chavigny[1].
Et estoit l'ost du dit prince logié en un fort païz de
haies et de buissons. Et neentmoins le duc d'Athennes,
lors connestable de France, monseigneur Ernoul
d'Odenehan et monseigneur Jehan de Clermont, lors
mareschaux[2], et leur bataille coururent sus à l'ost du
dit prince d'une part, et monseigneur le duc de Normandie, ainsné filz du roy de France, qui avoit une
bataille, le duc d'Orliens, frere du dit Roy, qui en avoit
une autre, et le dit Roy qui avoit la tierce, s'approcherent de l'ost du dit prince. Mès il estoit en si forte
place que ilz ne porent entrer en eulz, et pluseurs des
dites batailles de la partie du dit roy de France, tant
chevaliers comme escuiers, s'en fouyrent honteusement
et villainement. Et dient aucuns que par ce fu l'ost du
dit roy de France desconfit, et les autres dient que la
cause de la desconfiture fu pour ce que l'on ne povoit
entrer es diz Angloiz; car ilz s'estoient mis en trop
forte place, et leurs archiers traioient si dru que les
gens du dit roy de France ne povoient demourer en
leur trait. Finablement, la place demoura au dit prince
de Gales et à ses gens, jà soit ce que le dit roy de
France eust autant de gens que le dit prince. Et là
furent mors, de la partie du dit roy de France, le
duc de Bourbonnois[3], le dit duc d'Athennes, connes-

---

1. P. Paris : « Chauvigny. » — Il s'agit de Savigny-l'Eves-
cal (Vienne, arr. de Poitiers, cant. de Saint-Julien-l'Ars).

2. Jean de Clermont avait été fait maréchal de France en
août 1352, après la mort de Guy de Nesle, tué au combat de
Mauron.

3. Pierre de Bourbon, le beau-père du dauphin.

table, le dit monseigneur Jehan de Clermont, mareschal, monseigneur Gieffroy de Charny qui portoit l'oriflemble[1], monseigneur Regnaut Chauveau, evesque de Chaalons[2], et pluseurs autres jusques au nombre de VIIIe ou environ, et en la dicte bataille furent pris le dit roy de France, qui si vassaument se porta comme chevalier peust faire, monseigneur Phelippe son mainsné filz[3], monseigneur Jaques de Bourbon, conte de Pontieu et frere du dit duc de Bourbon, monseigneur Jehan d'Artois, conte d'Eu, monseigneur Charles, son frere, conte de Longueville-la-Giffart[4], cousins germains du dit roy de France, monseigneur Jehan de Meleun, conte de Tarquenville, monseigneur Jehan de Meleun, son ainsné filz, monseigneur Guillaume de Meleun, arcevesque de Sens, et Symon de Meleun, frere du dit conte, le conte de Ventadour[5], le conte de Dampmartin[6], le conte de Vendosme[7], le conte de Vaudemont[8], le conte de Salebruche[9], le conte de

1. Geoffroy de Charny, seigneur de Pierre-Perthuis, de Montfort et de Savoisy, chevalier de l'ordre de l'Étoile de la première promotion, avait été choisi, le 25 juin 1355, pour porter l'oriflamme.

2. Frère de Jean Chauvel ou Chauveau.

3. P. Paris : « Son ainsné fils. »

4. Longueville, Seine-Inférieure, arr. de Dieppe, ch.-l. de cant. — Jean II avait donné à Charles d'Artois, probablement à l'occasion de son mariage, le comté de Longueville, confisqué sur Philippe de Navarre (Arch. nat., JJ 84, fol. 322, n° 640; Mantes, juin 1356).

5. Bernard Ier, comte de Ventadour.

6. Charles de Trie, comte de Dammartin.

7. Jean VI, fils de Bouchard VI, comte de Vendôme.

8. Henri V, fils d'Anseau de Joinville, comte de Vaudémont par sa mère Marguerite de Vaudémont.

9. Jean II, comte de Sarrebrück, sire de Commercy en Lor-

Nausou[1] et le dit mareschal d'Odenehan et pluseurs autres, tant chevaliers comme autres, jusques au nombre de XVII cens ou environ. Et bien y ot tant de mors comme de pris, tant de ceuls qui sont nommez comme autres, LII chevaliers bannerez. Et de la ditte besoigne l'en fist retraire le duc de Normandie, ainsné filz du dit Roy, le conte d'Anjou et le conte de Poitiers, ses freres, et le duc d'Orliens, frere du dit Roy[2]. Et pou d'autres contes ou dux en eschappa, qui ne fussent mors ou pris. Et après s'en retournerent à Paris les diz duc de Normandie, conte de Poitiers, et duc d'Orliens, et le dit conte d'Anjou demoura en son pays pour le garder. Et entra le dit duc de Normandie à Paris le jeudi XXIXe jour du dit mois de septembre, et fist une convocacion de tous les trois estas du royaume de France,

raine, conseiller et chambellan du roi, bouteiller de France, mort en 1381.

1. Jean, comte de Nassau, qui épousa en secondes noces l'héritière de la maison de Sarrebrück et fut l'auteur de la branche de Nassau-Sarrebrück. Mort en 1371.

2. La retraite, un peu trop précipitée, du dauphin, des comtes d'Anjou et de Poitiers, avait été jugée sévèrement, d'autant plus que leur plus jeune frère, Philippe, n'avait pas quitté le champ de bataille et jusqu'au bout était resté aux côtés de son père (Matteo Villani, *Istorie Fiorentine*, lib. VII, cap. XVII, Muratori, t. XIV, col. 416; *Complainte sur la bataille de Poitiers*, dans *Bibl. de l'École des chartes*, 1851, p. 257-267). Il fallait donc établir que les princes avaient obéi à un ordre formel du Roi. Telle est la version que l'on trouve dans une lettre du comte d'Armagnac aux consuls de Nîmes : « Mossenhor lo duc de Normandie, moss. d'Anyo et de Peyto, lo duc d'Orlhies, de comandamen del Rey moss., se so salvatz » (Arch. comm. de Nîmes, LL 1, fol. 43 v°; 7 octobre 1356, copie contemporaine. — Impr. par Ménart, *Histoire de Nîmes*, t. II, [1751], Preuves, p. 182).

c'est asavoir de gens d'eglise, de nobles et de bonnes villes, pour estre à Paris le xve jour du mois d'octobre ensuyvant[1]. Et le dit prince de Galles en mena à Bourdeaux le dit roy de France et tous ses autres gros prisonniers, excepté le dit conte d'Eu qui fu recreu sur sa foy, jusques à la Toussains ensuyvant, pour ce qu'il estoit blecié. Et autres prisonniers, tant chevaliers comme autres, qui n'estoient pas de moult grant auctorité, furent mis à rençon et recreus sur leur foiz pour aler pourchacier leurs rençons.

Comment monseigneur Charles, duc de Normandie, et ainsné filz du Roy, après ce que il fu revenuz de la bataille de Poitiers, fist assembler les genz des III estaz pour ordener hastivement de la delivrance du Roy son pere. Et furent les genz du Conseil du Roy separez du conseil de ceulz des III estaz qui furent esleuz cinquante pour tous[2].

A la quinsaine du dit mois d'octobre, qui fu en un jour de samedi[3], vindrent à Paris pluseurs gens

1. Un premier mandement de convocation avait été envoyé à la date du 27 septembre, fixant l'ouverture des États au 1er novembre. Cette date fut après coup avancée de quinze jours.

2. Manuscrit, fol. 399 *bis*. — En tête du feuillet, deux miniatures séparées; dans celle de gauche, le dauphin, entouré des représentants des trois ordres; dans celle de droite, un groupe d'hommes d'armes, figurant les « xxx[M] hommes armez » dont il est parlé dans le chapitre.

3. P. Paris : « En ce meisme an, le quinziesme jour, etc. » — Tout ce qui est dit de cette session des États généraux de la Langue d'oïl, dans les *Grandes Chroniques* (ch. xx et xxii), doit être complété et rectifié, au besoin, à l'aide du *Journal des États généraux réunis à Paris au mois d'octobre 1356*. Voy.

d'eglise, nobles et gens de bonnes villes de la Langue
d'oil. Et le lundi ensuyvant furent tous assemblez en
la chambre du Parlement par le commandement de
monseigneur le duc de Normandie qui là fu present,
et en la presence du quel monseigneur Pierre de la
Forest, arcevesque de Rouen et chancellier de France,
exposa à ceuls des trois estas dont dessus est faite
mencion la prise du Roy et comment il s'estoit comba-
tuz vassaument de sa propre main, et non obstant ce
avoit esté pris par grande infortune. Et leur monstra
le dit chancellier comment chascun devoit mettre grant
paine à la delivrance du dit Roy. Et après leur requist,
de par le dit monseigneur le duc, conseil comment le
Roy pourroit estre recouvrez, et aussi de gouverner
les guerres, et aide à ce faire.

Les quelz des trois estaz, c'est assavoir les gens
d'eglise par la bouche de monseigneur Jehan de
Craon, arcevesque de Reins, les nobles par la bouche
de monseigneur Phelippe, duc d'Orliens, et frere germain du Roy, et les gens des bonnes villes par la
bouche de Estienne Marcel, bourgois de Paris et lors
prevost des marchans, respondirent que ilz vouloient
faire tout ce qu'ilz pourroient aus fins dessus dites, et
requistrent delay pour eulz assembler et parler ensemble
sur ces choses; le quel leur fu donné. Et furent ordenez, par le dit monseigneur le duc de Normandie,
pluseurs du Conseil du Roy pour aler au conseil des
dessus diz des trois estaz. Et quant ilz y orent esté
deux jours, l'en leur fist sentir et dire que les dictes

l'édition que j'ai donnée de ce précieux document dans la *Nouvelle Revue historique de droit français et étranger*, juillet-août
1900, p. 415-465.

gens des III estas ne besoigneroient point es choses
dessus dites, tant comme les dictes gens du Conseil du
Roy seroient avecques euls. Et, pour ce, se deporterent
les dites gens du Conseil du Roy de plus aler aus
assemblées des diz trois estaz qui estoient chascun jour
faites aus freres Meneurs, à Paris[1]. Et continuerent
XV jours ou environ, tant qu'il ennuyoit à pluseurs de
ce que les diz trois estaz attendoient si longuement à
faire leur response sur les choses dittes. Toutesvoies,
après ce que les diz trois estaz orent conseillié et
assemblé par plus de XV jours et esleuz de chascun des
diz estaz aucuns aus quelz les autres avoient donné
povoir de ordener ce que bon leur sembleroit pour le
proffit du royaume, yceuls esleuz qui estoient cinquante ou environ[2] de tous les trois estaz dessus diz
firent sentir au dit monseigneur le duc de Normandie
qu'ilz parleroient volentiers à lui secretement. Et pour
ce ala le dit duc lui VI⁰ tant seulement aus diz freres
Meneurs par devers les diz esleuz, les quelz li distrent
qu'ilz avoient esté ensemble par pluseurs journées et
tant avoient fait qu'ilz estoient tous à un accort. Si
requistrent au dit monseigneur le duc que il voulsist
tenir secret ce que ilz li diroient qui estoit pour le

1. Au couvent des Cordeliers, sur l'emplacement de l'École
de médecine actuelle. Cf. chap. XXX : « En l'ostel des Cordeliers. » La séance d'ouverture s'était tenue dans « la chambre
du Parlement », mais le grand nombre des députés, — ils
étaient plus de huit cents, — avait obligé de chercher une
salle ou des salles plus spacieuses.

2. Le continuateur de Richard Lescot dit de même : « Omnes
utriusque status solum quinquaginta ex seipsis elegerunt »
(p. 105). Le *Journal des États* porte le nombre à « IIIIˣˣ personnes et de plus ». L'écart, comme on le voit, est assez notable.

sauvement du royaume, le quel monseigneur le duc
respondi qu'il ne jureroit jà; et pour ce ne laissierent
pas qu'ilz ne li deissent[1] les choses qui ensuyvent.

Premierement ilz li distrent que le Roy avoit esté
mal gouvernez ou temps passé : et tout avoit esté par
ceulz qui l'avoient conseillié, par les quelz le Roy avoit
fait tout ce qu'il avoit fait, dont le royaume estoit
gastez et en peril de estre tout destruit et perduz. Si
li requistrent que il voulsist priver les officiers du Roy,
que ilz li nommerent lors, de tous offices, et qu'il les
feist prendre et emprisonner, et prendre tous leurs
biens, et que dès lors il tenist tous les diz biens pour
confisquez. Et pour ce que monseigneur Pierre de la
Forest, lors arcevesque de Rouen et chancellier de
France, qui estoit un des officiers contre les quelz ilz
faisoient les dictes requestes, estoit personne d'eglise
et que monseigneur le duc n'avoit aucune connoissance
sur luy, ilz li requistrent qu'il voulsist escrire au Saint-
Pere de sa main, et li supplier que il li donnast commissaires telz comme les diz esleuz des trois estaz
nommeroient, les quelz commissaires eussent puissance de pugnir le dit arcevesque des cas que les diz
esleuz bailleroient contre le dit arcevesque et contre
les autres officiers, des quelz les noms s'ensuyvent :
messire Symon de Bucy, chevalier du Grant Conseil du
Roy et premier president en Parlement[2], messire

____

1. P. Paris : « A dire. »

2. Personnage très influent sous les deux règnes de Jean II
et de Charles V. D'abord procureur général au parlement de
Paris, il y fut fait président, puis bientôt premier président,
tout en étant maître des requêtes de l'hôtel et membre du
Grand Conseil. Il avait été chancelier du duc de Normandie

Robert de Lorris, chevalier, qui avoit esté premier chambellan du dit roy Jehan[1], messire Nicolas Braque, chevalier et maistre d'ostel du dit Roy, et par avant avoit esté son tresorier et après maistre de ses comptes[2], Engerran du Petit-Celier, bourgois de Paris et tresorier de France[3], Jehan Poillevillain, bourgois de Paris, souverain maistre des monnoies et maistre des comptes du Roy[4], et Jehan Chauveau de Chartres, tresorier des guerres[5]. Requistrent les diz esleus que commissaires feussent donnez telz comme ilz nommeroient et procederoient contre les diz officiers, sur les cas que les diz esleuz bailleroient. Et se yceulz officiers estoient trouvez coupables, si feussent pugniz; s'ilz estoient trouvez innocens, si vouloient les diz esleuz

avant l'avènement de Jean II; de cette époque dataient les inimitiés très vives qu'il s'était attirées. Quémandeur insatiable, souple et autoritaire, il était à l'occasion l'instrument des répressions sanglantes, et, si décrié qu'il fût, l'homme nécessaire, car on le trouve mêlé à tous les grands événements de son temps. Il mourut, sans avoir rien perdu de son crédit, le 7 mai 1369 (N. Valois, *le Gouvernement représentatif en France au XIVᵉ siècle*, p. 810; F. Aubert, *le Parlement de Paris. Son organisation*. Paris, A. Picard, 1886, in-8°, p. 78-82).

1. Voy. ci-dessus, p. 13 et 14.

2. Sur Nicolas Braque et sa famille, voy. un article de M. Noël Valois, *la Revanche des frères Braque* (extrait du t. X, [1883], des *Mémoires de la Société de l'Histoire de Paris et de l'Ile-de-France*, p. 6-7).

3. Conseiller lai à la Chambre des Enquêtes (1342), puis trésorier de France (N. Valois, *le Gouvernement représentatif*, p. 9; F. Aubert, *le Parlement de Paris*, p. 371; Bibl. nat., P. O. 2252, d. 50997, PETIT-CELIER).

4. Voy. N. Valois, *op. cit.*, p. 9.

5. Frère de l'évêque de Châlons, mort à la bataille de Poitiers, et de Pierre Chauveau, ancien trésorier de Normandie.

qu'ilz perdissent tous leurs diz biens et demourassent perpetuelment sanz office royal.

Item, requistrent au dit monseigneur le duc qu'il voulsist delivrer le roy de Navarre, le quel avoit esté emprisonné par le Roy, pere du dit monseigneur le duc, si comme dessus est dit; en li disant que depuis que ycellui roy de Navarre avoit esté emprisonné, bien n'estoit venu au Roy ne au royaume, par le pechié de la prise du dit roy de Navarre.

Item, requistrent encore au dit monseigneur le duc qu'il se voulsist gouverner du tout par certains conseilliers que ilz li bailleroient de tous les trois estaz, c'est asavoir IIII prelas, XII chevaliers et XII bourgois, les quelz conseilliers auroient puissance de tout faire et ordener ou royaume aussi comme le Roy[1], tant de mettre et oster officiers, comme d'autres choses; et pluseurs autres requestes li firent grosses et pesans.

Si leur respondi le dit monseigneur le duc que de ces choses il auroit volentiers avis et deliberacion avecques son Conseil, mais toutesvoies il vouloit bien savoir quelle ayde les genz des diz trois estaz li entendoient à faire[2]. Les quelz esleuz li respondirent qu'ilz avoient ordené[3] entre eulz que les genz de l'eglise paieroient

---

1. L'*Acte d'accusation contre Robert le Coq* insiste beaucoup sur ce point (art. 52, 53, 68). Le *Journal des États* le passe, au contraire, sous silence. Il laisse, il est vrai, percer l'intention de placer le dauphin sous la tutelle des trois ordres, mais, sans doute à dessein, il ne s'exprime à cet égard que d'une façon vague. Il semble que les députés « se fussent contentés » d'un remaniement du « grand et secret Conseil », où un certain nombre d'entre eux auraient été appelés à siéger.

2. P. Paris : « Luy vouloient faire. »

3. P. Paris : « Que il vouloient ordener. »

un disieme et demy pour un an, mais que de ce ilz
eussent congié du Pape. Les nobles paieroient disieme
et demy de leur revenues. Et les gens des bonnes
villes feroient, pour cent feux, un homme armé. Et
disoient les diz esleuz que la dicte aide estoit merveilleusement grant et que elle povoit bien monter à
xxx^M hommes armez. Et pour sur ce avoir avis et de
toutes les choses dessus dittes, monseigneur le duc se
departi de eulz, et l'endemain après disner leur en
respondroit. Et pour ce assembla le dit monseigneur
le duc ou chastel du Louvre pluseurs de son lignage
et autres chevaliers, et ot avis et deliberacion sus les
choses dessus dites ; et par pluseurs fois, tant ou dit
jour de l'endemain comme en deux ou trois jours
ensuyvant, envoia le dit monseigneur le duc aus diz
freres Meneurs, par devers les diz esleuz, pluseurs de
ceuls de son lignage, pour les requerir et traictier
avecques euls comment ils se vousissent deporter d'aucunes des requestes que eulz li avoient faites, par especial des iii dont dessus est faite mencion, en leur monstrant que les dictes requestes touchoient le Roy, son
pere, de si près, que il ne les oseroit faire ne acomplir sanz le congié exprès de son dit pere[1].

Finablement, pour ce que les diz esleuz ne se
vouldrent deporter des dictes requestes ne d'aucunes
d'icelles, pluseurs de ceulz du lignage du dit monseigneur le duc et autres chevaliers, qui avoient esté à
son conseil sur les dictes choses, furent d'acort et con-

----

1. *Journal des États*, p. 25-26. On trouve dans ce *Journal*
quelques renseignements de plus que dans les *Grandes Chroniques*, sur les démarches faites auprès des États par de grands
personnages de l'entourage du dauphin.

seillierent au dit monseigneur le duc qu'il acomplesist
les dictes requestes, pour ce que autrement il ne
povoit avoir aide des diz trois estaz, sanz la quelle
aide il ne povoit faire ne gouverner sa guerre. Et
pour ce fu journée assignée aus diz trois estaz, à leur
requeste, pour oïr tout ce que ilz vourroient dire
publiquement, en la chambre du Parlement, à un jour
de lundi, à matin, veille de la feste de Toussains. Mais
le dit monseigneur le duc, qui moult forment estoit
courrouciez et troublez pour cause des dites requestes,
qui li avoient esté faites à part et secretement, si
comme dessus est dit, et les quelles l'en ly vouloit
faire publiquement en la dicte chambre de Parlement,
et consideroit que les dittes requestes il ne povoit acomplir sanz courroucier forment le dit Roy, son pere, et
sanz li faire offense notable, manda et fist aler par
devers luy aucuns autres de ses conseilliers, les quelz
il n'avoit point appellez as choses devant dites, et leur
exposa, de sa bouche, les requestes que les diz iii estaz
li avoient faites, et aussi l'aide qu'il li offroient, et
voult que ses diz conseilliers ly en deissent leur avis.
Les quelz, en la presence de pluseurs des autres qui
autrefoiz y avoient esté, li monstrerent comment
il ne devoit faire ne acomplir les dictes requestes
dessus exprimées. Et aussi li monstrerent comment
l'ayde que l'en li offroit n'estoit pas souffisante pour
fournir sa guerre. Et jasoit ce que par les diz esleuz
eust esté dit au dit monseigneur le duc que la dicte
aide povoit faire et fournir trente mile hommes armez,
c'est asavoir, pour chascun homme demy florin à l'escu
pour jour[1], les diz conseilliers monstrerent au dit mon-

---

1. « Demi-florin à l'escu », c'est-à-dire 10 sols, le florin

seigneur le duc que la dicte aide ne povoit monter à
plus de VIII^M ou IX^M hommes armés, par pluseurs faiz
et raisons aus quelles s'acorderent tous les autres qui
estoient au conseil du dit duc, qui bien estoient
jusques au nombre de trente ou de plus[1]. Et jasoit ce
que la plus grant partie d'iceulz eust par avant esté
d'acort que le dit monseigneur le duc acomplesist les
dictes requestes et li eussent conseillié si comme dessus est dit, toutesvoies se revindrent ilz lors et furent
tous d'opinion que il ne le feist pas.

Mais pour ce que moult grant peuple estoit assemblé en la dicte chambre de Parlement, en la quelle
devoient les dictes requestes tantost estre faites au dit

étant pris pour une livre. — P. Paris, p. 40, n. 1 : « Cette
paie d'un homme d'armes, c'est-à-dire de deux cavaliers (?),
paroîtroit énorme si l'on ne devoit pas y comprendre les frais
du premier adoubement (?). » Elle n'avait rien d'insolite, ni
d'exagéré; elle équivalait aux « gages » de 15 francs d'or par
mois qui, sous le règne de Charles V, seront la solde régulière
des hommes d'armes.

1. Les conseillers du dauphin ont donné leurs raisons dans
l'*Acte d'accusation*, et il y a évidemment quelque chose à retenir
de leur argumentation : « Les quelles offres sont mout petites,
ne n'estoient à accepter pour pluseurs causes; l'une, car en
verité elles ne sont pas de si grant value comme il convient
pour le fait de la guerre; l'autre, car elles ne sont pas si
prestes comme il est besoing pour le fait present de la guerre;
la tierce, car en verité l'execucion en est aussi comme impossible, ou au moins si fort que elle vaudroit pou ou nient. Et
ce appert assez par le moïen et le darrenier subside, de quoy
l'en n'a pas peu lever le vintisme; l'autre, car ce engend[re]roit
sedicions, descors, divisions et rebellions ou peuple; *et seroit
fort ou impossible de savoir le vaillant de chascun*, si comme
il appert par les autres subsides; l'autre, car les condicions que
il demandoient sont impossibles et non faisables de droit.
« Item, que les gens d'eglise demandoient quittance et remis-

monseigneur le duc, par la bouche de maistre Robert
le Coq, lors evesque de Laon, le dit monseigneur le
duc ot conseil comment il pourroit faire departir le
dit peuple ; et, par le conseil que il ot, il envoia querre
en la dicte chambre de Parlement pour venir devers
luy, en la pointe du Palais où il estoit, aucuns de
ceulz des III estaz, et par especial de ceulz qui plus
principalment gouvernoient les autres et conseilloient
à faire les dictes requestes. Et là vindrent par devers
luy maistre Raymon Saquet, arcevesque de Lyon[1],
monseigneur Jehan de Craon, arcevesque de Reins, et
le dit maistre Robert le Coq, evesque de Laon, pour
les genz d'eglise. Pour les nobles y furent messire
Waleran de Lucembourc[2], monseigneur Jehan de Conflans, mareschal de Champaigne[3], et monseigneur
Jehan de Piqueigny, lors gouverneur d'Artois[4]. Et
pour les bonnes villes y furent Estienne Marcel, prevost des marchans de Paris, Charles Toussac, eschie-

sion du disieme ja accordé, et ainsi appert que il ne accor-
doient que demi disieme. » (Nᵒˢ 72-73.)

1. Conseiller clerc au Parlement de Paris sous le règne de
Philippe VI; évêque de Thérouanne, puis archevêque de Lyon
(1355); mort en 1358.

2. Waleran de Luxembourg, comte de Saint-Pol et de Ligny.

3. Jean de Conflans, seigneur de Dampierre. Il fut massacré
par la populace parisienne, le 22 février 1358, en même
temps que Robert de Clermont, maréchal de Normandie.

4. Jean de Picquigny, d'une branche cadette de la famille
des vidames d'Amiens, était le fils de Robert de P. et de la
« dame de Fluy ». C'est lui qui fit évader Charles le Mauvais
du château d'Arleux (9 novembre 1358). Il était « gouverneur d'Artois » avec Jean de Gonnelieu, doyen de Cambrai
(Arch. du Pas-de-Calais, AA. 88).

vin[1], et pluseurs autres de pluseurs autres bonnes
villes. Et là leur dist et exposa le dit monseigneur le duc
aucunes nouvelles qu'il avoit ouyes, tant du dit Roy,
son pere, comme de son oncle l'Empereur, et leur
demanda conseil se il leur sembloit que il feust bon
que les dictes requestes et response, qui li devoient
estre faites de par les diz III estaz, et pour les quelles
faire et ouyr le peuple estoit assemblé en la dicte
chambre de Parlement, feussent delaiées jusques à une
autre journée, pour les causes et raisons que il leur dist
lors. Et furent d'acort tous ceuls qui là estoient presens, tant du conseil du dit monseigneur le duc
comme des envoiez des III estaz, que les dictes requestes
et response feussent differées jusques au jeudi ensuyvant[2], jasoit ce que l'en apparceust que aucuns des
diz envoiez eussent mieulx voulu que la besoigne
n'eust point esté differée. Et toutes voies furent il
d'acort, par leurs opinions, au delay. Et ainsi se departirent et retournerent en la dicte chambre de Parlement, et le duc d'Orliens et pluseurs autres avecques
eulz. Et parla le dit duc d'Orliens au peuple qui estoit
assemblé en la dicte chambre, et leur dist que monseigneur le duc de Normandie ne povoit lors ouyr les
requestes et response que l'en li vouloit faire, pour
certaines nouveles que il avoit ouyes, tant du dit Roy,
son pere, comme de son dit oncle, des quelles il leur
fist aucunes dire en publique. Et par ce se departi

---

1. Son nom reviendra très fréquemment dans les pages suivantes, mais on ne sait à peu près rien à son sujet. Il fut décapité le 2 août 1358, le surlendemain de la mort d'Étienne Marcel. C'était l'orateur du parti de l'Hôtel-de-Ville.

2. Le 3 novembre.

toute la dicte assemblée de la dicte chambre de Parlement, et s'en alerent aucuns en leur pays.

De l'ordenance que ceuls de la Langue d'oc firent pour l'amour et redempcion du roy de France.

En ycelui mois d'octobre, les trois estaz de la Langue d'oc se assemblerent en la ville de Thoulouse, par l'auctorité du conte d'Armeignac, lieu tenant du Roy ou pays, pour traictier ensemble de faire ayde convenable pour la delivrance du Roy. Et là firent pluseurs ordenances par l'auctorité dessus ditte[1]. Premierement que ilz feroient v[M] hommes d'armes, chascun à deux chevaux, et auroit chascun hommes d'armes demy florin à l'escu pour jour. Et feroient mil sergens armez à cheval, deux mile arbalestiers et ii[M] pavasiens[2], tous à cheval, et auroit chascun des dessus diz sergens, arbalestiers et pavasiens viii florins à l'escu pour chascun mois, et feroient l'aide dessus ditte par un an[3]. Et si ordenerent que tous les dessus diz seroient paiez par ceulz et en la maniere que les diz iii estaz ordeneroient, ou les esleuz par yceuls, et avecques ce ordenerent que homme ne femme du dit pays de la Langue d'oc ne porteroit par le dit an, se le Roy n'estoit avant delivré, or ne argent, ne perles, ne veir, ne gris, robes ne chaperons decouppez, ne autres cointises

---

1. Voy. *Ordonnances des rois de France*, t. III, p. 88-89 et 99-110 (21 octobre et 23 novembre 1356).

2. Pavaisiers. Le pavaisier porte le bouclier destiné à abriter l'arbalétrier. A Crécy, les *pavois* étaient chargés sur des voitures marchant à la queue de l'armée, et les arbalétriers ne purent s'en servir pour se protéger contre le tir des archers.

3. P. Paris : « Pour un an. »

quelzconques; et que aucuns menesterieux jugleurs ne joueroient de leur mestier. Et encores ordenerent certaine monnoie, c'est asavoir XXXIIe, la quelle ilz firent faire et monnoier es monnoies du Roy du dit pays par l'auctorité du dit conte, jà soit ce que ou pays de la Langue d'oil[1] courust lors autre monnoie, c'est asavoir monnoie LXe. Et pour avoir consummacion de toutes les choses dessus dittes[2] envoierent à Paris devers monseigneur le duc de Normandie, ainsné filz du Roy, et son lieu tenant general, trois personnes, c'est asavoir de chascun des diz trois estaz une; et leur furent confermées par le dit monseigneur le duc toutes les choses dessus dittes.

Incidence. En celui an meismes, l'an LVI, le jour de la Saint-Luc, XVIIIe jour du devant dit mois d'octobre, fu mouvement de terre si grant que pluseurs villes et chasteaux en fondirent en terre, et par especial es pays de Lorraine et de Alemaigne.

Comment monseigneur le duc de Normandie, tant de son bon entendement naturel comme par bonne deliberacion de son conseil, fist departir les genz des III estaz et leur fist dire que chascun d'eulz s'en repairast en son lieu.

Le merquedy ensuyvant, qui fu l'endemain de la dicte feste de Toussains, le dit monseigneur le duc manda au Louvre pluseurs du conseil du Roy et du sien, et aucuns de ceulz des trois estaz dont dessus est

1. P. Paris : « De langue d'oc. »
2. P. Paris : « Confermacion de toutes les choses dessus dites. »

faite mencion; et ot deliberacion asavoir se il estoit bon que ceulz des trois estaz qui estoient à Paris s'en alassent chascun en son pays, sanz plus faire quant alors, pour aucunes càuses qu'il leur dist. Et li fu conseillié par la plus grant partie de tous ceuls qui furent au dit conseil que ainsi le feist. Et pour ce dist à ceuls qui presens estoient des diz trois estaz que ainsi le feissent, et les pria que ilz deissent dè par li aus autres qui estoient à Paris que chascun s'en alast en son pays. Et leur dist qu'il les remanderoit, mais qu'il eust ouy certains chevaliers qui venoient de devers le dit Roy, son pere, qui li aportoient certaines nouvelles de par li; et aussi que il eust esté devers l'Empereur, son oncle, par devers le quel il entendoit aler briefment[1]. Dont pluseurs des diz trois estaz, qui avoient eu entencion de gouverner le royaume de France par les requestes qu'ilz avoient faites au dit monseigneur le duc, furent moult dolens; et bien leur fu avis que toutes ces choses avoient esté faites par le dit monseigneur le duc pour departir la dicte assemblée des diz III estaz qui estoit à Paris; et, en verité, ainsi estoit il.

Et pour ce, l'endemain, qui fu jour de jeudy, pluseurs des diz III estaz qui encores estoient à Paris, le dit monseigneur le duc estant à Montlehery[2], là où il ala celui jour à matin, se assemblerent ou chapitre des

---

1. Dès le mois de mai 1356, on savait qu'une diète impériale se tiendrait à Metz, et il avait été décidé que le dauphin se rendrait auprès de son oncle. Mais l'Empereur, qui avait annoncé qu'il viendrait dans le courant de l'été, différa son voyage jusqu'à la fin de l'année. Il ne fit son entrée à Metz que le 17 novembre.

2. Montlhéry, Seine-et-Oise, arr. de Corbeil, cant. d'Arpajon. — On connaît quelques actes du dauphin, donnés à Montlhéry, au mois de novembre, sans indication de jour.

diz freres Meneurs. Et là le dit evesque de Laon publia,
en la presence de ceuls qui y vouldrent aler, comment
le dit monseigneur le duc leur avoit requis conseil et
aide, et comment, pour ce faire, ilz avoient esté assemblez par pluseurs foiz et par maintes journées et prests
pour faire la ditte responce, la quelle le dit monseigneur le duc n'avoit voulu ouyr[1]. Et leur dist que
chascun de euls preist copie des choses qui avoient esté
ordenées par les diz esleuz et l'emportast en son pays[2].
Les quelles choses firent pluseurs des diz III estaz qui
estoient à la dicte assemblée. Et jasoit ce que, par pluseurs foiz, le dit monseigneur le duc parlast au dessus
dit prevost des marchans et aus eschevins de Paris,
et par pluseurs journées, en leur requerant qu'ilz li
vousissent faire aide pour soustenir la guerre, si ne s'i
voudrent il acorder ne consentir, se il ne faisoit rassembler les diz III estaz, la quelle chose il n'ot pas
conseil de faire. Et pour ce ordena qu'il envoieroit certains des conseilliers du Roy par les bailliages du
royaume, pour requerir la dicte aide aus bonnes villes.

*Comment monseigneur Robert de Clermont desconfist
en Normandie les gens monseigneur Phelippe de
Navarre et y fu occis monseigneur Godefroy de Harecourt*[3].

Après les choses devant dites, ou mois de novembre
ensuyvant, avint que monseigneur Robert de Cler-

---

1. Le *Journal des États* a résumé ce très curieux discours.
2. Il s'agissait probablement d'une copie prise sur le journal ou procès-verbal officiel des États.
3. Manuscrit, fol. 401. — Miniature représentant le combat
où périt Godefroy d'Harcourt.

mont, lieu tenant de monseigneur le duc de Normandie ou païs de Normandie[1], se combati contre les
gens de monseigneur Phelippe de Navarre, qui estoient
ou païs de Constantin, avecques les quelz estoit monseigneur Godefroy de Harecourt, qui s'estoit rendu
ennemi du roy de France tantost qu'il ouy les nouvelles de la mort de son neveu le conte de Harecourt,
que le roy de France avoit fait decapiter à Rouen le
caresme precedent, lors que le dit roy de France prist
le roy de Navarre, comme dessus est escript plus à
plain[2]. Et fut le dit monseigneur Godefroy desconfit
et occis en la dicte bataille et ceulz de sa compaignie[3].
Et, de VIII[c] hommes d'armes qui estoient des gens du
dit messire Phelippe avecques le dit messire Godefroy,
n'en eschappa nul ou peu qui ne fussent mors ou
pris[4].

*Comment le chastel du Pont-Audemer que les Navar-
rois tenoient fu rendu aus gens du Roy.*

Le dymenche, quart jour du mois de decembre,
ensuyvant, ceuls qui estoient ou chastel du Pont-Aude-

1. Robert de Clermont, troisième fils de Raoul de Clermont
et de Jeanne de Chambly, assassiné le 22 février 1358. Il était
le frère de Jean de Clermont, sire de Chantilly, maréchal de
France, qui avait été tué à Poitiers.

2. P. Paris : « Est dit plus à plain. »

3. Le combat eut lieu aux gués de Saint-Clément. Non loin
de là, au gué de Rupalay, près de l'embouchure de la Vire,
Godefroy d'Harcourt avait, un mois auparavant, remporté un
avantage sur le lieutenant du dauphin, Amaury de Meulan, qui
fut battu et fait prisonnier (octobre 1356).

4. Voy. la *Chronique des quatre premiers Valois*, p. 66-67,
où l'on trouve un récit très émouvant de la mort de Godefroy

mer[1], ou bailliage de Rouen, qui le dit chastel avoient tenu, comme ennemis du roy de France, ou nom du dit roy de Navarre et de messire Phelippe, son frere, et avoient pillié, robé et gasté tout le pays d'environ, rendirent le dit chastel par composicion aus gens du roy de France et de son filz, monseigneur le duc de Normandie, qui avoient esté assiege devant le dit chastel depuis le mois de jullet precedent; et s'en alerent, par la dicte composicion, là où ilz vouldrent, à tous leurs biens et leurs prisonniers que ilz avoient dedenz le dit chastel. Et si leur donna l'en encores VI mile florins à l'escu pour rendre le dit chastel.

Comment monseigneur le duc de Normandie, ainsné filz du Roy, ala par devers l'Empereur, son oncle.

Le lundy, quint jour dudit mois de decembre, parti le dit monseigneur le duc de Normandie de Paris pour aler à Mès par devers monseigneur Charles de Boesme, empereur de Romme, oncle du dit monseigneur le duc, pour parler à luy et avoir son conseil, tant sur le gouvernement du royaume de France et de la prise du Roy, son pere, comme de pluseurs autres choses[2]; et laissa à Paris son lieu tenant, son frere ainsné après luy, monseigneur Loys, conte d'Anjou[3].

d'Harcourt. Cf. L. Delisle, *Histoire de Saint-Sauveur-le-Vicomte*, p. 90-99.

1. Pont-Audemer, Eure, ch.-l. d'arr.

2. Voy. P. Fournier, *le Royaume d'Arles et de Vienne*, Paris, A. Picard, 1891, in-8°, p. 443-469.

3. Voici le début d'un acte du comte d'Anjou, confirmé par le dauphin, le 4 mars 1357 : « Loys, filz du roy de France, conte d'Anjou et du Maine, lieu tenant de monseigneur et de

Comment le prevost des marchans, avecques pluseurs des habitans en la ville de Paris, alerent par pluseurs fois par devers monseigneur d'Anjou pour faire cessier la nouvelle monnoie.

Le samedy ensuyvant, x[e] jour du dit mois de decembre, fu publiée à Paris monnoie nouvelle, qui avoit esté faite par l'ordenance du dit monseigneur le duc de Normandie et par son Conseil[1], c'est asavoir deniers blans de vi sols viii deniers de taille[2] et de iiii deniers d'aloy[3], appellée monnoie xlviii[e4]; et avoit cours chascun denier pour xii deniers tournois. Et autres deniers blans, qui par avant couroient pour viii deniers tournois la piece, furent rabaissiez à trois tournois; et le mouton d'or fu mis à xxx sols tournois[5]. Des quelles choses le commun de Paris fu moult esmeu, et par especial pour cause de la dicte

nostre tres cher seigneur et frere le duc de Normandie, dalphin de Viennois. » Le Louvre, décembre 1356 (Arch. nat., JJ 84, fol. 394 v°, n° 794).

1. Le mandement du dauphin, qui ne fut publié qu'après son départ, est du 23 novembre 1356 (Arch. nat., Z[1A] 55, fol. 229-230. Copie du xve siècle; *Ordonnances des rois de France*, t. III, p. 87-88).

2. C'est la traduction exacte de l'expression, consacrée et moins claire, qu'on trouve dans le mandement du dauphin : *huit deniers de poids au marc de Paris.*

3. C'est-à-dire à 4 deniers d'argent fin sur 12.

4. Le pied d'une monnaie donnée se calcule à l'aide de la formule suivante : $P = \frac{n \times d}{5 \times t}$, où n est le nombre de pièces taillées au marc de Paris, d le cours de l'unité, 5 un nombre constant, t le titre ou l'aloi. On a dans le cas présent : $P = \frac{80 \times 12}{5 \times 4} = 48$.

5. Cours précédent : 25 sols tournois.

nouvelle monnoie ; car ceulz qui gouvernoient ne vouloient souffrir le dit monseigneur le duc avoir finance
sanz leur dangier[1]. Et pour celle cause le prevost des
marchans et pluseurs des habitans de la dicte ville de
Paris alerent au Louvre le lundy ensuyvant, xiie jour
du dit mois, par devers le dit conte d'Anjou qui estoit
demouré lieu tenant de monseigneur le duc de Normandie, qui estoit alé par devers l'Empereur son
oncle, si comme dessus est dit. Et li requistrent qu'il
vousist faire cesser la dicte monnoie, en li disant qu'ilz
ne soufferroient point que elle courust ; et de fait
empeschierent le dit cours et ne souffrirent que aucun
la preist ou meist[2].

Si leur fist dire le dit conte que il auroit avis à son
conseil sur la dicte requeste et l'endemain, jour de
mardi, leur en respondroit. Au quel mardy retournerent au dit Louvre les diz prevost des marchans et

1. Le manuscrit porte : *sanz l'r de gaaignier*. P. Paris a
imprimé : *sanz lettre de gaaignier*, ce qui n'a pas de sens et,
de plus, ne saurait se justifier au point de vue paléographique,
lettre ne s'abrégeant pas *l'r*. Les manuscrits, dérivés du manuscrit français 2813, ont ou bien modifié ce passage inintelligible,
ou laissé en blanc les mots douteux. Dans quelques-uns on lit :
sans leur dangier, c'est-à-dire sans leur congé, leçon qui paraît
bien rendre la pensée du rédacteur des *Grandes Chroniques* et
que pour ce motif j'ai adoptée. La mutation des monnaies n'aurait été qu'un prétexte. Ce qu'on voulait, c'était empêcher le
dauphin de se procurer de l'argent autrement que par l'inter-
vention des États généraux, et par conséquent l'obliger à les
rappeler.

2. Pour apprécier la conduite du dauphin en cette circons-
tance et les motifs de l'opposition qu'elle souleva, voy. un
récent et important ouvrage de M. Émile Bridrey, *la Théorie de la monnaie au XIVe siècle, Nicolas Oresme*, etc. Paris,
1906, in-8°, p. 485 et suiv.

habitanz en plus grant nombre IIII foiz que ilz
n'avoient esté la journée devant; mais, pour ce que le
dit conte n'avoit pas encores eu planiere deliberacion
sur la dicte requeste, il leur fist dire et prier que ilz
attendissent jusques à l'endemain, jour de merquedi,
et lors retournassent par devers luy[1] et il leur respondroit tant qu'il leur devroit souffire.

Au quel merquedy retournerent les diz prevost et
habitans par devers le dit conte d'Anjou en trop plus
grant nombre que par avant, et leur fut acordé[2] que
l'en cesseroit de faire la dicte monnoie jusques ad ce
que le dit conte d'Anjou sauroit la volenté du dit duc
de Normandie, son frere, par devers le quel il pensoit
tantost envoier pour celle cause et li rescrire la
requeste des dessus diz de Paris.

Et ainsi se departirent et ne courut depuis la dicte
nouvelle monnoie, et aussi ne furent point gardées les
ordenances faictes sur le cours des autres monnoies;
mais furent prises et mises si comme par avant estoient.

Item, le samedi XXIIIIe jour du dit mois de decembre,
qui fu la veille de Noel, l'an mil CCCLVI dessus dit, le
Pape prononça VI cardinalx nouveaux, des quelz fu
l'un le dessus dit monseigneur Pierre de la Forest,
arcevesque de Rouen et chancellier de France[3].

*De la revenue de monseigneur le duc de Normandie de
devers l'Empereur, son oncle.*

Le samedy XIIIIe jour du mois de janvier ensuyvant, le

---

1. P. Paris : « Et lors tournaissent devers luy. »
2. P. Paris : « Et leur fist accorder. »
3. Le dauphin avait écrit au Pape, en octobre 1356, pour lui

dit monseigneur le duc de Normandie, ainsné filz du roy de France, retourna à Paris de devers son dit oncle l'Empereur, par devers le quel il avoit esté en la dicte ville de Mès, et entra en la dicte [ville] de Paris le dit samedy, environ heure de vespres. Et en sa compaignie estoit le dit chancellier, nouvel cardinal. Et leur alerent à l'encontre jusques oultre Saint-Anthoine[1], le prevost des marchans, et grant foison des bourgois de la dicte ville de Paris. Et pour la reverencé du dit nouvel cardinal pluseurs des ordres et colleges de la dicte ville li alerent encontre à procession jusques au dehors de Paris.

Comment monseigneur le duc de Normandie, pour droit ennuy et pour paix avoir, acorda au prevost des marchans et à ses aliez pluseurs requestes qu'ilz li firent sanz raison et injustement.

Le jeudy ensuyvant, XIXe jour du dit mois de janvier, le dit monseigneur le duc de Normandie envoia par devers le dit prevost des marchans aucuns de ses conseilliers, c'est asavoir : monseigneur Guillaume de Meleun, arcevesque de Sens[2], le conte de Roucy[3], le

recommander son chancelier (Reg. Vat. 238, fol. 231 v°. Lettre du Pape, du 9 novembre 1356).

1. Le couvent de Saint-Antoine, situé en dehors de l'enceinte de Paris. Cf. plus bas : « Jusques au dehors de Paris. »

2. Frère de Jean II, vicomte de Melun et comte de Tancarville, et d'Adam de Melun, premier chambellan des rois Jean II et Charles V.

3. Simon de Roucy, comte de Braisne, qui fut l'un des grands personnages du règne de Charles V. Il prit le titre de comte de Roucy en 1385, après la mort de sa nièce, héritière du nom et du titre.

seigneur de Revel[1], monseigneur Robert de Lorriz et autres, les quelz firent savoir au dit prevost des marchanz qu'il se vousist traire à Saint-Germain-l'Auceurrois, car ilz li avoient à dire aucunes choses de par monseigneur le duc de Normandie. Le quel prevost y ala environ heure de disner, acompaigné de grant foison de genz de la dicte ville de Paris armez à descouvert. Et là les dis conseilliers de monseigneur le duc requistrent au dit prevost des marchanz que il vousist cesser et faire cesser les autres gens de la dicte ville de l'empeschement qu'ilz avoient mis ou cours de la dicte nouvelle monnoie; les quelz prevost et autres gens respondirent que riens n'en feroient et qu'ilz ne souffreroient point que la dicte monnoie courust. Et oultre furent si esmeuz par toute la dicte ville que ilz firent cesser tous menestereux d'ouvrer[2]; et fist commander le dit prevost par toute la dicte ville que chascun s'armast; et ot l'en grant doubte que aucune chose ne feust faite de fait contre les officiers du Roy ou aucuns d'iceuls[3]; et pour celle cause le dit duc ot deliberacion avecques aucuns de son conseil; et l'endemain, jour de vendredy, xxe jour du dit mois de janvier, ala le dit monseigneur le duc, du Louvre au Palais, assez matin, et aussi y alerent le dit prevost des marchans et pluseurs d'iceulz de la dicte ville de Paris.

Et en la chambre du Parlement parla le dit monseigneur le duc, de sa bouche, à eulz, et leur dist qu'il ne se tenoit point mal content d'euls et leur pardonnoit

---

1. L'ancien chancelier, Guillaume Flotte, seigneur de Revel.
2. C'est-à-dire qu'il fit cesser tout travail dans Paris. P. Paris, p. 49, n. 2 : « D'ouvrer ou jouer des instruments. »
3. P. Paris : « Ne feust faite contre les officiers du Roy. »

quan qui avoit esté fait par euls, et oultre leur accordoit que les gens des trois estaz s'assemblassent quant ilz voudroient. Et aussi leur dist que il deboutoit et mettoit hors de son Conseil les officiers du Roy, que les gens des III estaz li avoient autrefoiz nommez, et oultre leur dist que il les feroit prendre, se il les povoit trouver, et s'en tendroit si saisy que le Roy, quant il seroit retourné, en pourroit faire bonne justice.

Et avec ce leur dist que, jasoit ce que le droit de faire monnoie et de la muer appartenoit au Roy pour cause de l'eritage de la couronne de France[1], toutesvoies vouloit il, pour leur faire plaisir, que la dicte nouvelle monnoie n'eust plus point de cours[2]; mais vouloit que, quant les gens des trois estaz seroient assemblez, ilz ordenassent, avecques aucuns des gens du

1. Ce principe est très nettement posé dans plusieurs ordonnances monétaires de Jean II : le Roi a le droit de faire et de muer les monnaies. Voy. Bridrey, *op. cit.*, p. 116 et suiv., en particulier, p. 118.

2. P. Paris : « N'eust point de cours. » Il y a une nuance entre cette leçon et celle du manuscrit français 2813. En effet, de décembre 1356 à janvier 1357, il a été frappé de la monnaie 48e, notamment à Saint-Pourçain, et en assez grande quantité (F. de Saulcy, *Recueil de documents relatifs à l'histoire des monnaies*, t. I, p. 368). Dans un mandement de Jean Lambert, « general maistre » des monnaies du Roi, en date du 23 février 1357, il est parlé de « l'ouvrage de la monnaie XLVIIIe, que l'on fait ad present » (Bibl. nat., Clairambault LXIII, n° 47). En 1357, des pièces de cette monnaie circulaient à Rouen, et au premier abord on les déclarait non recevables. Voy. des lettres de rémission de mai 1357 : « Et depuis ce la dite monnoie ait esté trouvée bonne et de bon aloy, c'est assavoir de l'aloy de la monnoie qui fu ordonnée devant Noel, à avoir cours pour XII deniers tournois, la quelle on dit

dit monseigneur le duc qu'il ordeneroit à ce, certainne monnoie, tele qui fust aggreable et proffitable au peuple[1]. Des quelles choses le dit prevost des marchans requist lettres. Les quelles le dit monseigneur le duc li octroia et furent tantost commandées à un notaire[2]. Et ainsi convenoit que le dit monseigneur le duc, pour refraindre la fureur du dit prevost des marchanz et des autres de Paris, le feist et acordast contre sa volenté, contraint de grans paroles, luy sachant que ce estoit contre raison. Mais, pour la dicte promesse touchant les diz officiers, pluseurs d'iceuls se absenterent. Et le dit chancellier, qui avoit esté fait nouvel cardinal, si comme dessus est dit, ne se monstra puis par Paris. Et jà soit ce que, par l'ordenance du Roy, le chancellier et monseigneur Symon de Bucy deussent aler à Bourdeaux pour les traictiez de paix,

estre de mendre value, de tant qu'elle estoit faite à mains un denier d'argent que ceste qui queurt à present » (Arch. nat., JJ 85, fol. 25 v°-26, n° 52).

1. La capitulation du dauphin n'était qu'une victoire incomplète pour les partisans de la « monnaie droite », qui évitaient une mutation, mais en maintenant la monnaie soixantième, la dernière qu'eût fait frapper le Roi, à un titre très bas (Mandement du 13 septembre 1356, dans les *Ordonnances des rois de France*, t. III, p. 84). Ils comptaient évidemment sur les États généraux pour obtenir plus ample satisfaction. Ceux-ci, par l'ordonnance du 3 mars 1357, établirent une monnaie 28e, dont les espèces, plus faibles de titre et de taille que celles qui avaient été émises en vertu de l'ordonnance du 5 décembre 1355, « étaient mieux ordonnées peut-être » (E. Bridrey, *op. cit.*, p. 488-491).

2. Il s'agit certainement ici de lettres distinctes du mandement du 25 janvier 1357, lequel ne traite que de la fabrication de la monnaie (*Ordonnances des rois de France*, t. III, p. 95-96).

qui y devoient estre entre les gens des diz roys de
France et d'Angleterre[1], neantmoins requistrent les diz
prevost des marchanz et autres qui le suyvoient audit
monseigneur le duc que il ne souffrist pas que les diz
chancellier et monseigneur Symon alassent aus diz
traictiez, et pour ce donna le dit monseigneur le duc
lettres par les quelles il rappelloit la legacion du dit
messire Symon[2], mès non pas du dit chancellier pour
ce que il convenoit, si comme l'en disoit, qu'il alast
rendre au Roy ses seaulx.

*De ceuls chés les quelz l'en envoia sergens en garni-
son, et comment les gens des III estaz furent mandez
pour rassembler à Paris.*

Le merquedy ensuyvant, xxve jour du dit mois de
janvier, le dit monseigneur le duc, à la requeste des
diz prevost des marcheans et autres, envoia sergenz
en garnison es maisons du dit messire Symon de Bucy,
de messire Nicolas Braque, maistre d'ostel du Roy, qui
longuement s'estoit mellé de ses finances, et es maisons de Engerran du Petit-Celier, tresorier de France,
et de Jehan Poillevilain, mestre de la Chambre des
comptes et souverain maistre des monnoies. Et fist
l'en inventoire des biens que l'en y trouva. Et si
furent mandez, de par monseigneur le duc, les gens
des trois estaz pour estre à Paris assemblez le dymenche,
quint jour du mois de fevrier ensuyvant.

1. Voy. ci-après, p. 107.
2. Le nom de S. de Bucy se lit pourtant parmi ceux des
négociateurs de la trève de Bordeaux, conclue le 23 mars 1357.

Comment les gens des trois estaz se rassemblerent.

Ou dit mois de janvier, chevaucha messire Phelippe de Navarre de Constantin jusques devant Chartres, et de là à Bonneval[1], et s'en retourna ou dit pays de Constantin, en gastant les pays par les quelz il passa; et toutesvoies disoit l'en qu'il n'avoit pas plus de viii[c] combatans ou environ[2]. — *Item*, le dymenche dessus dit, quint jour du dit mois de fevrier, se assemblerent à Paris pluseurs evesques et autres gens d'eglise, nobles et gens de pluseurs bonnes villes du

1. Bonneval, Eure-et-Loir, arr. de Châteaudun, ch.-l. de cant.

2. Le 13 janvier, le prévôt des marchands et les échevins de la ville de Paris écrivaient aux maire, échevins et bourgeois d'Arras, pour leur communiquer une lettre du maire et des habitants de Dreux, datée de la veille et commençant ainsi : « Tres chiers seigneurs, plaise vous savoir que lez ennemis du royaulme chevauchent moult efforciement et ont ja prins de verité la ville de Laigle et pillié ycelle; et dit on pour voir que monseigneur Philippe de Navarre y est avecques ces aliez, jusques au nombre de iiii[m] combatans, et doient tenir leur chemin vers la ville de Dreux, si comme ceulx qui leur sont eschapés le dient. Si ne savons à qui de present avoir refuige for que à la bonne ville de Paris et à vous... » L'alerte fut très vive à Paris : « Et aussi aions entendu que les dis ennemis ont entencion de venir tout droit à Paris », écrivent le prévôt des marchands et les échevins. En conséquence, ils demandent aux habitants d'Arras de venir à leur secours (Communication de M. Guesnon, dans le *Bull. hist. et philol. du Comité des travaux hist. et scient.*, année 1897. Paris, Impr. nationale, 1898, n° VI, avec fac-similé du document original, conservé aux archives d'Arras).

royaume de France. Et par pluseurs journées furent assemblez en la dicte ville, en l'ostel des Cordeliers, et là firent pluseurs ordenances[1].

Comment maistre Robert le Coq, evesque de Laon, preescha en Parlement, de par les genz des III estaz, comment les officiers du Roy devoient estre privez de leurs offices[2].

Le vendredy, tiers jour du mois de mars ensuyvant, furent assemblez ou palais royal, en la chambre de Parlement, et en la presence de monseigneur le duc de Normandie, du conte d'Anjou et du conte de Poitiers, ses freres, et de pluseurs autres nobles, gens d'eglise et gens de bonnes villes, jusques à tel nombre

1. Les États mirent près d'un mois, — du 5 février au 3 mars, — à concerter leurs résolutions. On a supposé que dans une première réunion ils avaient arrêté le programme de leurs travaux et que des « rôles » ou « écritures », énonçant les propositions sur lesquelles ils auraient à délibérer, avaient été envoyés dans les différentes provinces. Un mois environ aurait été nécessaire, d'après les prévisions mêmes des États, pour que ces rôles revinssent à Paris, revêtus de l'approbation du corps électoral, dont il avait paru indispensable de connaître le sentiment (G. Picot, *Hist. des États généraux*, t. I, p. 63-64), mais les lettres du dauphin, données le 3 mars 1357, et sur lesquelles on a voulu fonder cette conjecture, ont visiblement un autre sens (*Ordonnances*, t. IV, p. 181-183). Les rôles auxquels il est fait allusion sont ceux que les députés avaient emportés pour les soumettre à leurs commettants, lorsqu'ils avaient été congédiés prématurément au mois de novembre de l'année précédente.

2. Manuscrit, fol. 402 v°. — Miniature. Robert le Coq « prêchant » en Parlement.

que toute la dicte chambre en estoit plaine, prescha
maistre Robert le Coq[1], evesque de Laon, et dist que
le Roy et le royaume avoient esté, ou temps passé,
mal gouvernez, dont moult de meschiefs estoient avenuz tant au dit royaume comme aus habitans d'icelui,
tant en mutacions de monnoies comme par prises, et
aussi par mal administrer et gouverner les deniers que
le Roy avoit eus du peuple, dont- moult grandes
sommes avoient esté données, par pluseurs fois, à pluseurs qui mal l'avoient desservi.

Et toutes ces choses avoient esté faites, si comme
disoit l'evesque, par le conseil des dessus nommez
chancellier et autres, et d'aucuns autres qui avoient
gouverné le Roy ou temps passé. Dist encores le dit
evesque que le peuple ne povoit plus souffrir ces choses;
et, pour ce, avoient deliberé ensemble que les dessus
nommés officiers et autres qu'ilz nommerent lors, —
tant que sur le tout furent XXII, dont les noms s'ensuyvent : maistre Pierre de la Forest, lors cardinal et
chancellier de France; messire Symon de Bucy;
maistre Jehan Chalemart[2]; maistre Pierre d'Orgemont,
presidens en Parlement[3]; monseigneur Nicolas Bracque[4]
et Jehan Poillevilain, maistres de la Chambre des
comptes et souverains maistres des monnoies[5]; Enger-

1. P. Paris : « Messire Robert le Coq. »

2. Président de la Chambre des enquêtes (Bibl. nat., P. O.
648, d. 15260, CHALEMART; Aubert, *le Parlement de Paris.
Son organisation*, p. 101; *Sa compétence*, etc., p. 328, n. 3).

3. Quatrième président de la Grand'Chambre, avec Simon
de Bucy, Jacques la Vache et Pierre de Demeville (Aubert, *le
Parlement de Paris. Son organisation*, p. 92).

4. Voy. ci-dessus, p. 79 et n. 2.

5. Voy. ci-dessus, p. 79 et n. 4.

ran du Petit-Celier[1] et Bernart Fremaut[2], tresoriers de France; Jehan Chauveau[3] et Jaques Lempereur, tresoriers des guerres; maistre Estienne de Paris[4], maistre Pierre de la Charité[5], maistre Ancel Choquart[6], maistres des Requestes de l'ostel du Roy; monseigneur Robert de Lorris, chambellan du Roy; monseigneur Jehan Taüpin, de la Chambre des enquestes[7]; maistre Robert de Preaux, notaire du Roy[8]; maistre Regnaut d'Acy, advocat du Roy en Parlement[9]; Jehan d'Auceurre, maistre de la Chambre des comptes[10]; Jehan de Behangne, varlet de monseigneur le duc[11];

1. Voy. ci-dessus, p. 79 et n. 3.

2. Bibl. nat., P. O. 1125, d. 25838, FERMAUT.

3. Voy. ci-dessus, p. 79 et n. 5.

4. Doyen du chapitre cathédral, puis évêque de Paris (*Gallia christiana*, t. VII, col. 211).

5. F. Aubert, *le Parlement de Paris. Sa compétence*, p. 284, 324.

6. Ancel ou Anceau Choquart (F. Aubert, *op. cit.*, p. 332).

7. Clerc des Enquêtes et beau-frère de Simon de Bucy (Arch. nat., X^{1a} 15, fol. 207; 20 janvier 1354; Aubert, *le Parlement de Paris. Sa compétence*, p. 153, n. 1).

8. Notaire du Parlement. — Dans l'édition de P. Paris, l'ordre où sont cités les derniers noms n'est pas le même que celui du manuscrit français 2813. Après Jean Taupin viennent Geoffroy le Masurier, le Borgne de Veausse, l'abbé de Falaise, puis Robert de Préaux.

9. Fils d'un notaire du Roi, Jean d'Acy. Il fut l'un des avocats les plus réputés et les plus riches du xive siècle. Mis à mort le 22 février 1358 par la populace parisienne (*Hist. des avocats au parlement de Paris*, p. 332-335).

10. Jean d'Auxerre. Le même sans doute qui, après sa disgrâce, et peut-être pour prévenir une confiscation, vendit à Étienne Marcel la « Maison aux Piliers », que le dauphin lui avait donnée l'année précédente.

11. « Johan de Behaigne (de Bohême) », écuyer, sert en Nor-

le Borgne de Veausse, maistre d'escurie du dit monseigneur le duc[1]; l'abbé de Faloise, president en la Chambre des enquestes[2]; Gieffroi le Masurier, eschançon du dit monseigneur le duc, — seroient privez de tous offices royaux perpetuelment, dont il y avoit aucuns presidens en Parlement, aucuns maistres des Requestes de l'ostel du Roy, aucuns maistres de la Chambre des comptes, et aucuns autres officiers de l'ostel monseigneur le duc, si comme dessus est dit. Et requist le dit evesque au dit monseigneur le duc que des lors il vousist priver les XXII dessus nommez, comme dit est; et toutesvoies n'avoient ilz esté appellez ne ouyz en aucune maniere; et si n'avoient pluseurs d'iceuls et la plus grant partie esté accusez d'aucune chose, ne contre yceuls dit ou proposé aucune villenie; et si estoient pluseurs d'yceuls officiers à Paris, les quelz l'en povoit chascun jour veoir et avoir qui aucune chose leur vousist demander[3].

Item, requist encores le dit evesque que tous les officiers du royaume de France feussent suspenduz et que certains refformateurs feussent donnez, les quelz seroient nommés par les III estaz, qui auroient la cognoissance de tout ce que l'en vouldroit demander

mandie, en 1355, sous le gouvernement du dauphin (Bibl. nat., P. O. 166, d. 3501).

1. Le Borgne de Veausse ou de Veauce (Bibl. nat., P. O. 2952, d. 65548, VEAUSSE). P. Paris : « Le Borgne de Beausse. »

2. Renaud Meschin, président de la Chambre des enquêtes.

3. Lacabane a cité ce passage, qui lui paraît constituer une très forte présomption en faveur de Pierre d'Orgemont, considéré comme l'auteur de cette partie des *Grandes Chroniques de France* (*Recherches sur les auteurs des Grandes Chroniques de France, dites de Saint-Denys*, p. 11. Extrait de la *Bibl. de l'École des chartes*, t. II, 1840-1841).

aus diz officiers et contre yceulz dire et proposer[1].
— *Item*, requist encores le dit evesque que bonne
monnoie courust, tele comme les diz III estaz ordeneroient et pluseurs autres requestes fist. Et un chevalier, appellé messire Jehan de Piquigny, pour et ou
nom des nobles, advoua le dit evesque, et un advocat
d'Abbeville, appellé Colart le Caucheteur[2], le advoua ou
nom des bonnes villes ; et aussi fist Estienne Marcel,
prevost des marchans de Paris. Et offrirent au dit
monseigneur le duc, ou nom des III estaz dessus diz,
xxx mile hommes d'armes, les quelz ilz paieroient par
leur mains et par ceulz qu'ilz y ordeneroient. Et, pour
avoir la finance à ce faire, ilz avoient ordené certain
subside, c'est asavoir que les gens d'eglise paieroient
disieme et demy de toutes leurs revenues, les nobles
aussi disieme et demy, c'est asavoir de cent livres de
terre xv livres. Et les gens des bonnes villes feroient
de cent feus un homme d'armes, c'est asavoir demy
escu pour chascun jour. Mais, pour ce que ilz ne
savoient encores combien la ditte finance pourroit
monter, ne se elle souffiroit à paier les xxx mile
hommes d'armes dessus diz, ilz requistrent que ilz
peussent rassembler à la xve de Pasques ensuyvant[3] ;

1. Neuf « généraux réformateurs » furent institués par le
dauphin, à la date du 8 mars 1357, sur la désignation des
États : trois pour le clergé, trois pour la noblesse et trois pour
les bonnes villes (Arch. nat., JJ 89, fol. 68-69 v°, n° 50).

2. P. Paris : « Nicholas le Chauceteur. » Il fut l'un des neuf
« généraux réformateurs » et se signala par son zèle révolu-
tionnaire, ce qui ne l'empêcha pas de se faire anoblir dès le
mois de mars 1357 (Arch. nat., JJ 84, fol. 383, n° 771 ;
N. Valois, *le Gouvernement représentatif*, p. 38-39 et 39, n. 1).

3. C'est une erreur. La date primitivement assignée à cette

et entre deux feroient savoir combien la dicte finance pourroit monter. Et, se ilz trouvoient à la dicte xve que la dicte finance ne souffisist, ilz la croistroient. Et aussi requistrent que de puis la dicte xve ilz peussent rassembler deux foiz, quant bon leur sembleroit, jusques au xve jour du mois de fevrier ensuyvant. Le quel duc de Normandie leur octroia toutes leur requestes, tant les dessus escriptes comme autres, et par ce tindrent que les xxii officiers, dont dessus est faite mencion, estoient privez, et demourerent les autres officiers suspenduz, par tele maniere que, en la ville de Paris, l'en ne tint point de jusridicion (*sic*) jusques au lundy ensuyvant que le prevost de Paris fu restitué en son office[1]. Et du Parlement fu ordené par ceuls du Grant Conseil, qui avoient esté esleuz par les dessus diz des iii estaz, le vendredy ensuyvant, et en osterent pluseurs de ceuls qui en estoient par avant, tant que sur le toulz ilz n'y en laissierent, que en presidens que en autres, que xvi ou environ. Et de la Chambre des comptes osterent tous les maistres qui y estoient, tant clers comme lays, qui estoient xv en nombre, et y en mistrent quatre tous nouveaux, deux chevaliers et deux lays. Mais, quant ilz y orent esté un jour, ilz alerent par devers le Grant Conseil et leur distrent que il convenoit que l'en y meist de ceuls qui autre foiz y avoient

nouvelle session, et qu'on pourrait rétablir d'après de nombreux documents de tout ordre, est donnée par l'art. 5 de l'ordonnance du 3 mars 1357 : « ... Nous avons ordonné, du consantement des diz troiz estas, que les diz troiz estatz se rassembleront en la dite ville de Paris, par eulz ou par procureurs souffisanment fondez *au lundi après Quasimodo prouchain venant* » (*Ordonnances*, t. III, p. 128).

1. P. Paris : « Le prevost fu restitué en son office. »

esté, pour leur monstrer le fait de la dite chambre, et pour ce y mist l'en par provision quatre des anciens avecques les quatre nouveaux dessus diz.

Du traictié et des trieves qui furent prises à Bourdeaux entre le roy de France et le prince de Gales.

Le samedy, XVIII jours du dit mois de mars, fu traictée paix à Bourdeaux entre le roy de France, qui encores y estoit prisonnier, et le prince de Gales.

La maniere de la quelle fut tenue secrete pour ce que en ycelle estoit reservée la volenté du roy d'Angleterre. Mais, pour aucunes choses qui à ce les murent, ilz pristrent trieves generaulx de Pasques ensuyvant jusques à deux ans[1]. Et en renvoia le dit prince en France les prisonniers qu'il avoit[2], et ordena de mener le Roy en Angleterre, pour parfaire le dit traicté de paix.

Item, le dimenche XXVIe jour du dit mois ensuyvant, c'estoit d'icelui mois de mars, fu la monnoie publiée à Paris, par l'ordenance des gens des III estaz, c'est asavoir : I mouton d'or pour XXIIII sols parisis et demy moutons qui lors furent faiz nouveaux pour XII sols parisis ; deniers blans à la couronne pour X deniers tournois et les autres monnoies qui lors furent faites[3].

---

1. La trêve fut signée le 22 mars (Rymer, *Fœdera*, t. III, I, p. 348). En réalité, les négociateurs avaient travaillé au rétablissement dé la paix, et tout un traité fut ébauché, mais qui ne pouvait être « parfait » qu'en Angleterre.

2. P. Paris : « Et envoia le dit prince les prisonniers qu'il avoit en France. »

3. *Ordonnances des rois de France*, t. III, p. 146 et suiv.

*Des lettres qui furent apportées à Paris de par le roy
de France, les quelles furent publiées, en faisant deffense que les III estaz ne rassemblassent à la journée
dessus dicte.*

Le merquedy après Pasques flories, quint jour du
mois d'avril ensuyvant, furent criées et publiées par
Paris, par lettres ouvertes et mandement du Roy, les
trieves dont dessus est faite mencion[1]. Et aussi fu crié et
publié que le Roy ne vouloit pas que l'en paiast le subside qui avoit esté ordené par les III estaz, dont dessus est faite mencion ; et aussi il ne vouloit pas que les
diz trois estaz se rassemblassent à la journée, par eulz
ordenée à la xv⁰ de Pasques, ne à autre, dont le peuple
de Paris fu moult esmeu, par especial contre l'arcevesque de Sens, contre le conte d'Eu, cousin germain
du Roy, et contre le conte de Tarquenville, qui les
lettres du Roy es quelles les choses dessus escriptes
estoient contenues avoient apportées de Bourdeaux, et
aus quelx le Roy avoit chargié de les faire publier

« Ordonnance concernant les règlements sur le fait des monnoyes, et pour les changeurs, les orfevres et les batteurs d'or. »
— Il y a cette différence entre le texte de l'ordonnance et celui
des *Grandes Chroniques* que dans celles-ci les espèces sont
évaluées en monnaie parisis, tandis qu'elles le sont en monnaie tournois dans l'ordonnance.

1. Le mandement de Jean II paraît perdu, mais on connaît
toute la pensée du Roi par une lettre close adressée, le 8 avril,
aux habitants de Montpellier. Il résulte de ce document que les
bonnes villes de la Langue d'oc avaient été conviées, elles
aussi, à se faire représenter à l'assemblée qui devait être tenue
à Paris dans la seconde semaine après Pâques (Arch. comm.
de Montpellier. Fonds du Grand Chartrier, D. XIX ; *Hist. de
Charles V*, t. I, p. 312, n. 5).

avecques pluseurs autres choses qu'il leur avoit commises et chargiées à faire.

Et disoit la plus grant partie du dit peuple de Paris
que c'estoit faulseté et trahison de publier que les dictes
trieves fussent données ne acordées, et d'empeschier
la dicte assemblée des III estaz ne à lever le dit subside. Et, par la commocion et desroy qui fu en la
dicte ville, il convint que les diz arcevesque et contes
s'en alassent assez hastivement, les quelz se absenterent.
Et, pour ce que aucuns disoient qu'ilz estoient moult
dolens de la vilenie qui leur avoit esté faite, et que pour
ce ilz assembloient gens d'armes et avoient entencion
et volenté de vilener aucuns[1] de ceuls de la dicte ville
de Paris, l'en fist garder la dite ville moult soingneu-
sement, de jour et de nuit[2]; et n'y avoit de la partie
devers Grant-Pont que III portes ouvertes de jours, et
de nuiz elles estoient toutes closes.

Item, le samedy ensuyvant, veille de Pasques les
grans, VIIIe jour du dit mois d'avril[3], fu crié et publié
par Paris que l'en leveroit le dit subside et que les
III estaz se rassembleroient à la dicte XVe de Pasques,
non obstant le dit cri qui avoit esté fait le merquedy
precedent. Et ordena monseigneur le duc de Normandie que l'en feist le dit cri, par le conseil ou contrainte

---

1. P. Paris : « Grever aucuns. »

2. P. Paris : « Garder soigneusement la ville. »

3. Ou plutôt le lundi 10 avril (Bibl. nat., ms. fr. 26002,
n° 772). Le texte, visé ici et qui autorise cette rectification,
prouve que ce même mandement du dauphin modifia la date de
la convocation des États. Ils auraient dû se réunir le lundi de
Quasimodo; l'ouverture de la session fut reportée non pas à la
quinzaine de Pâques, mais, — car il importe d'éviter une équi-
voque, — à la troisième semaine après Pâques.

des dessus diz III estaz, c'est asavoir du dit evesque de Laon, qui principal gouverneur estoit des diz III estaz, du prevost des marchans et de aucuns autres.

En quel temps le roy de France arriva en Angleterre.

L'an de grace mil CCC LVII, le mardi après Pasques, qui fu le XIe jour d'avril, fist le devant dit prince de Gales le dit roy de France entrer en mer à Bourdeaux, pour le mener en Angleterre; et y arriverent le quart jour de may ensuyvant[1]. Et fu le dit Roy mené à Londres et y entra le XXIIIe jour du dit mois de may. Et, en alant et chevauchant, le roy d'Angleterre encontra le dit roy de France as champs, au quel le dit roy d'Angleterre fist moult grant honneur et reverence, et parla à ly moult longuement. Et après passa oultre en son chemin. Et le dit roy de France et le prince de Gales s'en alerent à Londres là où le dit Roy fu tenu prisonnier si largement comme il vouloit; car il avoit ses gens, tels et tant comme il vouloit, et aloit esbatre et chacier toutes foiz que il li plaisoit, et estoit en un moult bel hostel, au dehors de la dicte ville de Londres, qui estoit au duc de Lenclastre, appellé Savoie.

Comment le roy d'Angleterre manda au duc de Lenclastre qu'il laissast à faire siege de devant Rainnes en Bretaigne.

A la Nativité saint Jehan-Baptiste ensuyvant, les cardinauls de Pierregort, d'Urgel[2] et de Rouen[3], l'arce-

---

1. Plutôt le 5 mai.
2. Nicolas Capocci.
3. Pierre de la Forêt.

vesque de Sens et pluseurs autres passerent la mer et
alerent à Londres par devers le roy de France, pour
parfaire le traictié entre les II roys, et y demourerent
longuement. Et par pluseurs foiz dist l'en en France
que le traictié estoit roupt. Et, pendans les diz traictiez
le duc de Lenclastre, qui avoit esté à siege devant la
ville de Reinnes par l'espace de VIII ou IX mois, — et
estoient ceulz de dedenz la dicte ville à tres grant meschief pour ce que ilz avoient pou vivres, — se leva,
et tout son ost, du dit siege[1], par mandement du roy
d'Angleterre, son seigneur. Mais l'en donna au dit duc
LX^M escus d'or pour ses fraiz.

Comment la puissance inique des III estaz declina
et vint à neent.

Environ la Magdalene ensuyvant, les ordenez par
les III estaz, tant du Grant Conseil, des generaulx sur
le fait du subside comme les reformateurs, commencierent à decliner et leur puissance à apeticier. Car
leur finance ne fu pas si grant comme ilz avoient promis de plus de X pars[2], et les laissierent les nobles et
ne vouldrent point paier, et les gens de l'eglise aussi.
Et aussi pluseurs des bonnes villes, qui cogneurent et
apparceurent l'iniquité du fait des diz gouverneurs
principauls, qui estoient X ou XII ou environ, se
departirent de leur fait et ne vouldrent paier.
Et l'arcevesque de Reins, qui par avant avoit esté
un des plus grans maistres, fist tant que il fu principal
au Conseil de monseigneur le duc. Et furent presque
tous ceulz qui avoient esté mis hors de leur offices

1. P. Paris : « Se leva luy et tout son siege. »
2. De plus des cinq sixièmes.

remis en leur estaz, exceptez les nommez XXII, jasoit
ce que aucuns d'iceuls n'en laissassent onques leurs
estas.

De la deffense que monseigneur le duc de Normandie
fist au prevost des marchans et à autres, qui usurpoient
la puissance, de gouverner le royaume[1].

Après avint, environ la Mi aoust ensuyvant, que
monseigneur le duc de Normandie dist au dit prevost
des marchans, à Charles Toussac[2], à Jehan de l'Isle[3],
à Gilles Marcel[4], qui principauls gouverneurs estoient
de la ville de Paris, que il vouloit, dès là en avant,
gouverner et ne vouloit plus avoir curateurs, et leur
deffendi que ilz ne se mellassent plus du gouvernement du royaume, le quel ilz avoient entrepris par
tele maniere que l'en obeissoit plus à euls que l'en ne
faisoit au dit monseigneur le duc. Et dès lors chevaucha le dit monseigneur le duc par aucunes bonnes
villes et leur fist requestes en sa personne, tant de avoir
ayde d'euls comme d'autres choses[5]. Et du fait de sa

1. Manuscrit, fol. 404 v°. Miniature. Le duc de Normandie
signifiant leur congé au prévôt des marchands et aux autres
meneurs des États.

2. L'un des échevins en fonction; l'orateur du parti de
l'Hôtel-de-Ville.

3. Orfèvre du Roi (Arch. nat., KK 8, fol. 200 v°).

4. Cousin d'Étienne Marcel, « clerc de la Marchandise »,
c'est-à-dire secrétaire de l'échevinage ou du corps de ville.

5. On a supposé, sur la foi de ce texte, que le dauphin avait
cherché en province un point d'appui contre les États, que,
par son habileté et sa bonne grâce, il avait reconquis des sym-
pathies et obtenu même quelques subsides. L'itinéraire du
prince est suffisamment connu pour qu'il soit facile de remettre
les choses au point. Le dauphin n'a fait, au cours de l'an-

monnoie leur parla, le quel li avoit esté empeschié, si comme dessus est dit, dont les dessus diz gouverneurs des trois estaz furent moult dolens. Et s'en ala le dit evesque de Laon en son eveschié, car il veoit bien que il avoit tout honny.

De la chandoille que ceuls de Paris offrirent à Nostre-Dame de Paris, et de la reconsiliacion de ceuls de la dicte ville par devers monseigneur le duc, et comment il fu si près mené qu'il se consenti de rassembler les trois estaz.

La veille de la dicte Mi aoust, l'an dessus dit M CCC LVII, offrirent ceuls de Paris, en l'eglise de

née 1357, qu'un seul déplacement de longue durée. Au commencement du mois de mai, après la deuxième session des États, il s'est rendu à Rouen et a parcouru toute la Haute-Normandie, à petites journées, puisqu'il n'est revenu dans les environs de Paris qu'à la fin de juillet, quelques jours après la Madeleine, à un moment où les députés s'étaient sans doute déjà séparés. En août et en septembre, il a une résidence fixe, dont il ne s'écarte guère, l'abbaye de Notre-Dame-la-Royale ou de Maubuisson, près de Pontoise. Une seule fois il s'absente, dans la seconde quinzaine d'août, pour aller en personne, à Rouen, solliciter des gens d'église et des nobles le subside indispensable à la défense de la province ; mais les localités qu'il traverse, à l'aller comme au retour, — Gisors, Étrépagny, Écouis, Pont-de-l'Arche, — ne sont pas les « bonnes villes » dont entendent parler les *Grandes Chroniques*, et d'ailleurs le tiers état ne fut consulté qu'officieusement ; on n'eut pas le temps ou l'on évita de réunir ses représentants à ceux des deux premiers ordres. Le voyage se fit très rapidement, surtout au retour. Le 26 août, le duc de Normandie était encore à Rouen ; le 31, il était rentré à Pontoise ou plutôt à Maubuisson.

Nostre-Dame de Paris[1], une chandelle qui avoit la longueur du tour de la dicte ville de Paris, si comme l'en disoit, pour ardoir jour et nuit sans cesser.

Item, environ la Saint-Remy ensuyvant[2], se reconsilierent ceuls de Paris par devers monseigneur le duc de Normandie et firent tant que il retourna en la dicte ville, en la quelle il n'avoit esté lonc temps avoit. Et li distrent que ilz li feroient tres grant chevance, et ne li requeroient riens contre aucuns de ses officiers, ne aussi la delivrance du roy de Navarre, la quelle ilz li avoient requise par pluseurs foiz. Et li supplierent que il vousist que xx ou xxx viles se assemblassent à Paris ; la quelle chose le dit monseigneur le duc leur octroia. Et furent mandées de par lui pluseurs villes, jusques au nombre de LXX ou environ, jà soit ce que ilz n'eussent requis que de xx ou de xxx. Et quant ilz furent assemblez à Paris, ilz ne firent aucune chose, mais alerent devers monseigneur le duc et li distrent que ilz ne povoient besoignier sanz tous les trois estaz, ne riens faire, se ilz n'estoient rassemblez[3], et li requistrent les dessus diz de Paris que il les vousist mander, la quelle chose il leur octroia. Et en envoia ses lettres aus gens d'eglise, aus nobles et aus bonnes villes[4]. Et aussi envoia le dit prevost des marchans ses lettres as dessus diz, avecques les lettres de monsei-

1. P. Paris : « A Nostre-Dame. »
2. Le 1er octobre 1357.
3. P. Paris : « Ilz ne povoient besongnier ne riens faire se tous les dis trois estas n'estoient rassemblés. »
4. Les mandements de convocation furent envoyés le 15 octobre. Telle est du moins la date de celui qui fut adressé aux « bourgeois et habitants » de la ville de Poitiers (Arch. comm. de Poitiers. Original, parchemin, carton I, n° 773).

gneur le duc. Et fu la journée de assembler à Paris
les diz trois estaz au mardi après la feste de Toussains ensuyvant, qui fu le VIIe jour de novembre,
l'an M CCC LVII. Et pendant la dicte journée fu monseigneur le duc si mené, que il n'avoit denier de chevance, pour quoy il convenoit que il feist tout ce que
les dessus diz de Paris vouloient. Si convint que il
mandast, à leur requeste, le dit evesque de Laon qui
estoit en son eveschié, le quel, par ficcion, fist dangier
de retourner, et neantmoins il vint tantost.

Item, le dit mardi après la dicte feste de Toussains,
se assemblerent à Paris aucunes gens d'eglise, nobles
et autres envoiez des bonnes villes, et mains que
autrefoiz n'en estoit venu aus autres assemblées. Et se
assemblerent aus Cordeliers par pluseurs journées, et
firent tant que le Parlement, qui avoit esté ordené à
seoir l'endemain de la Saint-Martin, par le dit monseigneur le duc et son conseil, et avoit esté mandé par
les bailliages, fu continué quant aus plaidoieries jusques
au secont jour de janvier; et depuis, par leur ordenance, fu continué jusques à l'endemain de la Chandeleur.

*De la delivrance du roy de Navarre par un chevalier
ennemy et traistre du roy de France, et comment il
convint que monseigneur le duc envoiast au dit de
Navarre I tres fort et seur sauf conduit pour venir
à Paris.*

Le merquedy VIIIe jour du dit mois de novembre,
avant le point du jour du jeudi ensuyvant[1], le roy de

---

1. C'est un nouvel exemple d'une façon de compter les jours

Navarre, qui estoit en prison où chastel d'Alleux en Cambresis[1], fu delivré par un chevalier en qui le roy de France se fioit, appellé monseigneur Jehan de Piquegny, lors gouverneur, de par le dit roy de France, du pays d'Artoys[2]; le quel, comme faux et traistre, sanz le consentement, sceu et volenté du dit roy de France, son seigneur, qui en prison le faisoit tenir, au grant peril et prejudice du Roy et du royaume ainsi faussement le delivra[3], et ala ledit chevalier et genz d'armes avecques luy, jusques au nombre de XXIX ou environ[4], et estoient bourgois presque tous, au dit chastel, de

que j'ai déjà signalée (voy. p. 29, n. 1). Le roi de Navarre avait été délivré, non pas le mercredi 8, mais le jeudi 9 novembre de grand matin. Ce même jour, il écrivit aux habitants d'Arras, et sa lettre se termine ainsi : « Et pour ce que nous estions desirans que vous seussiez nostre estat, nous vous avons escript ces lettres, *le jour de nostre partement*, à Vi en Artois, le IXe jour de novembre, etc. » (Publ. par M. A. Guesnon, d'après l'original en papier conservé aux arch. comm. d'Arras, dans le *Bull. hist. et philol. du Comité des travaux hist. et scient.*, année 1897, p. 247-248). Il écrit de même et avec plus d'humour au comte de Savoie : « ... Plaise vous assavoir que la mercy Nostre Seigneur et aucuns de mes bons amys, *je me party de là où j'estoye sans prendre congié à mon hoste, le IXe jour de novembre*, en bonne santé de corps, etc. » (Paris, sans date, mais des premiers jours de décembre 1357). Cette lettre, publiée il y a longtemps par Guichenon (*Histoire généalogique de la maison de Savoye*, Lyon, 1660, in-folio, t. II, p. 202-203), avait été attribuée par lui au régent Charles (Charles V).

1. Arleux du Nord (Arleux en Palluel), Nord, arr. de Douai, ch.-l. de cant.

2. Voy. ci-dessus, p. 84, n. 4.

3. L'édition de P. Paris continue ainsi : « Car il ala et gens d'armes avac luy, etc... »

4. P. Paris : « De trente ou environ. »

nuit, comme dit est, et fist tant, par escheller et autrement, que il et sa compaignie entrerent ou dit chastel
qui estoit mal gardé[1], sanz ce que ceuls qui estoient
dedenz le sceussent, si comme l'en disoit, et ne firent
point de mal[2] à ceuls qui estoient ou dit chastel[3]. Et
de là vint le dit roy de Navarre et ceulz qui l'avoient
delivré à Amiens, des quelz une grant partie estoit de
la dicte ville, et là demoura par aucuns jours. Et fist
delivrer tous les prisonniers tant de la court de l'eglise
comme de la court laye. Et ce pendant fu traictié
avecques monseigneur le duc de Normandie[4] qui
estoit à Paris, par aucuns des amis du dit Roy, par la
royne Blanche, sa suer[5], et par la royne Jehanne, sa
tante, qui pour ce estoient venues en la dicte ville de
Paris, et par autres, de envoier sauf conduit au dit
Roy et à tous ceuls qui seroient en sa compaignie. Et
convint que le dit monseigneur le duc passast tel sauf
conduit, comme les amis dudit Roy vouldrent[6], c'est
assavoir que, pour quelconque chose faite ou à faire,
l'en ne le peust arrester ne aucuns de ceuls qui seroient
en sa compaignie[7] et si en povoit amener à Paris tant
et telz comme il vouloit, armez ou autrement[8]. Et lors

1. P. Paris : « Qui estoit *très* mal gardé. »

2. P. Paris : « Mais il ne firent point de mal, etc. »

3. P. Paris : « Au dit chastel. De là vint, etc. »

4. P. Paris : « Fu traictié *entre* monseigneur le duc de Normendie, etc. »

5. P. Paris : « Des amis du dit roy de Navarre, *c'est assavoir* par la royne Blanche sa suer, etc. »

6. P. Paris : « Les amis du dit roy de Navarre vouldrent
deviser, etc. »

7. En regard de ces mots, on lit à la marge le mot : « Nota. »

8. P. Paris : « Et si en porroit... comme il vourroit. »

au Conseil du dit monseigneur le duc estoit principal maistre et souverain[1] le dit evesque de Laon, qui les choses dessus escriptes avoit toutes procurées[2] et faites, par la puissance et aide du dit prevost des marcheans et de x ou xii de la dicte ville de Paris. Si n'estoit pas merveille se le dit monseigneur le duc estoit conseillié à faire tout ce qui estoit bon pour le dit roy. Le quel sauf conduit fu porté à Amiens, au dit roy, par un clerc appellé Mahieu de Piquegny[3], frere du dit monseigneur Jehan de Piquegny, et par un eschevin de Paris, appellé Charles Toussac. Et pluseurs des bonnes villes qui estoient venuz à Paris à la dite assemblée des iii estaz, par especial des parties de Champaigne et de Bourgoigne, se partirent de Paris sanz prendre congié, quant ilz sceurent que le dit roy devoit venir à Paris, pour ce que ilz doubtoient que l'en ne leur vousist faire advouer la delivrance du dit roy de Navarre.

Item, le merquedy, veille de Saint-Andry ensuyvant[4], près de l'anuitier, entra le dit roy en la dicte ville de Paris, à moult grant compaignie de gens d'armes.

Et estoient avecques lui monseigneur Jehan de Meullent, lors evesque de Paris[5], et moult grant nombre de ceulz de Paris, dont il y avoit bien ii[c] hommes armez

1. P. Paris : « Principal et souverain maistre. »

2. P. Paris : « Preparées. »

3. P. Paris : « Mahy de Pequigny. » — Il était chanoine d'Amiens.

4. Le 29 novembre.

5. Évêque de Paris depuis 1351. Fils de Valeran de Meulan, seigneur de la Queue, de Neubourg et de Gournay, frère d'Amaury de Meulan, seigneur de Neubourg.

ou plus qui estoient alez contre luy jusques à Saint-Denys en France; et ala le dit roy descendre en l'abbaye de Saint-Germain-des-Prez[1].

De la predicacion par paroles couvertes que le roy de Navarre fist ou Pré-aus-Clers à pluseurs de la ville de Paris, à la fin à quoy il tendoit[2].

L'endemain, jour de la dite Saint-Andry, environ heure de prime[3], le dit Roy, qui avoit fait savoir par la dicte ville de Paris, en pluseurs lieux, que il vouloit parler aus gens de la dicte ville, fu en un eschaffaut sur les murs du dit Saint-Germain, par devers le Pré-aus-Clers; lequel eschaffaut avoit esté fait pour le roy de France, pour veoir les gaiges de batailles, que l'en faisoit aucune foiz en unes lices qui estoient ou dit pré, joignnans aus murs du dit Saint-Germain. Es quelles lices estoient venuz moult de gens, par le mandement que le dit roy de Navarre et le prevost des marchans avoient fait à pluseurs quarteniers et cinquanteniers

---

1. Il y avait bien, à l'intérieur de l'enceinte de Paris, tout près de la porte Saint-Germain (depuis porte de Bucy) et de l'hôtel des archevêques de Rouen, un hôtel dit *de Navarre* ou *du roi de Navarre* (il avait appartenu à Thibaud le Chansonnier), mais il était la propriété de la reine Jeanne, à qui Charles IV l'avait donné (Arch. nat., K 47, n° 48 *bis;* mai 1358). Charles le Mauvais ne possédait, dans le faubourg Saint-Germain, que des terrains (avec quelques maisons ou masures), *les jardins de Navarre*, sur l'emplacement desquels s'éleva plus tard la foire Saint-Germain.

2. Manuscrit, fol. 405 v°. Miniature. Le discours du roi de Navarre au Pré-aux-Clercs.

3. Probablement entre 8 et 9 heures du matin.

de la dicte ville[1]. Et en la presence de plus de x mile personnes dist moult de choses, en demonstrant que il avoit esté pris sans cause et tenu en prison par xix mois[2]; et contre pluseurs des gens et officiers du Roy dist pluseurs choses. Et, jà soit ce que contre le Roy, ne contre le duc, il ne deist rien appertement, toutesvoies disoit-il assez de choses deshonnestes et vilainnes à euls par paroles couvertes. Et moult longuement sermonna[3], et tant que l'en avoit disné par Paris quant il cessa. Et tout son sermon fu de justifier son fait et de dampner sa prise. Et le pareil sermon avoit fait à Amiens[4].

De la response que l'evesque de Laon rendy pour monseigneur le duc sanz en demander son plaisir.

A l'endemain, qui fu vendredy et premier jour de decembre, alerent ou Palais, par devers monseigneur le

1. On ne sait à peu près rien des cinquanteniers et dizainiers du xiv[c] siècle.

2. Dans sa lettre aux maire et échevins d'Arras, il avait dit : « ... Comme vous et tout le peuple du roiaume de France saciez assés que nous avons esté prins et detenus vilainement et par lonc temps, en obscure prison, sans aucune cause raisonnable... »

3. Ou « prescha », comme on le disait aussi à cette époque. Il avait pris pour texte un verset du psautier : « Justus Dominus et justitiam dilexit; æquitatem vidit vultus ejus » (Ps. X, 8).

4. Voy. le résumé du discours d'Amiens dans la *Chronographia*, t. II, p. 267. Charles le Mauvais s'était plaint d'avoir été frustré de la Champagne et de la Brie, qui étaient son véritable héritage. Il avait montré que ses droits au trône de France étaient bien supérieurs à ceux que revendiquait Édouard III.

duc de Normandie, le dit prevost des marchans, maistre
Robert de Corbie[1], et aucuns autres de la dicte ville
de Paris. Et requistrent au dit monseigneur le duc de
par les bonnes villes, si comme ilz disoient, que il vousist faire raison et justice au dit roy de Navarre. Et
lors le dit evesque de Laon, qui principal estoit au Conseil de monseigneur le duc, si comme dessus est dit,
et par le quel les diz roy et prevost des marchans et
leur partie faisoient tout ce que ilz faisoient, respondi
pour monseigneur le duc, en sa presence[2], que le dit
duc feroit au dit roy, non pas seulement raison et justice, mais toute grace et courtoisie et tout ce que bon
frere devoit faire à autre[3]. Et certes c'estoit bien
trompé, quant celuy qui estoit maistre et gouverneur
du dit roy et de ceuls de sa partie estoit maistre et
principal au conseil du dit monseigneur le duc, c'est
asavoir le dit evesque de Laon, et n'y avoit lors
homme au conseil de monseigneur le duc qui li osast
contredire.

P. Paris note ici, et avec infiniment de raison, que tout ce récit
des règnes de Jean II et de Charles V révèle à chaque phrase
la pensée de Charles V lui-même. Et ceci donne à la dernière
partie des *Grandes Chroniques* une importance que ne pourra
jamais surpasser, ni même égaler, aucun autre monument historique.

1. Un des maîtres les plus fameux de l'Université de Paris,
où il enseigna la théologie pendant plus de vingt-quatre ans,
ayant été pendant ce laps de temps deux fois recteur; encore
vivant en 1365 (Denifle et Chatelain, *Chartularium Univers.
Paris.*, t. II, p. 597, n. 16; t. III, n° 1305).

2. P. Paris : « Sans luy en demander son plaisir. »

3. A la marge et en regard de ces mots : « Nota. »

*Comment monseigneur le duc, par le conseil qu'il ot et
     aussi par sa benignité, ala premierement devers le
     roy de Navarre, en l'ostel de la royne Jehanne.*

Le samedy ensuyvant, monseigneur le duc assembla,
de ceuls de son Conseil, tant et telz comme le dit
evesque voust, et furent exposées les requestes que
faisoit le dit roy, et fu dit que chascun y pensast et
l'andemain jour de dymenche, tiers jour du dit mois
de decembre, retournassent au conseil.

Et ycelui jour de samedy, après disner, le dit duc
ala en l'ostel de la dicte royne Jehanne[1], par le conseil qui fu à li donné, pour parler au dit roy, qui
encores n'avoit parlé à luy ne esté par devers luy. Et
assez tost après ce que monseigneur le duc fu ou dit
hostel, le dit roy y ala, à grant compaignie de gens
d'armes; et toutesvoies le dit monseigneur le duc y
estoit alé à assez petite compaignie, sans aucunes
armes. Et quant le dit roy entra en la chambre en
la quelle estoient la dicte royne Jehanne et le dit duc,
les diz duc et roy s'entre saluerent assez mortement.
Toutesvoies convint il que les sergens d'armes qui
estoient alez avecques monseigneur le duc ou dit hostel et gardoient l'uis de la chambre où il estoit, se par-
tissent, ou l'en leur eust fait vilenie. Et demourerent
les gens du dit roy en la garde du dit huis, comme
maistres et souverains que ilz se tenoient; et là parlerent assez pou ensemble, et après se departirent[2].

---

1. C'est l'hôtel dont il a été parlé ci-dessus, p. 119, n. 1.
2. P. Paris : « Et là parlerent assez ensemble et pou après se
departirent. »

Comment il fu conseillié à monseigneur le duc par l'evesque de Laon et par le prevost des marchans que il acordast toutes les requestes du roy de Navarre.

Le dymenche ensuyvant, iiiᵉ jour de decembre, furent devant monseigneur le duc au conseil pluseurs conseilliers, telz comme le dit evesque ordena. Et furent repetées les requestes que le dit roy de Navarre faisoit; et toutes voies, pour oir tout ce que il vouldroit requerir, avoient esté ordenez certains conseilliers du dit monseigneur le duc, des quelz la plus grant partie estoient tous au dit roy de Navarre. Mais ainsi l'avoit ordené le dit evesque, afin que tout'ce que le dit roy requerroit li feust octroié par le dit monseigneur le duc qui, par contrainte, ne povoit refuser chose que icelui evesque vousist. Les quelz conseilliers estoient ou dit conseil. Et pour ce encore que il y eust plus des amis du dit roy, et que les requestes que il faisoit ne peussent estre empeschiées par aucuns bons preudes hommes qui estoient au dit Conseil, le dit evesque malicieusement fist et ordena que le dit prevost des marchans, maistre Robert de Corbie, Jehan de l'Isle et aucuns autres de leur aliance alerent hurter à l'uis de la chambre, où le dit monseigneur le duc et son conseil estoient pour ordener des dictes requestes, et faignirent que ilz vouloient parler à monseigneur le duc d'autre chose, et toutesvoies ne distrent il aucune chose fors tant que ilz distrent au dit duc que les genz envoiez de par les villes estoient à acort et s'en vouloient aler, mais que ilz eussent faite leur response. Si requeroient le dit monseigneur le duc que il feist savoir à tous les nobles qui estoient à

Paris que ilz feussent l'endemain aus Cordeliers, pour eulz acorder avecques les bonnes villes. Le quel duc respondi que il le feroit volentiers.

Et ce fait, le dit monseigneur le duc, par le conseil du dit evesque, fist demourer au conseil les diz prevost des marchans et ceuls de la compaignie. Et lors fu demandé à chascun de ceuls qui estoient au conseil, sur les dictes requestes. Et finablement fut conseillié à monseigneur le duc que il acordast au dit roy de Navarre les choses qui ensuyvent, et si li fu dit par le dit prevost, en disant son oppinion : « Sire, faites au roy de Navarre amiablement ce que il vous requiert, car il convient que il soit fait. » Aussi comme se il vousist dire : « Il sera fait, vueilliez ou non. »

Si fu lors ordené[1] que le dit roy de Navarre auroit toute la terre que il tenoit quant il avoit esté pris, et touz les meubles qui estoient sur la dicte terre : *item*, toutes les forteresses que il tenoit lors que dessus est dit, qui depuis avoient esté prises par le Roy et ses

---

1. Les conditions de l' « accord » ont été consignées dans des lettres du dauphin, données le 12 décembre 1357 et transcrites dans la commission d'Amaury de Meulan, chargé de faire exécuter le traité (Arch. nat., JJ 89, fol. 123, n° 289; impr. par Secousse, *Recueil de pièces sur Charles II, roi de Navarre*, p. 65-67). Les *Grandes Chroniques* ne résument pas très fidèlement la lettre du traité; sur un point, notamment, elles en forcent beaucoup le sens. Le roi de Navarre et ses adhérents ne sont présentés nulle part, dans le traité, comme des coupables sollicitant leur pardon. Il y aura, entre le dauphin et le roi, « bonne, vraie et loyale amour, et union ferme et perpetuelle », et, sur ce, les deux princes échangeront des lettres écrites de leurs mains, scellées de leurs sceaux, qui seront remises en garde « aux reines », jusqu'à ce que l'exécution des conventions soit parfaite, etc.

gens, et tous les biens qui estoient dedenz les dictes forteresses. *Item*, fu ordené que monseigneur le duc pardonnoit au dit roy de Navarre et à tous ses adherans tout ce que ilz avoient meffait au Roy et au royaume de France.

Autres ordenances comment les dessus diz decapitez et penduz à Rouen fussent despendus et enterrés, et les biens renduz as hoirs.

Encores fu ordené que le conte de Harecourt, le seigneur de Graville, mons. Maubué de Mainesmares, chevaliers, et Colinet Doublet, escuier, les quelz le Roy avoit fait decapiter à Rouen, en sa presence, et de puis trayner et pendre au gibet de Rouen, lorsque le dit roy de Navarre fu pris, seroient despenduz publiquement et rendus à leurs amis, pour enterrer en terre benoiste, et toutes leurs terres qui avoient esté confisquées rendues à leur enfans ou heritiers. Et pour ce que le dit roy requeroit, pour ses injures, domages et interez, moult grant somme de florins ou terre, en lieu des diz florins, — et disoit l'en à part, jasoit ce que il ne feust pas dit clerement, que il pensoit à en avoir ou la duchié de Normandie ou la contée de Champaigne, — il fu ordené que l'en traicteroit avecques li de continuer ceste requeste jusques à un autre jour. Et finablement li furent acordées toutes les choses dessus dictes, et en ot lettres du dit duc, teles comme les gens du dit roy vouldrent faire. Et pour ce que l'assemblée des trois estaz restoit continuée au xxe jour de Noel ensuyvant, car ilz n'avoient pas esté d'acort, et si s'en estoient alez pluseurs sanz prendre congié quant ilz orent sceu la delivrance du dit roy, si comme dessus est dit, acordé fu que les diz duc et roy rassembleroient audit xxe jour de Noel, pour traictier des choses dessus dites, et ce pendant le dit monseigneur le duc envoieroit certainne personne notable en Normandie, pour executer royaument et de fait audit roy les choses dessus dites à luy acordées, et y fu ordené monseigneur Almauri de Meullent, chevalier baneret[1].

Et, par iii ou iiii jours après, compaignierent les diz duc et roy l'un l'autre, et furent par le dit temps souvent ensemble, et mengierent ensemble pluseurs foiz en l'ostel de la royne Jehanne, en l'ostel du dit evesque de Laon[2] et au Palais; et tousjours estoit le dit evesque avecques euls, et moult bonne chere s'entrefaisoient. Et ensemble, moult secretement, visiterent les saintes reliques en la chappelle du Palais. Et fist le dit roy delivrer tous les prisonniers qui estoient es prisons de Paris, tant en la prison de l'eglise comme es prisons des seigneurs lays, neis ceuls qui estoient en oubliete, condampnez au pain et à l'yaue, furent delivrez[3].

---

1. Voy. la note de la page 124. Cf. Bibl. nat., ms. fr. 25701, n° 122 (Paris, 18 décembre 1357). Mandement du duc de Normandie aux généraux élus à Paris de « faire prest paiement pour cinquante paies pour un moys » à Amaury de Meulan, seigneur de Neubourg, « commiz et deputé à faire délivrer à nostre tres cher et tres amé frere le roy de Navarre ses chasteaux et sa terre ».

2. Les évêques de Laon avaient un hôtel sur la rive gauche, dans la *rue Pavée*.

3. Arch. nat., JJ 89, fol. 112 v°, n° 254 (9 décembre 1357). Lettres du dauphin par lesquelles, à la requête du roi de

Item, durans ces choses[1] vindrent certaines nouvelles à Paris que le traictié entre les roys de France et d'Angleterre estoit tout parfait[2], et que ilz estoient à acort, et disoit l'en communelment que le dit roy de France seroit assez tost en France[3].

Item, le merquedy jour de la sainte Luce[4], se parti le dit roy de Navarre de Paris un pou avant prime; et avoit en sa compaignie grant foison de gens d'armes, et s'en ala à Mante.

Comment les capitaines des chasteaux de Normandie qui estoient tenuz contre le roy de France vindrent à Mante par devers le roy de Navarre, lequel les reçut lieement.

En celui temps vindrent à Villepereur[5], à Trapes[6] et ou pays d'environ pluseurs genz d'armes, par diverses flotes, dont les uns estoient Anglois et les autres estoient à messire Phelippe de Navarre, si comme l'en disoit; et ne savoit l'en à Paris qui estoit capitaine des dictes gens d'armes. Et coururent le pays jusques près de Paris, à v ou iiii lieues, pillerent et roberent x ou xii lieues de pays et gas-

Navarre, il ordonne au prévôt de Paris de faire mettre hors des prisons du Châtelet tous ceux qui y sont détenus pour crime, etc. (impr. par Secousse, *Recueil,* p. 64-65).

1. P. Paris : « Après ces choses. »

2. P. Paris : « Estoit *tenu* parfait. »

3. P. Paris : « Seroit *tantost* en France. »

4. Le 13 décembre.

5. Villepreux, Seine-et-Oise, arr. de Versailles, cant. de Marly-le-Roy.

6. Trappes, Seine-et-Oise, arr. et cant. de Versailles.

terent, et pristrent Maule-sur-Mandre[1] et l'enforcierent, et pluseurs autres forteresses, sanz ce que aucun y feist resistance en aucune maniere. Et, jasoit ce que ceulz de Paris y envoiassent messire Pierre de Villiers, lors chevalier du guet[2], et aucuns autres tant de Paris comme de la viconté, toutesvoies ne se mistrent il point en poine de rebouter les ennemis; et wida tout le pays[3] et amenerent leurs biens à Paris. Aucuns disoient que les diz ennemis estoient VIII^c hommes d'armes; autres disoient que ilz estoient mil ou XII^c.

Item, le jour de Noel ensuyvant, furent les capitains des chasteaux et forteresses de Normandie, tenuz par les ennemis du roy de France, à Mante, avecques le dit roy de Navarre, et disnerent avecques luy; et disoit l'en que ilz avoient fait ensemble grans aliances.

Et en ce temps, le dit duc de Normandie fist grant semonce de gens d'armes, pour estre à Paris et es

---

1. Maule-sur-Mandre, Seine-et-Oise, arr. de Versailles, cant. de Meulan.

2. Pierre de Villiers, fils d'Adam, seigneur de Villiers-le-Bel. Il servit en Normandie et fut capitaine de Pontorson avant Bertrand Du Guesclin, à la fortune duquel il semble n'avoir pas été étranger. Souverain maître de l'hôtel du dauphin, puis du roi Charles V; porte-oriflamme en 1372. Il avait, dès 1364, acquis la seigneurie de l'Isle-Adam (le célèbre maréchal Villiers de l'Isle-Adam était son petit-fils); mort vers 1386. Il avait été une première fois chevalier du guet sous Philippe de Valois, car il paraît difficile qu'il ait conservé ces mêmes fonctions sans interruption, étant donné ce qu'on sait de ses services militaires (Bibl. comm. de Rouen, Y 29, n° 406; 11 octobre 1348).

3. C'est-à-dire *se vida* tout le pays. — P. Paris : « Et vuiderent les bonnes gens tout le pays. »

villages environ au dit xx⁰jour[1] ; et disoit que ce estoit
pour · rebouter les diz ennemis qui estoient entour
Paris. Mais pluseurs, par especial ceuls de Paris, cuidoient que monseigneur le duc feist la dicte semonce
pour les grever, et par pluseurs foiz li en parlerent ;
mais il respondoit tousjours que c'estoit pour la dicte
cause. Neantmoins, ceuls de Paris se doubtoient forment
et ordenerent que aucun homme armé ne entreroit à
Paris, se il n'estoit cogneu, et firent garder par gens
armez les entrées de Paris. Et toutesvoies le dit
evesque de Laon, par lequel les diz de Paris se conseilloient et gouvernoient principalment, et qui tout
èstoit au dit roy de Navarre, estoit principal conseillier
du dit duc ; et estoit tout fait par li et par son ordenance, dont moult de genz estoient esbahis, et disoit
l'en que il estoit la bezagüe qui fiert des deux bouz[2].
Et vraiement l'en disoit que le dit evesque faisoit savoir
au dit roy tout ce qui estoit fait au Conseil de monseigneur le duc. Et le dit roy de Navarre, qui savoit que
le duc faisoit la dicte semonce, la refaisoit la plus grant
que il povoit, et vraiement les gens de Paris et d'environ estoient forment esbahis, car ilz se doubtoient que

---

1. P. Paris : « Au dit vint deuxiesme jour », leçon qui ne se
justifie par rien. — Le « xx⁰ jour » ne peut être le 20 décembre ;
il s'agit probablement ici du « vingtième jour après Noël »,
date à laquelle devaient s'assembler de nouveau les trois
États, congédiés au commencement de décembre. Le Dauphiné
fournit un contingent important d'hommes d'armes (Bibl. nat.,
Clairambault CLXV, n° 15. Mandement du dauphin du 12 mars
1358 ; Arch. de l'Isère, 2⁰ compte de Philippe Gilier, trésorier du Dauphiné, fol. 56).

2. La besaiguë, outil de charpentier taillant par les deux
bouts, dont l'un est en bec d'âne et l'autre en ciseau.

entre les deux seigneurs n'eust descort par le quel le pays feust gasté et destruit. Car ceuls qui gardoient les chasteaux de Bretueil, d'Evreux, de Pontaudemer et de Pacy[1] ne les vouloient rendre au dit roy de Navarre sanz mandement du roy de France. Et pour ce disoit le dit roy de Navarre que l'en ne li avoit pas tenu les convenances, que le dit monseigneur le duc li avoit faites de rendre ses chasteaux. Si estoit son entencion de pourchacier son droit, si comme il disoit.

— Des chaperons partiz que ceuls de Paris pristrent, et comment le roy de Navarre ala à Rouen.

La premiere semaine de janvier ensuyvant, ceuls de Paris ordenerent que ilz aroient tous chapperons partiz de rouge et de pers[2], et fu commandé par les hostelz, de par le prevost des marchans, que l'en preist tel chaperon. Et tousjours estoient les diz ennemis entour Paris, qui pilloient tout et prenoient les bonnes gens[3], et faisoient rençonner les villes et ceulz que ilz povoient tenir.

Item, le lundy VIIIe jour de janvier dessus dit, entra le dit roy de Navarre à Rouen, à moult grant compaignie de gens armez et non armez, tant de la dicte ville qui estoient alez encontre li, comme autres que il avoit amenez avecques lui. Et celui jour ardirent les ennemis un moult bel hostel, que monseigneur le duc de Normandie avoit au dessoubz de Rouen, à III lieues, appellé Couronne[4].

1. Pacy-sur-Eure, Eure, arr. d'Évreux, ch.-l. de cant.
2. De rouge et d'azur.
3. P. Paris : « Et prenoient toutes les bonnes gens. »
4. Grand-Couronne, Seine-Inférieure, arr. de Rouen, ch.-l. de cant.

*Comment le roy de Navarre fist despendre les dessus
diz decapitez à Rouen et les fist enterrer solempnelment.*

Le merquedy ensuyvant, x[e] jour du dit mois de janvier, le roy de Navarre envoia à matin au gibet de
Rouen, pour despendre et ensevelir les corps des IIII
dessus nommez que le roy de France avoit fait decapiter
en sa presence, lorsque le dit roy de Navarre avoit
esté pris[1]. Au quel gibet ne fu riens trouvé du conte
de Harecourt, car lonc temps avant il avoit esté osté;
mais l'en ne savoit par qui, combien que l'en suppo-
soit que ce eussent fait ses parens. Et là furent ense-
veliz par III rendues de la Magdalene de Rouen[2] les
corps du seigneur de Graville, de monseigneur Maubué de Mainesmares et de Colinet Doublet, qui encores
avoient esté dès lors au dit gibet[3], sans les testes; et
furent mis en trois coffres, telz comme l'en a acoustumé à faire pour mors. Et il y ot un autre coffre wit[4]
pour representacion du dit conte de Harecourt. Les
quelz coffres furent mis en trois chairs à dames[5], qui
là avoient esté amenez pour celle cause. Et fu le coffre
qui faisoit representacion du dit conte en l'un des diz
chairs, le seigneur de Graville en l'autre, et les deux
autres coffres en l'autre chair. Et le dit jour, environ
heure de tierce, le dit roy de Navarre à cheval, et tres

1. Le 5 avril 1356.
2. Trois sœurs de cet hôpital.
3. L'édition de P. Paris supprime les mots *dès lors*, néces-
saires pour compléter le sens.
4. Vide.
5. P. Paris : « Chars à dames. » — La « chaire » ou « chaise
à dames » est une litière avec brancards en avant et en arrière,

grant foison de peuple à cheval et à pié, partirent de
Rouen et alerent au dit gibet; et là ot ɔ varlez qui portoient ɔ grandes torches; et avoit chascun des diz
varlez un escuçon en la poitrine[1], des armes du dit roy
de Navarre. Et fist le dit roy acharier les diz coffres
jusques en i champ près de la dicte ville de Rouen,
appelé le Champ du pardon, ou quel les diz corps
avoient esté decapitez, et en la place[2], ou au plus près
que l'en pout, où ilz avoient esté decapitez, furent les
diz chairs arrestez; et là furent chantées moult solemp-
neles vegiles de mors, par grant foison de gens de pluseurs religions qui là estoient alez pour celle cause, et,
ce fait, furent les diz chairs mis au chemin, c'est asavoir,
celui où estoient les deux coffres devant, et après le
dit chair avoit deux escuiers armez des armes des diz
Maubué et Colinet[3], montés sur deux chevaux, et
leurs amis après. Et après estoit le chair ou quel estoit
le dit seigneur de Graville; et après avoit deux
hommes à cheval qui portoient deux banieres de ses
armes, et ii autres sur deux chevaux armez[4], l'un pour
la guerre et l'autre pour le tournay (sic), et après aloient
les amis du dit seigneur. Et après estoit le chair ou
quel estoit la representacion du dit conte de Harecourt,
et ii banieres et ii hommes armez[5], le roy de Navarre

permettant d'y atteler deux bêtes de somme (juments ou
mules). Les miniatures des manuscrits en offrent de nombreuses
représentations.

1. P. Paris : « Un escuçon des armes. »

2. L'édition de P. Paris supprime la conjonction *et*, mettant
un point-virgule après les mots *la place*.

3. P. Paris : « Dudit Maubué, etc. »

4. P. Paris : « Montés sur *leur* chevaux. »

5. P. Paris : « Et deux varlés et deux hommes armés. »

et les amis du dit conte après. Et ainsi furent chariez
jusques à la porte derrieres du chastel de Rouen, c'est
asavoir jusques au lieu où ilz avoient esté mis dedenz
les charrettes, quant l'en les mena executer. Et là
furent arrestez et furent mis hors les diz coffres des diz
chairs, et les pristrent chevaliers et escuiers, si comme
l'en a acoustumé à porter corps. Et les porterent de là
jusques à Nostre-Dame de Rouen, l'eglise cathedral. Et
le dit roy de Navarre et merveilleusement grant peuple
aloient après à pié ; et fu bien tart quant ilz furent en la
dicte eglise. Et là furent mis dessouz une chapelle[1],
couverte de cierges, qui bien avoit xxxvi piez de lonc[2].
Et en chascun des pilliers de la dite eglise avoit une
grant piece de cendal atachiée, dedenz laquelle avoit
iiii escuz petis des armes des iiii dessus nommez[3].

*Du sermon que le roy de Navarre fist à ceuls de Rouen,
en nommant les IIII decapitez martyrs.*

L'endemain, jour de jeudi, xie jour du dit mois de
janvier, le dit roy de Navarre fu, à matin, à une
fenestre sur la porte de Saint-Ouen de Rouen[4] ; et là
parla à grant foison de gens, qui estoient alez en la
place qui est devant, pour oïr le dit roy, qui avoit fait
savoir qu'il vouloit parler à euls, et leur dist en subs-

1. P. Paris : « En une chappelle. »
2. P. Paris : « Vingt sept piés de lonc. »
3. P. Paris : « Quatre escuz petits des armes dessus nommées. »
4. Ou plutôt d'une fenêtre qui s'ouvrait au-dessus de la porte
de « l'aitre », c'est-à-dire du cimetière de Saint-Ouen. — *Chronique des quatre premiers Valois*, p. 65 : « Et comme à Amiens et
à Paris, prescha le dit roy de Navarre *en l'ettre de Saint Ouen*,
à Rouen. »

tance autel comme il avoit dit à Paris, et pluseurs foiz nomma les IIII corps dessus diz vrais martirs[1]. Et après ala à la dicte eglise de Nostre-Dame, là où fu dicte la messe des mors, moult sollempnel, par l'evesque d'Avranches, et puis furent mis les diz coffres en depost ou charnier de la dicte eglise de Nostre-Dame. Et celui jour, au disner, fist le dit roy de Navarre seoir à sa table un marcheant de vins de petit estat, pour le temps maire de la dicte ville de Rouen[2].

Comment monseigneur le duc de Normendie, en asseurant ceuls de Paris, leur dist, en plaines hales, qu'il vouloit vivre et mourir avecques euls, et que les gens d'armes qu'il faisoit venir estoient pour le bien d'euls et du royaume[3], et, par la deffaute de ceuls qui avoient pris le gouvernement[4], il convenoit que li meisme meist paine de rebouter les ennemis[5].

Celuy jeudi meismes, XIe jour de janvier M CCC LVII,

---

1. P. Paris : « Les quatre corps dessus diz martirs. »

2. Le maire de Rouen était, à cette époque, Jacques le Lieur (Noël 1357-Noël 1358), « d'une vieille et riche famille rouennaise qui figure parmi les pairs de la commune depuis la fin du XIIIe siècle » (A. Coville, *les États de Normandie*, p. 296 et suiv.). On ne voit pas qu'il ait jamais été marchand de vin. En 1359, il fut fait capitaine de Rouen et du fort de Sainte-Catherine, et il aurait été anobli cette même année. Innocent VI, écrivant au maire de Rouen, en mai 1358, adresse sa lettre : « Dilecto filio *nobili viro* Jacobo Lelier (*sic*), domicello, majori Rothomagensi » (Denifle, *la Désolation des églises en France*, etc., t. II, 1re partie, p. 295, n. 4).

3. P. Paris : « De ceux du royaume. »

4. P. Paris : « Qui avoient le gouvernement. »

5. Manuscrit, fol. 407 v°, miniature. Le dauphin et sa suite se rendent aux halles de Paris.

monseigneur le duc de Normandie, qui longuement
avoit demouré à Paris et ne povoit avoir chevance,
car ceulz de Paris avoient tout le gouvernement, fu
conseillié que il parlast au commun de Paris. Si fist
savoir, celui jour bien matin, que il yroit es hales
pour parler au peuple[1]. Et quant l'evesque de Laon et
le prevost des marchans le sorent, ilz le cuiderent
empeschier, et distrent à monseigneur le duc que il
se vouloit mettre en grant peril de soy mettre entre
tel peuple[2]. Neantmoins, le dit monseigneur le duc ne
les crut pas, mès ala, environ tierce[3], es dites hales,
à cheval, luy VIe ou VIIIe, ou environ. Et dist à grant
foison de peuple, qui là estoit, que il avoit entencion de
morir et vivre avecques euls, et que ilz ne creussent
pas aucuns qui avoient dit et publié que il faisoit venir
genz d'armes pour les pillier et gaster, car il ne l'avoit
onques pensé. Mais il faisoit venir les dictes gens
d'armes pour aidier à deffendre et garantir le peuple
de France, qui moult avoit à souffrir, car les ennemis
estoient moult espandus par le royaume, et ceuls qui
avoient entrepris le gouvernement[4] n'y mettoient
point de remede. Si estoit son entencion, si comme il
disoit, de gouverner dès lors en avant et de rebouter
les ennemis de France; et n'eust pas le dit duc tant
attendu, se il eust eu le gouvernement et la finance. Et
oultre dist lors que de toute la finance qui avoit esté
levée ou royaume, depuis que les III estaz avoient pris le

1. P. Paris : « Au commun. »
2. P. Paris : « De soy mectre devant le peuple. »
3. Vers dix heures du matin.
4. P. Paris : « Qui avoient pris le gouvernement. »

gouvernement[1], il ne avoit eu denier ne obole[2], mais bien pensoit que ceuls qui l'avoient gouvernée en rendroient bon compte[3]. Et furent les paroles du dit duc moult agreables au peuple, et se tenoit la plus grant partie par devers luy.

De l'assemblée que le prevost des marchans fist à Saint-Jaques-de-l'Ospital, pour la doubte qu'il avoit que le peuple de Paris ne se tenist du tout avegues monseigneur le duc, et des paroles que dist Charles Toussac.

L'endemain, jour de vendredy, XIIe jour du dit mois de janvier, le prevost des marchans et ses aliez, considerans et veans que le peuple estoit forment enclin à faire la volenté et plaisir de monseigneur le duc[4], leur seigneur, doubtans par aventure que le dit peuple ne se esmeust contre euls, firent assembler à Saint-Jaques-de-l'Ospital[5] grant foison de gens, et

1. P. Paris : « Avoient eu le gouvernement. »

2. P. Paris : « Il n'en avoit ne denier ne maille. »

3. P. Paris : « Que ceux qui l'avoient receue si en rendroient bon compte. »

4. P. Paris : « Estoit à faire (*sic*) le plaisir et la volenté, etc. »

5. Église et asile pour les pèlerins de Saint-Jacques-de-Compostelle, édifiés, en 1315, dans la rue Mauconseil, au coin de la rue Saint-Denis. C'était le siège d'une importante confrérie parisienne à laquelle étaient affiliés Étienne Marcel et plusieurs « autres personnes de sa famille et de son nom ». Charles Toussac en faisait également partie, comme, d'ailleurs, Jean Maillart, Pépin des Essarts et Jean de Charny (H. Bordier, *la Confrérie de Saint-Jacques-aux-Pèlerins de Paris;* extrait des *Arch. hospit. de Paris*, par H. Bordier et Léon Brièle. Paris, Champion, 1877, in-8°).

par especial ceuls qui estoient de leur partie. Et quant
le dit duc sceut celle assemblée, il parti tantost du
Palais et ala au dit Hospital, et en sa compaignie
estoit le dit evesque de Laon et pluseurs autres. Et
quant il fu là, il fist parler son chancellier[1] à tous
ceulz qui là estoient, et leur fist dire partie de ce que
il avoit dit le jour precedent es hales. Et oultre, pour
ce que pluseurs publioient que [pour ce que] le dit duc
ne tenoit pas au roy de Navarre les convenances que il
li avoit promises, le dit roy ne povoit faire son devoir
de rebouter les ennemis[2], qui domagoient et gastoient
tout environ Paris, Chartres et le pays d'environ, iceli
duc fist dire que il avoit bien tenu au dit roy ce que il
ly avoit promis, en tant comme il povoit; mais, se
aucuns de ceulz aus quelz le roy de France, son pere,
avoit baillié à garder aucuns des chasteaux du dit roy
de Navarre ne les vouloient rendre, il n'en povoit
mès; mais il en avoit fait tout son povoir et encore
estoit prest du faire.

Et après ce que le dit chancellier ot parlé, Charles
Toussac se leva et voust parler; mais il y ot si grant
noise que il ne pot estre oyz. Si se parti lors le dit
monseigneur le duc et sa compaignie, fors le dit
evesque de Laon, qui demoura avecques le prevost
des marchans. Et assez tost après ce que le dit duc
se fu parti, le dit Charles recommença, et lors fu oyz.

1. Jean de Dormans, chancelier de Normandie.
2. P. Paris : « Et oultre, pour ce que pluseurs publioient
que le dit duc ne tenoit pas au roy de Navarre les convenances
que il li avoit promises, *et le dit duc* ne povoit faire son devoir
de rebouter les ennemis, etc. » La substitution du mot *duc* au
mot *roy* a obligé à ajouter la conjonction *et*, ce qui donne un
sens à la phrase, mais constitue un vrai contresens.

Si dist moult de choses, par especial contre les officiers du Roy. Et dist que il y avoit tant de mauvaises
herbes que les bonnes ne povoient fructifier ne amender; et moult dist de choses couvertement contre le
dit duc. Et après, quant il ot parlé, un appellé Jehan
de Sainte-Aude, advocat[1], qui par les trois estaz avoit
esté fait un des generaux gouverneurs des subsides,
octroiez par les diz trois estaz, parla et dist que le
prevost des marchans, ne les autres des III estaz,
n'avoient pas eu ne emboursé l'argent que l'en avoit
receu des diz subsides. Et autel avoit dit le prevost
des marcheanz de sa bouche. Et nomma le dit Jehan
pluseurs chevaliers qui en avoient eu par le mandement de monseigneur le duc, si comme disoit le dit
Jehan, jusques à la somme de XL ou L mile mous-
tons, les quelx avoient esté mal emploiez, si comme ses
paroles le notoient. Et là fu encor dit par le dit
Charles Toussac que le dit prevost des marchans estoit
preudomme et avoit fait ce que il avoit fait pour le
bien, le proffit et le sauvement de tout le peuple[2]. Et
dist que se le dit prevost ne cuidoit[3] que ceuls qui

1. Le mot *advocat* n'est pas dans l'édition de P. Paris. —
Jean de Sainte-Aude (ou Sainte-Haude) obtint en 1360 des
lettres de rémission en exécution du traité conclu entre
Jean II et le roi de Navarre (Secousse, *Recueil*, p. 180); garde
de la prévôté de Meulan en 1363, 5 février (Bibl. nat., ms.
fr. 26005, n° 1408); prévôt et receveur de Nogent-le-Roi, pour
le roi de Navarre, en 1369, 29 juin (Bibl. nat., P. O. 245,
d. 5401, BEAULO, n° 17).

2. Il y a, après ces mots, dans l'édition de P. Paris et dans
un certain nombre de manuscrits une courte phrase, qui manque
dans le manuscrit de Charles V : « Et dist que sur le dit prevost regnoit haine, et que il le savoit bien. »

3. P. Paris : « Cuidoit. »

presens estoient et les autres de Paris ne le voussissent
porter et soustenir, il querroit son sauvement là où il
le cuideroit trouver[1]. Et lors aucuns qui là estoient, de
leur aliance, crierent que ilz le porteroient et sous-
tendroient contre touz[2].

Item, le samedy ensuyvant, xiiie jour du dit mois
de janvier, monseigneur le duc manda pluseurs des
mestiers de Paris[3] au Palais là où il estoit, et là parla
à euls moult amiablement et leur requist que ilz luy
voussissent estre bons subgiez, et il leur seroit bon seigneur. Les quelz li respondirent que ilz mourroient et
vivroient avecques luy, et que il avoit trop attendu à
prendre le gouvernement.

*D'une foible monnoie qui fu ordenée par les
gens des III estaz.*

Le xxe jour de Noel, l'an dessus dit[4], fu l'assemblée à Paris des bonnes villes ; mais il n'y ot

1. P. Paris : « Pourroit trouver. »

2. P. Paris : « Crierent *disans* que ilz le porteroient. »

3. P. Paris : « Pluseurs des *maistres* de Paris. » Cette variante
a autorisé une confusion. On a pu croire qu'il s'agissait de
maîtres de l'Université de Paris, et on a vu dans ce fait la
« preuve manifeste que l'Université restait étrangère aux
menées d'Étienne Marcel et qu'elle conservait au fils du roi
Jean un dévouement fidèle et courageux ». (Charles Jourdain,
l'Université de Paris au temps d'Étienne Marcel, p. 12 ; extrait
de la *Revue des Questions historiques,* oct. 1878.)

4. Le 14 janvier. P. Paris : « Le huitiesme jour d'après Noel »
(2 janvier). Personne n'a relevé l'erreur, bien que cette date
du 2 janvier soit inconciliable avec ce que disent les *Grandes
Chroniques* elles-mêmes quelques pages plus haut (p. 125). Voy.
G. Picot, *Histoire des États-Généraux,* t. I, p. 73, et les
conjectures qu'il émet pour expliquer ce qui aurait été une

aucuns nobles[1], et pou y ot des gens d'eglise. Et tous les jours assembloient et si ne povoient estre d'acort. Et toutesvoies demourerent il à Paris jusques au XXIIIIe ou XXVe jour de janvier. Et ordenerent que ilz retourneroient à Paris le dymanche devant Karesme prenant, XIe jour du mois de fevrier ensuyvant. Et pour provision ordenerent que l'en feroit nouvelle monnoie plus foible que celle qui avoit esté autre foiz faite par euls, et que monseigneur le duc en auroit plus de proffit que de l'autre, le quint denier[2], et les quatre seroient pour la guerre. Et ainsi fu fait[3], et valu un mouton XXX sols parisis.

réunion anticipée des États ; P. Viollet, *les États de Paris en février 1358* ; extrait des *Mémoires de l'Académie des inscriptions et belles-lettres*, t. XXXIV, 2e partie. Paris, Klincksieck, 1894, in-4°, p. 6, n. 4. Au texte décisif du ms. fr. 2813, fol. 408 v°, — pour ne citer que celui-là, — on peut joindre deux quittances : la première de Jacme Roc, l'un des élus pour les bonnes villes et communes du bailliage d'Auvergne, donnée à Clermont, le 7 janvier 1358, et qui porte : « Pour cause de mez despens [à] aler à Paris, à la journée du XXe jour de Noel prochain venant... » (Bibl. nat., ms. fr. 26001, n° 697) ; la seconde de Bertrand du Broc, chevalier, député par les nobles du même bailliage d'Auvergne, pour « aler à Paris à la journée du XXe jour de Noel prouchain venant » (Clermont, 8 janvier 1358 ; Bibl. nat., P. O. 524, d. 11785, n° 2).

1. L'abstention des nobles fut-elle aussi complète ? La noblesse du bailliage d'Auvergne, tout au moins, envoya un député à Paris. Voy. la note précédente.

2. P. Paris : « Et que mons. le duc y auroit plus de proufit, c'est assavoir le quint denier, et les autres quatre seroient pour la guerre. » Un denier sur cinq serait pour le dauphin, c'est-à-dire 4 sols par livre ou 20 °/₀ de la recette.

3. Le recours à un expédient, tant de fois dénoncé et condamné, prouve l'impuissance des États. On a supposé que, sous l'empire des circonstances, les idées de Nicole Oresme se

Et les deux roynes Jehanne et Blanche estoient à
Paris, qui traictoient d'accord[1] entre le dit duc,
qui là estoit, et le roy de Navarre, qui estoit à Mante;
mais le dit roy avoit de ses gens à Paris, monseigneur
Jehan de Piquegny et autres. Et tousjours venoient à
Paris gens d'armes de diverses marches[2], tant que
monseigneur le duc ot bien dedenz la Chandeleur[3]
II^m hommes d'armes de fait, les quelz demouroient à
Paris et environ, sanz rien faire ne porter aucun proffit; et toutesvoies les ennemis estoient ou pays en
pluseurs lieux, et pilloient et roboient tout, et furent
jusques à Saint-Cloust.

Incidence. — Le mardy, XVIe jour du dit mois,
espousa monseigneur Loys, conte d'Estampes, madame
Jehanne de Eu, fille jadis de Raoul, conte de Eu et
connestable de France[4], et suer de l'autre conte de
Eu et de Guynes et connestable de France, qui ot la
teste coupée à Neele, à Paris. La quelle madame

seraient beaucoup modifiées (second texte latin du *Traité des
Monnaies*) et que la décision des États aurait suivi docilement
l'évolution de la doctrine monétaire (Em. Bridrey, *la Théorie
de la monnaie au XIVe siècle*, p. 493-498).

1. P. Paris : « Traictoient à Paris de l'accord mestre, etc. »
2. P. Paris : « Gens de diverses marches, souldoiers, etc. »
3. P. Paris : « Dedens Paris. »
4. Raoul de Brienne, Ier du nom, comte d'Eu et de Guines;
connétable de France avant 1336; mort le 18 janvier 1345,
d'un coup de lance, au tournoi donné à l'occasion du mariage
de Philippe de France, duc d'Orléans. Il eut pour enfants :
Raoul de Brienne II, comte d'Eu et de Guines, connétable à la
mort de son père, décapité le 19 novembre 1350, et Jeanne de
Brienne-Eu, qui avait épousé en premières noces Gautier,
VIe du nom, comte de Brienne, duc d'Athènes, connétable de
France, tué à Poitiers (Anselme, t. VI, p. 126, 135, 136).

Jehanne avoit esté femme de monseigneur Gautier, duc
d'Athennes et conte de Brenne en Champaigne et connestable de France, le quel avoit esté tué en la bataille
de Poitiers, là où le roy de France fu pris.

De la prise d'Estampes.

Celui mardy meismes, les ennemis de environ Paris
et Chartres pristrent Estampes et la pillierent, et y
pristrent grant foison de prisonniers, que ilz menerent
en pluseurs forteresses, que ilz tenoient en Chartain et
en Beausse.

De la mort Jehan Baillet, tresorier de monseigneur le duc de Normandie, et comment Perin Marc fu justicié, pendu et puis despendu et enterré à Saint-Merry[1].

Le merquedi xxiiiie jour du dit mois de janvier,
après disner, Jehan Baillet, tresorier de monseigneur
le duc de Normandie[2], et moult acointé de lui, fu tué
à Paris d'un vallet changeur appellé Perrin Marc, qui
le feri d'un coustel au dessoubz de l'espaule, par
derrieres, en rue nuefve Saint-Merry[3]. Et après s'en
fouy le dit Perrin ou dit moustier de Saint-Merry. Et
le soir bien tart, le dit duc, qui moult estoit courrouciez

1. P. Paris : « En l'eglyse Saint-Merry. »
2. Depuis le 27 décembre 1355 (Bibl. nat., P. O. 168,
d. 3562, BAILLET, n° 3. Lettres de provision de Jean Baillet,
bourgeois de Paris).
3. Villani a donné du meurtre une explication qu'il est
impossible de contrôler par d'autres témoignages (lib. VIII,
cap. xxix ; Muratori, XIV, col. 484-485). Jean Baillet aurait
été frappé pour avoir refusé de payer le prix de deux chevaux,
achetés pour les écuries du dauphin.

de la mort de son dit tresorier, envoya au dit moustier
monseigneur Robert de Clermont, son mareschal[1],
Jehan de Chalon, filz de monseigneur Jehan de Chalon, seigneur d'Arlay[2], Guillaume Staise, lors prevost
de Paris, et grant foison de gens d'armes avecques,
les quelz brisierent les huis du dit moustier et en
mistrent hors à force le dit Perrin Marc. Et l'endemain matin, jour de jeudy, le dit Perrin fu trayné de
Chastellet jusques au lieu[3] où il avoit fait le coup, et là
ot le poing couppé, et après fu mené au gibet de Paris
et là fu pendu.

Mais l'evesque de Paris fist tant que le dit Perrin
fu despendu le samedy ensuyvant et fu ramené ou
dit moustier de Saint-Merry et restabli; et là, à tres
grant sollempnité, fu enterré le jour que les obseques
du dit Jehan Baillet furent faites; aus quelles fu present
monseigneur le duc de Normandie, et à celles du dit
Perrin fu le prevost des marchans, et grant foison de
bourgois de Paris.

Des messages du roy de France envoiez à
monseigneur le duc à Paris.

Le samedy XXVIIe jour du mois de janvier, les messages du roy qui estoient venus d'Angleterre, c'est asavoir l'evesque de Therouenne, chancellier de France[4],

1. Maréchal de Normandie.
2. Jean II de Chalon-Arlay, d'une famille qui est à ne pas
confondre, mais a été souvent confondue avec celle des Chalon-
Auxerre. Voy. Chérest, *l'Archiprêtre*, p. 109, 112 et n. 2.
3. P. Paris : « Fu trayné au Chastelet jusques au lieu, etc. »
4. Gilles Aycelin de Montaigu, chancelier de France (1357);
cardinal (1361); mort en 1378.

le conte de Vandosme[1], le seigneur de Derval[2], le sire
d'Aubigny[3], monseigneur Jehan de Saintré[4], chevalier, et monseigneur Jehan de Champeaux, clerc[5],
firent leur rapport au duc de Nórmandie, en la presence de pluseurs de son Conseil, evesques, chevaliers
et autres, sur le traictié de l'accort fait en Angleterre, entre les roys de France et d'Angleterre. Le
quel traictié plot moult aus diz duc et conseilliers, si
comme ilz disoient[6].

De la response que le duc de Normandie fist
au message du roy de Navarre.

Après celui samedi, VIII jours ou environ, monseigneur Jehan de Piquegny vint à Paris, de par le roy
de Navarre qui estoit à Mante, et fist le dit monseigneur Jehan pluseurs requestes à monseigneur le duc,
de par le dit roy, en la presence des roynes Jehanne et
Blanche et de pluseurs du Conseil du dit duc, c'est asavoir que ycelui duc tenist au dit roy les convenances
que il li avoit, les quelles il ne esclarsissoit point, et que

1. Jean VI, comte de Vendôme, fils aîné de Bouchard VI et
d'Alix de Bretagne.
2. Bonnabes de Rougé, seigneur de Derval.
3. Regnaut d'Aubigny, sénéchal de Toulouse et d'Albigeois.
4. Jean de Saintré, sénéchal d'Anjou.
5. Jean de Champeaux, archidiacre de Melun; conseiller
clerc au Parlement.
6. C'est le premier traité de Londres, conclu sous les aus-
pices du Pape, et dont les conditions étaient à peu près celles
du traité de Brétigny; la rançon du Roi était cependant de
quatre et non de trois millions d'écus. Pendant la plus grande
partie de l'année 1358, on crut que la paix allait se faire ou
était faite.

.il feist rendre au dit roy ses forteresses et quarante
mile florins à l'escu, que l'en li avoit promis l'autre
foiz que il avoit esté à Paris, et aussi aucuns joyaux
qui avoient esté pris du sien, lors que il fu emprisonné.

Et lors monseigneur le duc se mist à un genoil
devant les dites roynes, les quelles le firent tantost
lever et raseoir emprès elles. Et respondi au dit monseigneur Jehan de Piquigny que il avoit bien tenu au
dit roy les convenances que il li avoit, et que, se
aucun à qui il feust tenuz de respondre vouloit dire le
contraire, il diroit que celui mentiroit. Mais le dit
monseigneur Jehan n'estoit pas homme à qui monseigneur le duc en deust respondre. Et toutesvoies
disoit-il encores que, se aucun vouloit maintenir que
il n'eust tenu au dit roy les dictes convenances, il avoit
des chevaliers qui bien s'en combatroient, se mestiers
estoit. Et pluseurs autres paroles dist lors le dit monseigneur le duc[1]. Et lors fu dit par l'evesque de Laon
que monseigneur le duc aroit plus grant avis sur les
dittes requestes, et en respondroit tant qu'il souffiroit.
Et ainsi se departirent.

*Comment l'Université de Paris, par le prevost des mar-
    chans, alerent (sic) par devers monseigneur le duc,
    pour faire acorder les demandes du roy de Navarre.*

Celle sepmaine, l'Université de Paris, le clergié, le
prevost des marchans et ses compaignons alerent

______

1. On remarquera ici, non seulement la vivacité hautaine
avec laquelle le dauphin répond à Picquigny, mais aussi le
démenti très net donné aux amis du roi de Navarre.

devers monseigneur le duc, au Palais[1], et là fu dit au
dit duc, par frere Symon de Langres, maistre de
l'ordre des Jacobins[2], que tous les dessus nommez
avoient esté ensemble au conseil et avoient deliberé
que le roy de Navarre feroit faire au dit duc toutes ses
demandes à une foiz et que, tantost que il les auroit
faites, le dit duc feroit rendre au dit roy toutes ses
forteresses ; et après l'en regarderoit sur les requestes
que le dit roy auroit faites, et li passeroit l'en tout ce
que l'en devroit. Et pour ce que le dit maistre ne
disoit plus, un moine de Saint-Denys en France, maistre
en theologie et prieur d'Essonne emprès Corbueil[3],
dist au dit maistre de l'ordre que il n'avoit pas tout

1. Sur la signification qu'il convient d'attribuer à cette
démarche, voy. l'article déjà cité de Charles Jourdain, *l'Université de Paris au temps d'Étienne Marcel*, p. 12-13. A noter
une assertion de du Boulay, à l'appui de laquelle il ne cite
d'ailleurs aucun texte, à savoir qu'un mandement du recteur
avait fait défense à tous les maîtres et écoliers de porter
« aucun signe de faction », c'est-à-dire les chaperons mi-par-
tis et les émaux, de deux couleurs également, avec la devise :
A bonne fin! (*Hist. Univers. Paris.*, t. IV, p. 89 ; C. Jourdain,
p. 11).

2. Maître en théologie de l'Université de Paris ; maître général de l'ordre des Frères Prêcheurs depuis 1352 ; évêque de
Nantes le 16 mars 1366 ; transféré à Vannes le 20 octobre
1382 ; résignataire en 1383 ; mort vers 1384 (Denifle et Chatelain, *Chartularium*, t. II, p. 519, n° 1052, n. 2).

3. Le continuateur de Richard Lescot l'appelle *Guillelmus
de Mollio*. M. Lemoine note à son sujet (p. 119, n. 4) que, le
28 avril 1357, ledit Guillaume intervenait, avec plusieurs
autres maîtres de l'Université, auprès des chanoines de Notre-
Dame, pour obtenir la mise en liberté d'un écolier détenu dans
les prisons du Chapitre (Denifle et Chatelain, *Chartularium
Univers. Paris.*, t. III, p. 43, n° 1232).

dit. Si dist lors le dit prieur à monseigneur le duc
que encores avoient ilz deliberé que, se il ou le dit roy
de Navarre estoient refusans de tenir et acomplir leur
deliberacion, il seroient contre celui qui en seroit refu-
sant et prescheroient contre luy.

Autre ordenance par aucuns des gens des III estaz.

Le dymenche devant Karesme prenant, xie de
fevrier, se rassemblerent à Paris pluseurs des bonnes
villes et du clergié, mais il n'y vint nul noble. Et par
pluseurs journées se assemblerent, si comme ilz
avoient acoustumé. Et finablement ordenerent que les
gens de l'eglise paieroient demy x[e] pour le temps à
venir, pour un an. Et ceuls qui n'avoient aucune
chose paiée pour l'an passé paieroient aussi avecques
l'autre année demy x[e]. Et les villes fermées feroient
de LXXV feux I homme armé ou X sols parisis pour
jour, et le plat païs feroit de C feux un homme armé[1].

Comment le prevost des marchans et ses aliez alerent
au Palais, en la chambre de monseigneur le duc de
Normendie; et là, present luy, tuerent les II mares-

1. La session ne dura guère plus d'une huitaine de jours;
elle dut être close avant le 21 février. Longtemps on n'a connu
les travaux et les résolutions des États que par quelques lignes
du chroniqueur officiel de Charles V. M. Paul Viollet a publié
le texte d'une ordonnance de février 1358, jusque-là inédite
et inconnue, qui résume les travaux des États et promulgue
leurs décisions (*les États de Paris en février 1358;* extrait
des *Mémoires de l'Académie des inscriptions et belles-lettres,*
t. XXXIV, 2e partie, 1894, in-4°).

chaux de Clermont et de Champaigne, après ce qu'ilz orent tué maistre Regnaut d'Acy, advocat en Parlement[1].

Le jeudy, XXIIe jour du dit mois de fevrier, l'an mil CCC LVII, à matin, et fu le secont jeudy de Karesme, le dit prevost des marcheans fist assembler à Saint-Eloy, près du Palais[2], tous les mestiers de Paris, armez, et tant que l'en estimoit bien qu'ilz estoient près de III mile tous armez. Et environ heure de tierce, un advocat de Parlement, appellé maistre Regnaut d'Acy[3], en alant du Palays en sa maison, qui estoit près de Saint-Landry[4], fu tué près du moustier de la Magdaleine[5], en l'ostel d'un patissier, là où il se

1. Manuscrit, fol. 409 v°. Au bas du feuillet, deux miniatures placées l'une à côté de l'autre. Dans celle de gauche, groupe d'hommes armés, figurant les meurtriers des maréchaux; dans celle de droite, la scène même de l'assassinat.

2. Saint-Éloy, très ancien et très riche prieuré, formant un îlot dans la Cité, entre les rues de la Barillerie, de la Calendre, aux Fèves et de la Vieille-Draperie (H. Legrand, *Paris en 1380*, p. 37, n. 3).

3. Regnaut d'Acy figure comme avocat du Roi au Parlement de Paris dès l'année 1351.

4. Église située sur le quai de la Cité, à peu près à l'angle nord-est de l'Hôtel-Dieu actuel. La maison dont il est ici question avait été donnée à Regnaut d'Acy par Philippe de Valois en juillet 1349. « La maison, est-il dit dans l'acte de donation, qui fu feu Jehan de Viviers, prestre, seant en la cité de Paris, en la paroisse de Saint-Landri..., la quelle maison nous est de nouvel advenue comme espave ou aubainne... » (Arch. nat., JJ 77, fol. 204-204 v°, n° 332).

5. Sainte-Marie-Madeleine, ancienne synagogue transformée en église à la fin du XIIe siècle; rue de la Lanterne, au coin de la rue des Marmousets.

bouta quant il vit que l'en le vouloit tuer, et ot tant et
de teles plaies que tantost il mourut sanz parler. Et
tantost après le dit prevost et pluseurs en sa compaignie monterent en la chambre de monseigneur le
duc ou Palais, sur les merceries[1], et là trouverent le
dit duc au quel le dit prevost dist teles paroles en
substance : « Sire, ne vous esbahissiez de choses que
vous veez, car il est ordené et convient que il soit
fait. » Et tantost que ces paroles furent dictes, aucuns
de la compaignie du dit prevost coururent sur monseigneur Jehan de Conflans, mareschal de Champaigne[2], et le tuerent, joignant du lit de monseigneur
le duc et en sa presence. Et aucuns autres de la compaignie du dit prevost coururent sur monseigneur
Robert de Clermont, mareschal du dit duc de Normandie, le quel se retray en une autre chambre de
retrait du dit monseigneur le duc, mais ilz le suyvirent
et là le tuerent. Et monseigneur le duc, qui moult
estoit effraié de ce que il veoit, pria le dit prevost que
il le vousist sauver, car tous ses officiers, qui lors
estoient en sa chambre, s'en fouyrent et le laissierent.
Et adonc le dit prevost li dist : « Sire, vouz n'avez
garde[3]. » Et li bailla le dit prevost son chaperon, qui
estoit des chaperons de la ville, parti de rouge et de
pers, le pers à destre; et prist le chaperon du dit duc,

1. La chambre du dauphin se trouvait dans les nouvelles
constructions (ou *galetas*) élevées par Jean II au-dessus de la
galerie des Merciers.

2. Jean de Conflans, seigneur de Dampierre, maréchal de
Champagne. Il avait déserté le parti des États-Généraux, après
avoir été un de leurs commissaires élus (Froissart, *Chroniques*,
t. V, xxvii, n. 2).

3. Sire, vous ne craignez rien.

qui estoit de brunette noire à un orfrois d'or[1], et le porta tout celui jour et monseigneur le duc porta le chaperon du dit prevost. Et tantost après ce aucuns de la compaignie du dit prevost pristrent les corps des ii chevaliers dessus diz et les traynerent moult inhumainement, par devant monseigneur le duc, jusques en la court du Palais, devant le perron de marbre[2]; et là demourerent tous estenduz et descouvers, en la veue de ceulz qui les vouloient veoir, jusques après disner bien tart, et n'estoit homme qui les osast oster.

Et le dit prevost des marcheans et sa compaignie alerent en leur maison en Griève, que l'en appelloit la maison de la ville. Et là le dit prevost, estant aus fenestres de la dite maison sur la place de Grève, parla à moult grant nombre de genz armez de la ditte ville, qui estoient en la ditte place, et leur dist que le fait qui avoit esté fait avoit esté fait pour le bien du royaume, et que ceulz qui avoient esté tuez estoient faulx, mauvais et traistres. Et requist le dit prevost des marchans au peuple, qui là estoit, que en ce le voussissent porter et soustenir, car il avoit fait faire ce fait pour le bien du royaume, si comme il disoit. Et lors pluseurs, à une voiz, crierent que ilz advouaient le dit fait et que ilz vouloient vivre et morir avecques le dit prevost.

1. C'est-à-dire d'une étoffe fine et recherchée, avec un « orfroi », frange d'or ou d'argent (note de P. Paris).

2. Il est souvent question, dans les chroniques, de ce *perron de marbre* (*lapis marmoreus, petronum marmoreum*), sans qu'on puisse se figurer très exactement ce qu'il était. Il semble que ce fût une grande pierre ou dalle, placée au pied des degrés du Palais, qui servait à faire certaines proclamations solennelles.

Et tantost après le dit prevost retourna au Palais, et
tant de gens armez avecques lui, que toute la court du
dit Palais en estoit plaine. Et monta en la chambre où
monseigneur le duc estoit, qui moult estoit dolans et
esbahis de ce qui estoit advenu. Et encores estoient les
deux corps des diz chevaliers en la court du dit Palais,
devant le dit perron de marbre, et les povoit le dit
duc veoir des fenestres de sa chambre. Et quant le dit
prevost fu en la dicte chambre, et pluseurs armez de
sa compaignie avecques lui, il dist à monseigneur le
duc que il ne se meist point à mesaise de ce qui estoit
avenu, car ce avoit esté fait de la volenté du peuple,
et pour pis eschever[1], et que ceulz qui estoient mors
avoient esté faulx, mauvais et traistres. Et requist le
dit prevost à monseigneur le duc, de par le dit peuple,
que il vousist ratifier le dit fait et estre tout un
avecques eulz. Et que, se mestier[2] avoient d'aucun
pardon pour cause du dit fait, que le dit duc leur vousist tout pardonner[3]. Le quel duc octroia au dit prevost toutes les choses dessus dites, et pria au dit prevost
que ceuls de Paris vousissent estre ses bons amis, et il
seroit le leur. Et, pour celle cause, le dit prevost envoia
à monseigneur le duc deux draps, un de pers et un
rouge, pour ce que le dit duc feist faire des chaperons
pour li et pour ses gens, telz comme ceuls de Paris les
portoient, c'est asavoir partis de pers et de rouge, le
pers à destre. Et ainsi le fist monseigneur le duc et
portoit tel chaperon, comme dit est, et ses gens aussi,
et ceulz du Parlement et des autres chambres du Palais,

1. Manuscrit : « Achever. »
2. Manuscrit : « Mestient. »
3. P. Paris : « A tous pardonner. »

et tous autres officiers communelment estans à Paris.

Et celui jour de jeudi, environ vespres, le dit prevost commenda que l'en levast les corps des deux chevaliers dessus diz, qui encor estoient en la dicte court du Palais, et que l'en les portast à Sainte-Katherine-du-Val-des-Escoliers[1]. Et jà estoit levé le corps du dit maistre Regnaut d'Acy et avoit esté mis en son hostel par ses gens, car il avoit esté tué près de son dit hostel. Mais, toutesvoies, fu il longuement là où il avoit esté tué, en la veue de chascun, avant qu'il eust esté levé.

Si furent les deux corps dessus diz mis, par povres varlés, en une charrette et menez à descouvert dedenz la ditte charrette par les diz povres varlés, qui la ditte charrette traynoient sanz chevaux, au lonc de la ville, jusques au dit lieu de Sainte-Katherine-du-Val-des-Escoliers, et par les diz varlés furent descendus en la court, et puis en menerent les diz varlés la ditte charrete et laissierent là les deux corps. Et emporterent les diz varlez le mantel de l'un des diz chevaliers, pour leur salaire de les avoir amenez jusques là. Et, pour ce que les religieus de la ditte eglise de Sainte-Katherine n'osoient enterrer les diz corps, aucuns d'eulz alerent devers le dit prevost pour savoir que il vouloit que les diz religieux feissent des diz corps. Le quel prevost respondi aus diz religieux que il li plaisoit que ilz en feissent ce que monseigneur le duc voudroit. Et

1. Église et prieuré situés rue Saint-Antoine. L'église avait été bâtie au xiiie siècle, avec l'argent des Templiers, pour la plus grande partie. Le couvent avait une grande *culture*, voisine de celle du Temple, et qui a donné son nom à la rue qui y conduisait (H. Legrand, *Paris en 1380*, p. 57, n. 3).

après alerent les diz religieus devers monseigneur le duc, le quel leur dist que ilz les feissent enterrer secretement, sanz solempnité. Mais, assez tost après, fu deffendu aus diz religieus, de par l'evesque de Paris, que ilz ne enterrassent le corps du dit monseigneur Robert de Clermont en terre benoite, car le dit evesque le tenoit pour escommenié, pour ce que il avoit esté à oster et traire hors du moustier de Saint-Merry de Paris Perrin Marc, qui avoit tué Jehan Baillet, si comme dessus est dit. Si en fu ordené par les diz religieux, tant de l'un comme de l'autre, secretement. Et le dit maistre Regnaut d'Acy fu le soir enterré, secretement, ou moustier de Saint-Landry, de quel parroisse il estoit.

Et celui jeudy au soir, bien tart, fu le dit prevost des marchans en l'ostel de la royne Jehanne[1], et là parla à lui moult longuement. Et disoit l'en que entre les autres choses que il li dist, il li requist que elle feist venir le roy de Navarre à Paris.

De l'assemblée que le prevost des marchans fist aus Augustins, et des paroles que maistre Robert de Corbie dist.

L'endemain, jour de vendredy, XXIIIe jour du dit mois de fevrier, le dit prevost des marcheans fist assembler au matin, aus Augustins[2], grant nombre de ceuls de Paris, des quelz pluseurs estoient armez,

1. Voy. ci-dessus, p. 119, n. 1.
2. Le couvent des Augustins, fondé en 1293, s'étendait en face des jardins du Palais, le long du quai, et à partir de la rue qui porte son nom jusqu'à la rue de Nevers (H. Legrand, *op. cit.*, p. 39, n. 3).

et manda à ceuls qui avoient esté envoiez de par les
bonnes villes, qui encores estoient à Paris, que ilz
alassent là, des quelz pluseurs y alerent. Et là le dit
maistre Robert de Corbie dist que le prevost des marchans avoit fait faire le fait qui avoit esté fait le jour
precedent, pour le bien et pour le proffit du royaume,
et que ilz estoient iiii qui empeschoient touz les bons
conseulz devers monseigneur le duc, et par euls avoit
esté empeschiée la delivrance du roy de France, si
comme disoit le dit maistre Robert. Et dist que, sur la
delivrance du Roy, avoient esté assemblez l'Université, le clergié et la ville de Paris, qui touz avoient esté
d'acort et en une opinion. Et depuis lxiiii personnes
du Conseil de monseigneur le duc, qui sur ce meismes
avoient esté assemblez, avoient esté de une opinion, et
les iiii dessus diz empeschierent tout[1]. Mais il ne dist
point qui estoient ces iiii, et si ne dist oncques sur
quoy ce conseil avoit esté en especial, ne aucun cas
particulier ne especial pour le quel ilz eussent mis à
mort les iii dessus nommez. Et toutesvoies requist le
dit maistre Robert les envoiez des bonnes villes, pour
le dit prevost et les autres qui avoient fait le dit fait,
que ilz voussissent ratiffier ce qui avoit esté fait et eulz
tenir en bonne union avecques ceuls de Paris; la quelle
union avoit esté promise et jurée en pluseurs assemblées par avant, si comme disoit le dit maistre Robert.

Et jà fust ce que pluseurs de ceuls des bonnes
villes cogneussent bien que seure chose n'estoit pas de
ratiffier le dit fait, toutesvoies, par doubte, distrent

---

1. On remarquera l'intérêt de ces renseignements, malheureusement trop peu précis, sur les causes qui ont pu empêcher
la conclusion du *premier* traité de Londres.

tous ceuls, qui en la dicte assemblée estoient, que ilz
creoient que ce qui avoit esté fait avoit esté fait à
bonne cause et juste, et le ratiffioient, dont pluseurs
de Paris qui là estoient les en mercierent.

*Comment le prevost des marchans vint à monseigneur
le duc en Parlement et li requist qu'il vousist tenir
les ordenances que les III estaz avoient establies
l'année devant.*

Le samedy ensuyvant, XXIIIIe jour du dit mois, fut
monseigneur le duc en la chambre de Parlement, et
avecques li aucuns de son conseil qui li estoient
demourez. Et là alerent le dit prevost et pluseurs
autres avecques lui, tant armez comme non armez,
et requistrent à monseigneur le duc que il feist tenir
et garder, sanz enfraindre, toutes les ordenances qui
avoient esté faites par les III estaz l'an precedent, et
que il les laissast gouverner, si comme autre foiz
avoient fait; et que il vousist debouter aucuns qui
encores estoient à son Conseil, et que pour ce [que] le
peuple se tenoit trop mal contempt de moult de choses
qui estoient faites ou Conseil de monseigneur le duc
contre le dit peuple, il vousist mettre en son Grant
Conseil III ou IIII bourgois que l'en li nommeroit.
Toutes les queles choses le dit monseigneur le duc
leur octroya.

*De la revenue du roy de Navarre à Paris, et du mande-
ment que le roy de France fist au duc de Normandie,
son ainsné filz.*

Le lundy ensuyvant, XXVIe jour du dit mois de

fevrier, entra le roy de Navarre à Paris, à moult grant compaignie de genz armez, tant de ceuls que il avoit amenez, comme de ceuls de Paris qui estoient alez contre li ; et ala descendre en l'ostel de Neelle, qui lors estoit au dit duc de Normandie[1]. Et celui jour, le dit prevost des marchans ala devers lui, et li dist que il vousist faire justes requestes au dit monseigneur le duc, et que il vousist porter et soustenir le fait que ilz avoient fait à Paris des iii qui avoient esté occis. Le quel roy leur octroia tout. Et toute celle sepmaine, les ii roynes veves Jehanne et Blanche, le prevost des marchans et ses compaignons, et l'evesque de Laon, traictierent l'accort entre les diz duc et roy, lequel fu fait dedenz x ou xii jours après[2]. Mais pou de gens sceurent lors la maniere. Toutesvoies donna en celui temps le dit duc au dit roy le dit hostel de Neelle[3]. Et furent si bien ensemble, que chascun jour ilz disnoient l'un avecques l'autre et faisoient moult grant semblant de eulz moult amer. Et après, environ le xe ou xiie jour de mars, le roy de France manda à monseigneur le duc de Normandie que il li envoiast en Angleterre deux prelas et iiii chevaliers, car il estoit moult seul, si comme il mandoit. Et aussi manda que le dit duc li envoiast deux bons notaires, pour ordener les lettres du traictié d'acort entre li et le roy d'An-

1. Voy. la note 3 ci-après.

2. Vers le 8 ou le 10 mars.

3. Le dauphin fit don de cet hôtel au roi et à la reine de Navarre, « consideré que il n'ont point d'ostel dedans la forterece de la ville de Paris et afin que nostre dit frere soit et puisse estre plus près de nous et nous conseillier pour le bien et prouffit de nous et du royaume » (Arch. nat., JJ 86, fol. 21 v°, n° 82, mars 1358 ; Secousse, *Recueil*, p. 72-73).

gleterre. Et tousjours estoient ceulz de Paris aussi
comme esmeuz[1], et se armoient et assembloient souvent; pour la quelle chose pluseurs officiers du roy de
France et du dit duc se absenterent, tant prelaz comme
autres. Et depuis en retourna pluseurs à Paris, par la
seurté que ilz orent du dit prevost des marchans, qui
disoit que l'en ne leur vouloit mal.

*Des lettres que le prevost des marchans envoia aus
bonnes villes pour les faire alier et prendre chaperons,
de meismes ceulz de Paris.*

En ce temps furent faites ordenances sur tous officiers[2]. Et l'evesque de Therouenne, lors chancellier de
France, qui nouvellement estoit venuz d'Angleterre[3] et
n'avoit point aporté les seaulz du Roy, mais les li
avoit laissiez en Angleterre, par l'ordenance du Roy et
de son Conseil, qui bien apparçut que l'en vouloit
user d'autres seaulz que de celui de Chastellet, du quel
l'en usoit en l'absence du grant, et aussi pour pluseurs
autres causes, se parti de Paris et s'en ala en son pays,
en Alvergne.

Et, en ce temps, assez tost après l'occision des trois
dessus nommez, le prevost des marchans et les eschevins envoierent lettres closes aus bonnes villes du
royaume, par les quelles il leur faisoit savoir le
fait que ilz avoient fait, et les requeroient que ilz se

1. P. Paris : « Ainsi comme esmeuz. »

2. L'ordonnance de février 1358, rendue en suite de la session des États.

3. Avec les autres messagers de Jean II, pour communiquer
au dauphin le texte du traité de paix, accepté en principe par
le roi d'Angleterre.

vousissent tenir en vraie union avecques eulz et que ilz
vousissent prendre de leurs chapperons, partis de pers
et de rouge, si comme avoient fait le duc de Normandie
et pluseurs autres du sanc de France, si comme es
dites lettres estoit contenu. Et, en verité, le dit monseigneur le duc, le roy de Navarre et le duc d'Orliens, frere du roy de France, et le conte d'Estampes,
qui tous estoient des fleurs de lis, portoient les diz
chapperons. Dont pluseurs ne renvoierent onques response des dictes lettres, et autres rescristrent sanz
autres aliances faire et sans prendre des diz chapperons, et autres pristrent les diz chapperons.

*De la response de ceuls qui tenoient les forteresses, faite
à ceuls que le roy d'Angleterre leur envoya.*

En ce temps, envoia le roy d'Angleterre II chevaliers
anglois en France, pour faire issir des forteresses tous
ceuls qui aucunes en avoient prises de puis les trieves,
données à Bourdeaux entre le roy de France et le
prince de Gales[1]. Dont pluseurs et presque tous, tant
en Chartain comme en Normandie, qui avoient prises

---

1. Ces deux chevaliers étaient Richard de Totesham (Totten-
ham) et Étienne de Cossington. Ils partirent de Londres le
20 décembre 1357. Ils furent de retour, — le premier tout au
moins, — le 8 mai (Exchequer Accounts, Bundle 313, n° 32;
Rymer, t. III, I, p. 387; lettres de commission du 30 décembre 1357). Par mandement du 28 janvier 1358, le dauphin
ordonne aux généraux élus à Paris sur le fait du subside pour
la guerre de faire avancer la somme de 100 deniers d'or, pour
ses dépens, à Jean de Saintré, sénéchal d'Anjou, « pour conduire parmi le royaume certains chevaliers qui sont venus par
deçà pour le traictié de la paix » (Bibl. nat., P. O. 2608,
d. 58063, SAINTRAY, n° 2).

les dites forteresses, respondirent que ilz n'estoient
point au roy d'Angleterre, ne les dictes forteresses
ne tenoient de par ly, et distrent aucuns qu'ilz
estoient au roy de Navarre, et les autres distrent qu'ilz
trouveroient bien qui les advoueroit. Et n'en issirent
point, mais coururent, pillierent et roberent le pays.
Et furent aucuns de la garnison d'Esparnon[1], le lundi
XIIe jour du dit mois de mars, en la ville de Chastes
soubz Mont-Lehery[2], à Mont-Lehery[3] et environ, et
pillierent tout et en menerent moult de prisonniers;
et n'estoient pas plus de VI[xx] ou environ, et si ne
trouvoient qui empeschement leur feist. Et toutesvoies estoit l'acort fait entre le dit duc et le roy de
Navarre, par tele maniere que ilz estoient le plus du
temps ensemble, et avoient esté par plus de huit jours
par avant. Et avoit le dit duc acordé que le dit roy,
en paiement de partie de ce que il devoit avoir par le
dit accort, auroit la conté de Bigorre, et la jugerie de
Riviere[4], et la conté de Mascon, et autre terre ou pays
jusques à X[M] livres de terre. Et si fu acordé à la

1. Épernon, Eure-et-Loir, arr. de Chartres, ch.-l. de cant.
2. Châtres, aujourd'hui Arpajon, Seine-et-Oise, arr. de Corbeil, ch.-l. de cant.
3. Monthléry, Seine-et-Oise, arr. de Corbeil, cant. d'Arpajon.
4. Arch. nat., JJ 86, fol. 21, n° 50 (mars 1358); Secousse,
Recueil, p. 73-76. Lettres du dauphin Charles, régent, par lesquelles il donne à Charles, roi de Navarre, le comté de Bigorre
et les jugeries de Rivière et de Rieux. — Le chef-lieu de la jugerie
de Rivière était Montréjeau. Elle ne comprenait pas moins de
125 localités, situées dans les diocèses de Toulouse, de Lombez, de Tarbes et de Comminges (*Hist. du Languedoc*, t. XII,
p. 334-336; note d'A. Molinier). La jugerie de Rieux, établie
sous le règne de Philippe le Hardi, comprenait tout l'ancien

royne Blanche, suer du dit roy, que elle auroit Moret en acquitant[1] de ce que l'en li devoit pour son douaire.

Item, en tout ce temps donnoit le dit roy de Navarre saufz conduiz à Paris, contenanz ceste forme :

Cy après s'ensuit la teneur des saufs conduiz que le roy de Navarre donnoit en la ville de Paris.

« Charles, par la grace de Dieu roy de Navarre et conte d'Evreux, à tous ceuls qui ces presentes lettres verront salut. Savoir faisons que nous avons donné et donnons, par la teneur de ces presentes, à noz amez et feaulx chevaliers Jehan de Neuf Chastel et le seigneur de Raon[2], et à leur compaignie, jusques au nombre de trente personnes à cheval, seur et sauf conduit du jour de la date de ces presentes jusques à la feste de Pentecouste prochaine venant, pour aler, venir ce pendant et demourer, se mestier est, par tous lieux du royaume de France. Si donnons en mandement à tous capitains, chastelains, gardes de pays, villes, passages et destroiz du dit royaume, et à chascun d'euls, prions tous autres que les diz chevaliers et leur compaignie, jusques au nombre dessus

diocèse de Rieux, à deux ou trois exceptions près, et des enclaves dans les diocèses de Conserans, de Pamiers et de Toulouse (*op. cit.*, p. 336-337 ; note d'A. Molinier).

1. P. Paris : « Moret en Acquitaine. » — Moret, Seine-et-Oise, arr. de Fontainebleau, ch-l. de cant.

2. Jean de Neufchâtel et Henri de Longwy, seigneur de Rahon, chevaliers francs-comtois. Voy., à leur sujet, A. Chérest, *l'Archiprêtre*, p. 114. — Longwy, Jura, arr. de Dôle, cant. de Chemin ; Rahon, Jura, arr. de Dôle, cant. de Chaussin.

dit facent et laissent joir et user de nostre present sauf conduit, sanz leur faire ne souffrir estre fait aucun empeschement en corps, en chevaux, en harnois, n'en aucuns de leur biens. Donné à Paris, le xiie jour du mois de mars l'an de grace mil CCC LVII. » Et estoient ainsi signées : « Par le roy. P. du Tertre[1]. » — Et obeissoit l'en plus aus diz saufs conduiz que l'en ne faisoit à ceulz de monseigneur le duc.

Item, le mardi, xiiie jour du dit mois de mars, se parti de Paris le dit roy de Navarre et s'en ala à Mante, et monseigneur le duc demoura à Paris.

Comment monseigneur le duc prist le nom de regent par tiltre de lettres, à tres bonne cause.

Le merquedy, xiiiie jour du dit mois de mars, fu publié à Paris que le duc, qui par avant se estoit appellé lieutenant du Roy, depuis sa prise, se appelleroit dès là en avant regent le royaume[2]. Et fu son tiltre tel : *Karolus primogenitus regis Francorum regnum regens*, etc. Et jasoit ce que par avant l'en eust toujours escript ou nom du Roy, en Parlement et en toutes lettres de justice, il fu deffendu celui jour que

1. Conseiller et secrétaire du roi de Navarre. Condamné à mort et exécuté en 1378, en même temps que Jaquet de Rue, pour avoir tenté d'empoisonner le roi de France.

2. P. Paris : « Regent *du* royaume », ce qui n'est pas conforme au style de la Chancellerie. — L'ordonnance, visée au texte, est imprimée dans les *Ordonnances des rois de France*, t. III, p. 212-213; elle porte la date du 18 mars. Le dauphin a pris le titre de régent plus tôt, au moins dès le 1er mars (Bibl. nat., P. O. 1474, d. 33408, HANGEST, n° 22. Mandement aux trésoriers de France).

plus n'en n'y (*sic*) escrisist. Et fu baillié le tiltre du dit duc, tel comme dessus, en cedules aus notaires et aus escrivains du Palais, et fu le nom du Roy tout estaint. Et ne seela l'en plus du seel de Chastelet, mais du seel du dit duc, en cire jaune. Et portoit le seel maistre Jehan de Dormans, qui estoit chancelier du dit regent[1]. Et furent mis au conseil du dit regent le prevost des marchans, maistre Robert de Corbie, Charles Toussac et Jehan de l'Isle, maistres et principauls après le dit evesque de Laon, qui tout gouvernoit.

De la mort de Phelipot de Repenti, escuier.

Le samedy au soir, xviie jour du dit mois de mars, fu pris à Saint-Cloust, près de Paris, un escuier françois, appellé Phelippot de Repenti, et fu amené à Paris. Et le lundi matin ensuyvant, xixe jour du dit mois, le dit Phelippot ot la teste coppée ès hales de Paris, et puis fu pendu au gibet, pour ce que il confessa que il estoit de la compaignie de pluseurs qui avoient empris de prendre le dit duc de Normandie, regent le royaume, à Saint-Oin, en l'ostel de la Noble-Maison, là où il estoit alé trois jours ou iiii devant. Mais pluseurs disoient que ce n'estoit pas pour mal, mais estoit pour le mettre hors de la puissance et des mains de

1. Ancien avocat du Roi au Parlement de Paris; chancelier de Normandie en 1357; chancelier de France en 1361; évêque de Beauvais (1359); cardinal du titre des Quatre-Saints-Couronnés (1368); fondateur du collège de Dormans-Beauvais (1370); mort le 7 novembre 1373. Dès le 21 février 1371, il s'était démis de ses fonctions de chancelier et avait été remplacé par son frère Guillaume de Dormans. Voy. les provisions de Jean de Dormans aux *Ordonnances des rois de France,* t. III, p. 212-213 (18 mars 1358).

ceuls de Paris. Et, assez tost après, un chevalier appellé
le Bègue de Villaines, qui moult estoit amis du devant
dit monseigneur Robert de Clermont, qui avoit esté tué
à Paris, se rendi ennemis de ceuls de la dicte ville
de Paris[1].

Comment le regent ala à Senlis et à Compiegne.

Le jour de Pasques flories, xxve jour du dit mois
de mars, le dit regent fu à Senliz, là où il et le roy
de Navarre avoient mandé par leurs lettres tous les
nobles de Piqardie et de Beauvoisins[2]. Mais le dit roy

1. Pierre de Villaines, dit le Bègue de Villaines, tirait son
nom du fief de Villaines (Seine-et-Oise, arr. de Pontoise, cant.
d'Écouen). Il fut sénéchal de Carcassonne et de Béziers de 1360
à 1361. Il guerroya ensuite en Normandie (1362) ; c'est là sans
doute qu'il connut du Guesclin, qui l'entraîna en Espagne.
D'après Froissart, il aurait arrêté de sa main don Pèdre, qui
cherchait à s'évader du château de Montiel. Il fut fait grand
de Castille et comte de Ribadeo, en Castille, en récompense de
ses services. Sa sœur épousa don Garcia Gutterez de Villan-
drando et fut l'aïeule du fameux routier Rodrigue de Villan-
drando (S. Luce, *Froissart*, t. VI, LXXXII, n. 4 ; *Nouv. hist.
générale du Languedoc*, t. IX, p. 718, n. 1). — L'attitude
que les *Grandes Chroniques* prêtent ici à Pierre de Villaines
est encore accentuée par ce que dit le continuateur de Richard
Lescot : « Blesus de Violanis, ob mortem cognati sui mares-
calli Claromontis, *villam Parisiensem ad extra dampnabiliter
inquietavit* » (p. 122).
2. Les nobles s'étant abstenus de venir aux États de février
1358, aucune aide n'avait pu être mise sur « leurs hommes »,
c'est-à-dire sur les habitants du plat pays. C'est pourquoi ils
furent seuls convoqués à Senlis. L'aide qui leur était demandée
fut octroyée (A. Coville, *les États de Normandie*, p. 366-367 ;
J. Flammermont, *la Jacquerie en Beauvaisis, Rev. hist.*, janv.-
févr. 1879, p. 125 et n. 1).

n'y ala point, et se envoia excuser par monseigneur Jehan de Piquegny, pour cause de deux bosses que le dit roy avoit es ainnes, si comme le dit monseigneur Jehan disoit. Mais à la dicte journée ala pou des diz nobles.

Si se parti le dit regent et s'en ala à Compiegne. Et environ Pasques les Grans, qui furent le premier jour d'avril, l'an mil CCC LVIII, le confesseur du roy de France[1] et un sien secretaire, appellé maistre Yvon[2], vindrent d'Angleterre par devers le dit regent, mès la cause ne fu pas sceue communelment.

Item, le jeudi absolut[3], furent les ennemis à Corbueil et y pillierent et prindrent des prisonniers et s'en partirent tantost.

Comment le conte de Brene respondi au dit regent pour ceuls de Champaigne, et comment le chastel de Monterel ou fort d'Yonne fu rendu au dit regent, le quel y jut une nuit, et de là se parti et ala en la cité de Meaulx.

L'an de grace mil CCC LVIII, le lundy après Quasimodo, neuviesme jour du mois d'avril, le dit regent, qui avoit mandé par ses lettres les gens d'eglise, les nobles et les bonnes villes de Champaigne pour estre à Provins le dit jour de Quasimodo, entra en la dite

1. Le dominicain Guillaume de Rancé (P. Chapotin, *Études hist. sur la prov. dominicaine de France*. Paris, Lecoffre, 1890, in-8°, p. 147).
2. Yves Dérian, notaire et secrétaire du Roi; anobli dès 1363; employé à de nombreuses missions sous le règne de Charles V et au début de celui de Charles VI.
3. Le jeudi saint.

ville de Provins. Et jasoit ce que le roy de Navarre eust escript, par ses lettres closes, aus dessus diz de Champaigne que il seroit à la dicte journée, et toutesvoies n'y fut il point, mais maistre Robert de Corbie et monseigneur Pierre de Rosny, arcediacre de Brie en l'eglise de Paris[1], envoiez là de par la ville de Paris, furent à la dicte journée.

Et le mardy ensuyvant, x[e] jour du dit mois, avant disner, le dit regent parla en sa personne aus dessus diz de Champaigne, et leur dist que le royaume de France estoit à tres grant meschief et avoit moult à faire, si comme ilz savoient. Si les pria et requist que ilz y vousissent mettre tout le bon remede que ilz pourroient, tant par conseil comme par ayde, et aussi les pria que ilz vousissent estre tout un. Car, se division estoit ou peuple de France, il estoit en grant peril, si comme il disoit. Et oultre leur dist que, se aucunes choses avoient esté faites qui semblassent estre moult merveilleuses[2], que, par aventure, quant ilz auroient ouy ceuls qui les dites choses avoient faites, ilz en seroient apaisiez[3]. Et ce leur disoit le dit regent, si

1. Figure avec ce titre parmi les chanoines de Paris dès 1356 (Arch. nat., LL 241, fol. 25 v°).

2. Bien étonnantes, bien étranges.

3. Ces mots, dans la bouche du régent, sont d'une ironie cruelle, que la voix et le geste devaient accentuer encore. Il en est de même de la phrase qui vient peu après : « Veez cy maistre Robert de Corbie... ». Perrens (*Étienne Marcel*, p. 206-207), tout en suivant les *Grandes Chroniques*, a cru « devoir en modifier le récit, c'est-à-dire attribuer aux députés de Paris une partie de ce qu'elles mettent dans la bouche du régent, et qui y serait incompréhensible ». Par conséquent, la phrase embarrassante est censée dite par Robert de Corbie ou Pierre de Rosny.

comme l'en cuidoit, pour ceulz qui avoient esté tuez à Paris. Car, après ce qu'il ot dictes les paroles dessus dittes, il dist teles paroles : « Veez cy maistre Robert de Corbie et l'arcediacre de Paris, qui vous diront aucunes choses de par les bonnes gens de Paris. »

Et lors le dit maistre Robert prist la parole et dist à ceuls de Champaigne, qui là estoient, comment ceuls de Paris les avoient amez et les amoient, et vouloient estre tout un avecques euls. Et prioient aus dessus diz de Champaigne que aussy vousissent il estre un avecques ceuls de Paris, et ne se vousissent merveillier[1] se aucunes choses avoient esté faites à Paris; car quant ilz saroient les causes et aroient ouy ceuls qui ces choses avoient conseilliées, ilz en seroient tous apaisiez, si comme disoit le dit maistre Robert, et pluseurs autres choses.

Si requistrent les dessus diz de Champaigne au dit regent que il voussist que ils peussent parler ensemble, la quelle chose il leur octroia. Si se traistrent à part et parlerent ensemble. Et assez tost firent savoir au dit regent que ilz estoient près de lui faire response. Si ala le dit regent et le duc d'Orliens, son oncle, le conte d'Estampes et aucuns autres en un jardin, là où les dessuz diz de Champaigne estoient; et là monseigneur Symon de Rouci, conte de Brene en Laonnois[2], res-

1. Se scandaliser.

2. Simon de Roucy, comte de Braisne, troisième fils de Jean V, comte de Roucy; comte de Roucy lui-même après la mort de sa nièce Isabelle, héritière de son frère aîné Robert II de Roucy; otage pour le roi Jean; l'un des principaux conseillers de Charles V; mort le 19 février 1392. — Braisne, Aisne, arr. de Soissons, ch.-l. de cant.; Roucy, Aisne, arr. de Laon, cant. de Neufchâtel-sur-Aisne.

pondi pour les Champenois et dist au dit regent que ilz estoient près de lui conseillier, de lui aidier et de faire pour lui tout ce que bons et loiaus subgiez devoient faire pour seigneur. Mais pour ce que les plus grans et les plus puissans de Champaigne n'estoient pas là, si comme disoit le dit conte, il requist au dit regent que il leur vousist donner une autre journée pour euls assembler à Vertus en Champaigne[1]; et bien li dist le dit conte que les diz Champenois ne yroient plus à Paris. La quelle requeste le dit regent octroia, et fu la dicte journée assignée au dymenche xxixe jour du dit mois d'avril. Et après dist le dit conte que au dit maistre Robert de Corbie ne respondroient il neant, car à lui n'avoient il que respondre. Et si demanda le dit conte au dit regent, de par les diz Champenois, se il savoit aucun mal ou mareschal de Champaigne qui avoit esté tué à Paris[2], ne vilenie aucune pour la quelle on le deust avoir mis à mort. Et bien dist le dit conte que de monseigneur Robert de Clermont ne demandoit il riens, car il s'en attendoit à ceuls de son pays, et bien creoit que ilz en feroient leur devoir. Le quel regent respondi que il tenoit et creoit fermement que le dit mareschal de Champaigne et le dit monseigneur Robert de Clermont l'avoient servi et conseillié bien et loialment, et n'avoit onques sceu le contraire. Et lors le dit conte de Brene dist au dit regent : « Monseigneur, nous, Champenois, qui cy sommes, vous mercions de ce que vous nous avez dit, et nous attendons que vous faciez bonne justice de ceuls qui nostre ami ont mis à mort sanz

1. Vertus, Marne, arr. de Châlons, ch.-l. de cant.
2. Jean de Conflans.

cause. » Et ce fait et dit, le dit regent ala disner et tous les diz Champenois qui vouldrent aler avecques li, car ilz en avoient esté touz semons.

Et le merquedi ensuyvant, xie jour du dit mois d'avril, le dit regent se parti de Provins et ala en l'abbaye de Prulli[1], et de là à Montereul ou fort d'Yonne[2]. Et ala devant le chastel, le quel gardoit, de par la royne Blanche[3], un chevalier appellé monseigneur Taupin du Plecié[4], le quel Taupin estoit sur la porte du dit chastel, tout armé, la teste ou bacinet, quant le dit regent ala devant. Et lors le dit regent li commanda que il li ouvrist la porte du dit chastel. Le quel Taupin li respondi : « Mon redoubté seigneur, pour Dieu ne me vuilliez deshonorer ; madame la royne Blanche m'a baillié ce chastel et m'a fait jurer que je ne le rendroie à personne du monde, fors au Roy ou à elle. Je vous suppli que il vous plaise à envoier par devers li, et je cuide que elle me mandera tantost que je le vous rende. » Au quel Taupin le dit regent

---

1. De l'ordre de Cîteaux. — Preuilly, Seine-et-Marne, arr. de Provins, cant. de Donnemarie, comm. d'Égligny.

2. Montereau-faut-Yonne, Seine-et-Marne, arr. de Fontainebleau, ch.-l. de cant. — Sur la forme primitive de ce nom (*M. in furca Yonne*, M. en fourc d'Yonne, c'est-à-dire à la fourche ou au confluent de l'Yonne avec la Seine), voy. H. Stein, *Recherches sur la topographie gâtinaise*. Paris, Picard, 1890, in-8°, p. 13-22 ; extrait des *Annales de la Soc. hist. et archéol. du Gâtinais* (1390).

3. « Monstreuil en Fourdyonne » faisait partie du douaire de la reine Blanche (Arch. nat., JJ 78, fol. 54 v°-55 v°, n° 116, 19 mars 1350).

4. Il se nomme lui-même « Jehan du Plessier, dit Taupin », dans une quittance ou récépissé du 23 mai 1358 (Bibl. nat., Clairambault, LXXXVI, n° 133).

commanda derechief II foiz ou III que il li ouvrist le
dit chastel. Et lors le dit Taupin respondi : « Mon
redoubté seigneur, je ne tendray pas ce chastel contre
vous ; mais pour Dieu vueilliez m'y garder mon
honeur. » Si descendy à la porte et l'ouvry ; et le dit
regent et ses gens y entrerent, et y coucha une nuit, et
le prist en sa main, et establi à le garder de par li le
dit Taupin, et li fist faire sairement nouvel. Et se
parti du dit chastel et s'en ala à Meaulx, là où demou-
roit lors madame la duchesse sa femme, et là où il avoit
envoié de Provins le conte de Joigny et environ
LX hommes d'armes en sa compaignie, pour ce que
l'en li avoit dit que ceuls de Paris avoient entencion
de prendre et garnir de par euls le marchié de Meaulx[1].
Et y estoit entré le dit conte deux jours devant. Dont
le maire et aucuns de la dite ville furent forment courrouciez, et en parla le dit maire moult hautement au
dit conte de Joigny, qui s'estoit mis ou dit marchié et
le tenoit. Et li dist le dit maire que, se il cuidast qu'il
vousist avoir pris le dit marchié, que il ne feust point
entré en la dite ville de Meaulx. Et quant le dit regent
fu en la dicte ville de Meaulx, le dit conte de Joigny li
dist ce que le dit maire li avoit dit. Le quel maire fu
mandé devant le dit regent et li furent recitées les

1. Quartier ou faubourg de Meaux compris dans une boucle
de la Marne, fermée au sud par un canal, *le canal Cornillon*,
qu'avait fait creuser le comte de Champagne, Thibaud V. L'île
ainsi formée était entourée de tous côtés de solides murailles,
qui en faisaient un véritable camp retranché. La forteresse du
Marché, reliée à la ville par un pont de pierre, ne pouvait être
attaquée que de ce côté-là. Meaux n'avait pas d'autres fortifi-
cations et était à la merci du premier occupant (Secousse,
Mémoires, etc., p. 244-248).

paroles que il avoit dites et les li fist l'en amender,
et fu reservée la tauxacion et l'amende.

De l'artillerie que ceuls de Paris pristrent au Louvre, et la firent porter en l'ostel de la ville.

Le merquedy, XVIIIe jour du dit mois d'avril, se
parti le dit regent de la dicte ville de Meaulx pour aler
à Compiegne à une journée qu'il avoit mise aus Ver-
mendisiens, qui y devoient estre. Et li aporta l'en nouvelles, celui jour, que ceuls de Paris avoient pris grant
quantité d'artillerie que l'en avoit pris au Lo[u]vre
et chargiée, pour mener en certains lieux où le dit
regent avoit ordené que elle fust menée[1]; et l'avoient
ceulz de Paris faite porter[2] en la maison de la ville, en
Greve[3]. Et si envoierent les dessus diz de Paris au dit
regent unes bien merveilleuses lettres closes[4]. Et un
pou avant avoient mis genz de par euls ou dit chastel
du Louvre. Et en ce temps et par avant, de puis que

1. Notamment à Meaux et à Montereau, qui commandaient
la Seine, la Marne et l'Yonne, par où se faisait l'approvision-
nement de Paris.

2. P. Paris : « Mener. »

3. La décharge donnée par Étienne Marcel à Jean de Lyon,
sergent d'armes du Roi et « maistre de son artillerie », est un
document fort curieux, bien qu'il ne faille pas y voir, comme
Perrens (*Étienne Marcel*, p. 209-210), des « lettres patentes » où
le prévôt aurait résumé brièvement toute l'affaire. Cette pièce
donne le détail de l'artillerie saisie et indique les motifs pour
lesquels Marcel a pris cette grave détermination. Voy. *Hist. de
Charles V*, t. I, p. 385, n. 2.

4. Ce sont les lettres du 18 avril 1358 publiées par Kervyn
de Lettenhove dans les *Bulletins de l'Académie royale des
sciences, des lettres et des beaux-arts de Belgique*, 3e partie,
1853, p. 93-95.

le dit regent s'en estoit parti, repairoient pou ou nuls
gentils hommes en la dite ville de Paris, dont ceuls de
la dicte ville estoient moult dolans. Et tenoient pluseurs que les gentils hommes leur vouloient mal. Et
fu une grant division ou royaume, car pluseurs villes,
et la plus grant partie, se tenoient devers le regent,
leur droit seigneur, et autres se tenoient devers Paris.

*Du descort de ceuls d'Amiens les uns contre les autres, et
comment les ennemis qui tenoient Esparnon pillierent
Chastiau-Landon.*

Le jeudy ensuyvant, xixe jour du dit mois d'avril,
le dit regent fu à Compiegne et y demoura une piece.
Et là li furent aportées nouvelles que en la ville
d'Amiens avoit grant descort entre ceuls de la dite
ville. Si se esmut à y aler et ala jusques à Corbie, et là
oy nouvelles pour les quelles il n'ala point oultre[1].
Et celui jour furent les ennemis, qui demouroient
à Esparnon, à Chastiau-Landon[2], et l'endemain à
Chesoy[3]. Et y pillierent et pristrent prisonniers tant
que l'en disoit que ilz y avoient bien gaaignié cinquante
mil moutons d'or et plus. Et s'en retournerent sanz
aucun empeschement à Esparnon, à toute leur pille et
leurs prisons.

1. Les Amiénois ne consentaient à le laisser entrer dans leur
ville que si ceux qui devaient l'accompagner y venaient sans
armes. Voy. les lettres d'abolition pour la ville d'Amiens, septembre 1358 (Arch. nat., JJ 86, fol. 78 v°-79, n° 239; Secousse,
Recueil, p. 97-98).

2. Château-Landon, Seine-et-Marne, arr. de Fontainebleau,
ch.-l. de cant.

3. Chéroy, Yonne, arr. de Sens, ch.-l. de cant.

Incidence. Le lundy, jour de Saint-George, XXIIIe jour du dit mois d'avril, fist le roy d'Angleterre une moult solempnel feste à Windesores, là où le roy de France estoit en prison; et y alerent pluseurs grans seigneurs d'Alemaigne, de Henault et de Breban [1].

De l'ordenance qui fu faite en Champaigne sus le fait des aides pour la guerre.

Le dymenche, XXIXe jour du dit mois d'avril, furent les Champenois assemblez à Vertuz. Mais le dit regent n'y fu pas, car il estoit encore au voiage que il avoit fait vers Amiens. Et pour ce y envoia monseigneur Symon de Roucy, conte de Brene, le quel fist auteles requestes aus diz Champenois, par le dit regent, comme le dit regent leur avoit faites à Provins. Si furent ensemble par deux jours et furent d'acort que ilz feroient, es bonnes villes, de LXX feus, un homme d'armes; ou plat pays, personnes franches, de cent feus un homme d'armes; et de personnes serves, de mortes mains et de fors mariages, de CC feus, un homme d'armes; les gens d'eglise, un disieme; les nobles, de cent livres de rente, cent soulz; et oultre, se aucuns bourgois tenoient aucun fief, ilz en paieroient comme les nobles, avecques ce que ilz paieroient des feus. Et toute ceste ayde ilz leveroient par leurs mains et despendroient par leurs mains en gens d'armes, fors

1. La fête fut d'une solennité exceptionnelle. Trois rois et trois reines y assistèrent : Édouard III, Jean II et David Bruce, prisonnier comme Jean le Bon; Isabelle, veuve d'Édouard II, la reine d'Angleterre et la reine d'Écosse, sœur d'Édouard III.

que le xe[1] que le dit regent auroit pour sa despense. Et envoierent au dit regent ceste ordenance.

Item, le mardy, premier jour de may ensuyvant, devoient toutes les bonnes villes rassembler à Paris, par l'ordenance que ilz avoient faite à la derrainè assemblée qui y avoit esté ; mais le dit regent manda que la dicte assemblée se feist à Compiegne le vendredy ensuyvant, quart jour du dit mois de may, et ainsi se fist. Dont ceulz de Paris furent forment courrouciez[2], mais la plus grant partie de toutes les autres villes en avoient grant joie. Et en la dicte ville de Compiegne fu acordé par tous, tant de genz d'eglise comme de nobles et des bonnes villes, un subside pareil à celui qui avoit esté acordé à Vertus par les Champenois[3].

Comment monseigneur le regent et le roy de Navarre parlementerent ensemble, le roy de Navarre pour ceuls de Paris, et comment le dit roy vint à Paris ; et li firent ceuls de la dicte ville grant honeur[4] et en eussent volentiers fait leur capitaine et leur gouverneur.

Le merquedy, secont jour du dit mois de may, le roy de Navarre, qui estoit logiez à Mello[5], et le dit regent duc de Normandie, qui estoit logiez à Clermont

---

1. P. Paris : « Se n'estoit le disiesme. »

2. P. Paris : « Moult courrouciez. »

3. Ce qui est dit ici des États de Compiègne est un peu bref. On pourra se reporter à l'ordonnance du 14 mai 1358 (*Ordonnances des rois de France*, t. III, p. 221) et à l'*Hist. des États-Généraux* de M. G. Picot, t. I, p. 77-78.

4. P. Paris : « Grant joie et grant honneur. »

5. Mello, Oise, arr. de Senlis, cant. de Creil.

en Biauvoisin, furent en my marchié des dites villes pour parlementer[1]; et avoient chascun grant foison de gens d'armes. Et là parla le dit roy au dit regent pour ceuls de Paris, afin que ycelui regent vousist acorder à euls. Et le dit regent li dist que il amoit la ville de Paris, et que il savoit bien que en ycelle avoit de bonnes gens, mais aucuns qui y estoient li avoient fait pluseurs grans vilenies et desplaisirs, comme de tuer ses gens en sa presence, de prendre son chastel du Louvre et s'artillerie, et pluseurs autres despiz li avoient faiz. Si n'avoit pas entencion de entrer à Paris jusques à ce que ces choses li fussent adreciées. Et requist au dit roy que il feust avecques lui et li aidast à les adrecier.

Et l'endemain, jour de jeudy, rassemblerent au dit lieu et parlerent ensemble comme le jour precedant. Et après se parti le dit roy et s'en ala à Paris, où il entra le vendredy ensuyvant, quart jour du dit mois de may, à moult grant compaignie, tant de ses gens comme de ceuls de Paris qui estoient alez encontre li. En la quelle ville il fu moult honorez et seigneuriz par l'espace de x ou xii jours que il y demoura; et volentiers en eussent fait aucuns de ceulz de Paris leur capitain ou seigneur, comme faulx et mauvais qu'ilz estoient.

Item, en celui temps, l'evesque de Laon, qui estoit

1. P. Paris ajoute, d'après des manuscrits autres que le manuscrit français 2813, une indication topographique intéressante : « En my marchié des dites villes, *au lieu que l'en dit Domage-Lieu*, pour parlementer, etc. » Sur la carte de l'État-major est porté un bois de *Damas-Lieu*, qui est peut-être le lieu dit où les deux beaux-frères se rencontrèrent.

alez à l'assemblée de Compiegne[1], fu en peril d'estre vilenez[2] par pluseurs nobles hommes qui là estoient avecques le dit regent. Et convint que il s'en partist celeement; et ala à Saint-Denys en France. Et manda à Paris que l'en l'alast querir. Si envoierent ceuls de Paris et aussi le roy de Navarre, qui là estoit, grant foison de gens d'armes querir le dit evesque à Saint-Denys; et vindrent en sa compaignie jusques à Paris. Si fu dit au dit regent de pluseurs nobles et autres que le dit evesque estoit faulx et mauvais; et verité estoit, car par li estoient avenuz tous les mauls ou royaume de France. Et li requistrent que il ne fust plus à son conseil.

Incidence. Item, en celui temps, monseigneur Jehan de Meudon, chastellain d'Evreux pour le roy de France, bouta le feu en la ville d'Evreux et fu toute arse, dont le roy de Navarre fu forment courrouciez.

Item, le dymenche, XIIIe jour du dit mois de may, partirent les ennemis qui estoient à Esparnon du dit lieu, et chevauchierent derechief en Gastinois. Et ardirent toute la ville de Nemoux[3] et moult domagierent pluseurs autres villes du pays, comme Grès[4] et autres villes, dont moult de gens estoient merveilliez, car ce pays estoit en douaire à la royne Blanche, suer du dit roy de Navarre. Et monseigneur James Pipe[5],

1. P. Paris : « Qui estoit en l'assemblée à Compiegne. »
2. P. Paris : « D'estre tué. »
3. Nemours, Seine-et-Marne, arr. de Fontainebleau, ch.-l. de cant.
4. Grès, Seine-et-Marne, arr. de Fontainebleau, cant. de Nemours.
5. James Pipe, ou mieux James de Pipe, de Pype (*Jacobus de Pipe*). Aventurier anglais qui joua un grand rôle à cette époque,

capitain du dit lieu d'Esparnon, se appelloit lieu tenant du roy de Navarre en ses saufz conduis et en ses autres fais, et si estoit souvent avecques le dit roy, si comme l'en disoit. Et s'en retournerent les diz ennemis III ou IIII jours après, sanz ce que aucun leur feist empeschement.

Des lettres qui furent apportées d'Angleterre à Paris.

Le mardy, xve jour du dit mois de may, furent portées à Paris pluseurs lettres closes envoiées d'Angleterre, de pluseurs grans seigneurs de France et d'autres, par les quelles l'en escrivoit que la paix avoit esté parfaicte entre les roys de France et d'Angleterre, le VIIIe jour du dit mois, et que les diz roys avoient mengié ensemble et s'estoient entrebaisiez[1]. La quelle

mais qui semble avoir été d'extraction modeste et dont les origines ne sont pas connues. C'est lui probablement qui reçut à Calais, le 4 août 1347, des lettres de rémission à cause de ses bons services de guerre sur le continent (*Calendar of patent rolls*, Edward III, vol. VII, p. 551). Le 1er mai 1358, le roi d'Angleterre lui adresse des lettres de protection pour l'abbé et le couvent de Saint-Évroult, et la suscription seule trahit une entente, au moins tacite, entre Édouard III et le capitaine d'Épernon (Rymer, t. III, I, p. 391).

1. Lettre de Jean II aux bourgeois et habitants de Nîmes, sans date, mais reçue et enregistrée le 9 juillet (Arch. commun. de Nîmes, LL 1, fol. 219 v°-220, copie contemporaine; Ménard, *Hist. de Nîmes*, t. II, p. 204, col. 2) : « … Et après la feste (de saint Georges), vint à nous le roy d'Angleterre à Windorse (Windsor), le mardi VIIIe jour de may, et tant parlames et tractamez emssemblez que, le merci nostre Seigneur, nous fumez à bonne pais et accord, à l'oneur de Dieu et de sancte Eglise et au proffit de noz royaumes et de toute christianeté; et, en signe de paiz, nous entrebeasmez (entrebaisâmes) plu-

chose pluseurs ne creoient point, les uns pour ce que
ilz ne le voussissent pas, les autres pour ce que par
pluseurs foiz avoit ainsi esté mandé et tousjours les
Anglois y avoient mis empeschement, et les autres qui
en estoient forment joieux le creoient.

Du commencement et premiere assemblée de la mauvaise Jaquerie de Biauvoisin[1].

Le lundy, XXVIII[e] jour du dit mois de may[2], se
esmurent pluseurs menues gens de Biauvoisin, des
villes de Saint-Leu de Serans[3], de Noi[n]tel[4], de Cra-
moisi[5] et d'environ, et se assemblerent par mouvement mauvais. Et coururent sur pluseurs gentilz
hommes, qui estoient en la dicte ville de Saint-Leu, et
en tuerent IX : quatre chevaliers et cinq escuiers[6]. Et

seurs foiz et nous entredonamez noz enneaux que nous avions
en nouz (nos) doiz, et soupamez emssamblez moult amicable-
ment, et sommes eslargiz et venuz à Londres... »

1. Manuscrit, fol. 414, miniature. Scène de la Jacquerie. Des
hommes armés emmènent des gentilshommes, des femmes et
des enfants, tous les mains liées.

2. C'est la vraie date initiale de la Jacquerie. Elle a été défi-
nitivement fixée par Jules Flammermont (la Jacquerie en Beauvaisis, Rev. hist., janv.-févr. 1879, p. 140, n. 3) contre S. Luce,
qui faisait commencer le soulèvement des Jacques le 21 mai
(Hist. de la Jacquerie, 2e éd., p. 53 et n. 2).

3. Saint-Leu-d'Essérent, Oise, arr. de Senlis, cant. de Creil.

4. Nointel, Oise, arr. de Clermont, cant. de Liancourt.

5. Cramoisy, Oise, arr. de Senlis, cant. de Creil.

6. On connaît le nom de l'une des victimes : « Messire Raoul
de Clermont et de Nesle. » Son frère, Jean de Clermont et de
Nesle, dit Maugoubert, était aussi à l'affaire de Saint-Leu-
d'Essérent, mais il n'y fut pas tué. Raoul et Jean étaient fils de
Raoul de Clermont et de Nesle, neveux de Jean de Clermont,

ce fait, meuz de mauvais esperit, alerent par le pays
de Biauvoisins, et chascun jour croissoient en nombre,
et tuoient tous gentilz hommes et gentils femmes que
ilz trouvoient, et pluseurs enfans tuoient il. Et aba-
toient ou ardoient toutes maisons de gentilz hommes
que ilz trouvoient, feussent forteresses ou autres maisons. Et firent un capitain que l'en appelloit Guillaume
Cale[1]. Et alerent à Compiegne, mais ceuls de la ville
ne les y laissierent entrer. Et depuis alerent à Senliz,
et firent tant que ceuls de la dicte ville alerent en leur
compaignie. Et abatirent toutes les forteresses du pays,
Armenonville[2], Tiers[3] et une partie du chastel de
Biaumont-sur-Oyse[4]. Et s'en fouy la duchesse d'Orliens, qui estoit dedenz, et s'en ala à Paris[5].

*De la mort du maistre du pont de Paris et du maistre
charpentier du Roy, par les gouverneurs de Paris.*

Le mardy, XXIXe jour du dit mois, le prevost des
marcheans et les autres gouverneurs de Paris firent
couper les testes, et après escarteler les corps en Greve
à Paris, au maistre du pont de Paris, appellé Jehan

seigneur de Chantilly, l'ancien maréchal de France (Arch. nat.,
JJ 92, fol. 69, n° 237, juin 1363 ; S. Luce, *la Jacquerie*, p. 69
et 189, v° COURTEMANCHE).

1. Karles, Carles (par adoucissement Calles, Cale ou Cales)
sont des formes picardes du nom *Charles*.

2. Ermenonville, Oise, arr. de Senlis, cant. de Nanteuil-le-
Haudouin.

3. Thiers, Oise, arr. et cant. de Senlis.

4. Beaumont-sur-Oise, Seine-et-Oise, arr. de Pontoise, cant.
de l'Isle-Adam.

5. Blanche de France, fille posthume de Charles IV le Bel et
de Jeanne d'Évreux, mariée par contrat du 18 janvier 1345.

Perret[1], et au maistre charpentier du Roy, appellé
Henry Metret[2], à tort et sanz cause, pour ce, si comme
ilz disoient, que ilz devoient avoir traictié avecques
aucuns des gens du duc de Normandie, ainsné filz du
roy de France et regent le royaume, de mettre genz
d'armes dedenz la dicte ville de Paris pour le dit
regent. Et firent pendre les quartiers des diz maistres
aus entrées de la dite ville de Paris. Et je qui ceci
escris vi[3] que, quant le bourrel, appellé lors Raoulet,
voult couper la teste au premier maistre, c'est asavoir au dit Perret, il chay et fu tourmenté d'une cruele
passion, tant qu'il rendy escume par la bouche; dont
pluseurs du peuple de Paris murmuroient, disans que
ce estoit miracle, et qu'il desplaisoit à Dieu de ce que

1. « Le maître du pont » ou « du grant pont de Paris »,
appelé aussi « le maître de l'arche », était le chef du service
du pilotage de la Seine dans la traversée de Paris. Ce pilotage
était obligatoire et nécessaire, à cause de l'étroitesse de l'arche
destinée au passage des bateaux et des barrages établis aux
abords des ponts (Lecaron, *Orig. de la municipalité parisienne*,
p. 131 et suiv.).

2. Ce nom, tel qu'il est donné par les *Grandes Chroniques*,
soulève une difficulté à peu près insoluble, le maître-charpen-
tier du Roi étant appelé dans les lettres d'abolition pour la
ville de Paris (*Ordonnances des rois de France*, t. IV, p. 347),
comme dans les lettres du dauphin données à Montereau le
7 juin 1358, Thomas Foquant ou Foquaut (Fouquant ou Fouquaut). Voy., sur ce point, *Hist. de Charles V*, t. I, p. 390, n. 6.

3. Observation dont P. Paris a déjà signalé l'intérêt. Les
manuscrits, dérivés du manuscrit français 2813, abrègent ce
passage, et la phrase visée ne s'y trouve pas. Les manuscrits des
Grandes Chroniques, dérivés d'une autre source, portent : « et
virent aucuns que quant le bourrel » (ms. fr. 2614, fol. 211 v°)
ou : « et virent plusieurs que quant le bourel » (ms. fr. 2620,
fol. 430).

l'en les faisoit morir sanz cause. Et lors un advocat du Chastellet, appellé maistre Jehan Godart[1], le quel estoit aus fenestres de l'ostel de la ville, en la place de Greve, dist hautement, oyant le peuple qui là estoit : « Bonnes genz, ne vous vueilliez esmerveillier, se Raoulet est ainsi cheu de mauvaise maladie, car il en est enteché[2], et en chiet souvent. »

De la cruauté de ceuls de Biauvoisins, et comment le regent se parti de Meaulx pour aler à Sens.

En ce temps multiplierent moult ces gens de Biauvoisins et se resunirent et assemblerent pluseurs autres, en diverses flotes, en la terre de Morency[3], et abatirent et ardirent toutes les maisons et chasteaux du seigneur de Morency et des autres gentils hommes du pays. Et aussy se firent autres assemblées de telz gens en Mucien[4] et en autres lieux environ. Et en ces assemblées avoit gens de labour le plus, et si y avoit de riches hommes, bourgois et autres; et tous gentilz hommes que ilz povoient trouver ilz tuoient, et si fai-

1. Un des neuf réformateurs généraux. Mis à mort dans les premiers jours du mois d'août, après la rentrée du régent à Paris, en même temps que Pierre de Puisieux, avocat au Parlement de Paris.

2. Entaché.

3. Montmorency.

4. Le Mulcien (ancien *pagus Meldensis*), restreint dans l'usage à la partie septentrionale du diocèse de Meaux. Cf. May-en-Multien (Seine-et-Marne, arr. de Meaux, cant. de Lisy-sur-Ourcq); Rosoy-en-Multien (Oise, arr. de Senlis, cant. de Betz); Rouvres-en-Multien (Oise, arr. de Senlis, cant. de Betz); Acy-en-Multien (Oise, arr. de Senlis, cant. de Betz); etc.

soient ilz gentilz femmes et pluseurs enfans, qui par
estoit trop grant forsenerie.

Et en ce temps le dit regent, qui estoit ou marchié
de Meaulx, que il avoit fait enforcier et faisoit de jour
en jour, s'en parti et ala ou chastel de Montereil ou
fort d'Yonne; et assez tost après s'en parti et ala en
la cité de Sens, en la quelle il entra le samedy IXe jour
du mois de juing ensuyvant, à matin; en la quelle
cité il fu receuz par les gens d'icelle honorablement, si
comme ilz le devoient faire, comme leur droit seigneur
après le roy de France son pere.

Et toutesvoies, avoit lors pou de villes, citez ou
autres en la Langue d'oyl, qui ne fussent meues contre
les gentilz hommes, tant en faveur de ceulz de Paris
qui trop les haioient, comme pour le mouvement du
peuple. Et neantmoins furent il receuz en la ditte ville
de Sens à grant paix et honorablement. Et fist le dit regent en la dicte cité grant mandement de genz d'armes.

*Comment ceuls de Paris et de Cilli furent desconfis à
Meaulx, et de la mort du maire de la ville appellé
Jehan Soulaz[1].*

Celui samedy meismes, qui estoit le IX[e] jour de
juing, l'an mil CCC LVIII, pluseurs qui estoient partiz de
la ville de Paris, jusques au nombre de trois cens ou
environ, des quelx estoit capitain un appellé Pierre
Gile, espicier de Paris[2], et environ v[c] qui se estoient

---

1. Manuscrit, fol. 414 v°, miniature. Le combat du marché
de Meaux.

2. Originaire de Saint-Guilhem-du-Désert (Hérault, arr. de
Montpellier, cant. d'Aniane).

assemblez à Cilli-en-Meucien[1], des quiex estoit capitain
un appellé Jehan Vaillant, prevost des monnoies du
Roy, alerent à Meaulx. Et jasoit ce que Jehan Soulaz,
lors maire de Meaulx, et pluseurs autres de la dicte
ville eussent juré au dit regent que ilz li seroient bons
et loiaux et ne souffreroient aucune chose estre faite
contre li ne contre son honeur, neantmoins ilz firent
ouvrir les portes de la dicte cité aus diz de Paris et de
Cilly, et firent mettre par les rues les tables et les
nappes, et le pain, le vin et la viande sus[2]; et burent et
mangierent, se ilz vouldrent, et se raffreschirent. Et
après se mistrent en bataille, en alant droit vers le
marchié de la dicte ville de Meaulx, ou quel estoit la
duchesse de Normandie et sa fille[3], et la suer du dit
regent appellée madame Ysabel de France, qui puis
fu femme du filz du sire de Milan et fu contesse de
Vertus, que le roy Jehan, son pere, lui donna à son

1. Silly-le-Long, Oise, arr. de Senlis, cant. de Nanteuil-le-
Haudouin.

2. Cela s'était fait ailleurs, mais moins par sympathie pour
les Jacques que par peur. Cf. *Chronique des quatre premiers
Valois*, p. 72 : « Iceulx Jacques vindrent jusques à Gaillefon-
taines (Seine-Inférieure, arr. de Neufchâtel, cant. de Forges). La
contesse de Valloiz, qui là estoit, se doubta d'eulx et leur fit beau
semblant et leur fit donner des vivres. Car ilz avoient acoustumé par les villes [et] places où ilz passoient que les gens,
femmes ou hommes, mettoient les tables es rues, et là men-
geoient les Jacques, et puis passoient oultre, ardans les maisons aux gentilz hommes. »

3. Jeanne, née à Maubuisson vers le 26 septembre 1357.
C'est le 30 du même mois que la nouvelle de l'accouchement
de la duchesse de Normandie fut apportée au duc de Bourgogne (Ernest Petit, *Hist. des ducs de Bourgogne de la maison
capétienne*, t. IX, p. 88).

mariage[1]. Et avecques eulz estoient le conte de Foez[2], le seigneur de Hangest[3] et pluseurs autres gentilz hommes, que le dit regent y avoit laissiez pour garder la dicte duchesse sa femme, sa fille, sa suer et le dit marchié.

Si issirent du dit marchié les diz conte de Foez, seigneur de Hangest et aucuns autres, jusques au nombre de xxv hommes d'armes ou environ, et alerent contre les dessus diz Pierre Gile et sa compaignie, et se combatirent à euls. Et là fu tué un chevalier du dit marchié appellé mons. Loys de Chambly[4], d'un vireton près de l'ueil. Finablement ceuls du dit marchié orent

1. Le mariage fut célébré à Milan dans les premiers jours d'octobre 1360. D'après Matteo Villani, les Visconti auraient acheté cette alliance royale en versant le premier acompte de la rançon de Jean II (lib. IX, cap. cɪɪɪ; Muratori, t. XIV, col. 617-618), et le roi de France aurait, en quelque sorte, « vendu sa propre chair à l'encan ». Ce n'est pas ici le lieu de discuter une question que j'ai traitée ailleurs (*Hist. de Charles V*, t. II, p. 231-237). — Le comté de Vertus ne fut pas donné à Isabelle de France au moment de son mariage. Le régent, qui ouvrit les négociations en vue de cette union dès le mois de juin 1360, constitua en dot à sa sœur la seigneurie de Sommières (Gard, arr. de Nîmes, ch.-l. de cant.). C'est l'année suivante (avril 1361), à la demande des intéressés, que Jean II échangea la seigneurie de Sommières contre le comté de Vertus.

2. Gaston Phébus, comte de Foix, qui revenait d'une expédition ou croisade « en Prusse ». Il était accompagné du captal de Buch (Froissart, *Chroniques*, t. V, p. 103-104; F. Pasquier, *Gaston Phœbus en Prusse, 1357-1358*. Foix, 1893, in-8°).

3. Jean, sire de Hangest et d'Avesnecourt, fils de Rogues de Hangest, l'un des otages pour le roi Jean; mort en Angleterre au mois de septembre 1363 (Anselme, t. VI, p. 737).

4. Dit le Borgne de Chambly (*Strabo de Chambeliaco*). Cf. *Chronographia*, t. II, p. 274.

victoire. Et furent ceuls de Paris, de Cilly et pluseurs de la dicte cité de Meaulx, qui s'estoient mis avecques euls, desconfis. Et pour ce ceuls du dit marchié mistrent le feu en la dicte cité et ardirent aucunes maisons.

Et depuis furent enformez que pluseurs de la dicte cité avoient esté armez contre euls et les avoient volu trahir, et pour ce ceuls du dit marchié pillierent et ardirent partie de la dicte cité. Mais la grant eglise ne fu pas arse, ne aussy aucunes maisons des chanoines; mès toutesvoies fu tout pris; et aussi fu le chastel qui estoit au Roy ars; et dura le feu tant en la dite cité comme ou dit chastel plus de xv jours. Et pristrent ceulz du dit marchié Jehan Soulaz, lors maire de la dicte ville de Meaulx, et pluseurs autres hommes et femmes, et les tindrent prisonniers ou dit marchié. Et depuis fist l'en morir le dit maire, si comme drois estoit.

De la mort de Guillaume Cale par le roy de Navarre,
et comment le dit roy ala de Biauvoisin à Saint-Oyn,
pour parler au prevost des marchans.

En celui temps, le roy de Navarre chevaucha en Biauvoisin et mist à mort pluseurs de ceuls des communes; et par especial fist couper la teste au dit Guillaume Cale, à Clermont-en-Biauvoisins. Et pour ce que ceulz de Paris le manderent que il alast vers euls à Paris, il se traist à Saint-Oyn, en l'ostel du Roy appellé la Noble-Maison. Et là ala le prevost des marchans parlementer avecques le dit Roy. Et le jeudi, xiiie jour du dit mois de juing, ala le dit roy de Navarre à Paris. Et contre luy alerent pluseurs de la dicte ville de

Paris, pour le acompaignier jusques là où il descendy,
c'est asavoir à Saint-Germain-des-Prez.

*Du preschement que le roy de Navarre fist en l'ostel de
la ville, et comment par le enortement de ses aliez
fu fait capitain de Paris ; dont pluseurs furent courrouciez* [1].

Le venredy, xve jour du dit mois de juing, le dit
roy de Navarre ala en la maison de la ville et prescha.
Et entre autres choses dist que il amoit moult le
royaume de France et il y estoit bien tenuz, si
comme il disoit ; car il estoit des fleurs de lis de tous
costez, et eust esté sa mere roy de France se elle eust
esté homme, car elle avoit esté fille seule du roy de
France [2]. Et si li avoient les bonnes villes du royaume,
par especial la ville de Paris, fait tres grans biens et
grans honeurs [3], les quelx il taisoit ; et pour ce estoit
prest de vivre et de morir avecques euls.

Et aussi prescha Charles Toussac et dist que le
royaume estoit en petit point, et avoit esté mal gouvernez et encores estoit ; si estoit mestier que ilz feissent
un capitain, qui bien le gouverneroit [4], et li sembloit que
meilleur ne pouvoient il avoir du roy de Navarre.

Et là furent pluseurs forgiez et ordenez à ce, qui
crierent touz à une voiz : *Navarre ! Navarre !* ainsi
comme se ilz vousissent dire : Nous voulons le roy de
Navarre. Et toutesvoies, la plus grant partie de trop

---

1. Manuscrit, fol. 415, miniature. « Le preschement » du roi
de Navarre.

2. P. Paris : « Car elle avoit esté seule fille du roy de France. »

3. P. Paris : « Haus honneurs. »

4. P. Paris : « Mieux les gouverneroit. »

de tous ceuls qui là estoient se turent et furent courrouciez du dit cri; mais ilz ne l'oserent contredire.

Si fu lors esleu le dit roy en capitain de la dite ville
de Paris, et li fu dit, par le prevost des marchans,
que ceuls de Paris escriroient à toutes les bonnes villes
du royaume, afin que chascun se consentist à faire le
dit roy capitain universal par tout le royaume.

Et lors, leur fist le dit roy sairement de les garder
et gouverner bien et loyalment et de vivre et morir
avecques eulz, contre tous, sanz aucun excepter; et
leur dist : « Beaux seigneurs, ce royaume est moult
malades, et y est la maladie moult enracinée; et, pour
ce, ne puet il pas estre si tost gueriz. Si ne vous vueilliez pas mouvoir contre moy, se je n'apaise si tost les
besoingnes, car il y fault trait et labour. »

Comment le regent s'en ala de Senz à Provins, à Chas-
tiau-Tierry et à Gandelus, et du nombre des Jaques
tuez par les gentils hommes.

Celuy venredy meismes, le dit regent, qui toute
celle sepmaine avoit demouré à Sens, s'en parti et s'en
ala à Provins, et de là vers Chastiau-Tierry et vers
Gandeluz[1], où l'en disoit que il avoit grans assemblées de ces communes que l'en appeloit Jaques Bon-
homme[2]; et tousjours li venoient gentilz hommes de
touz païz. Et la royne Jehanne estoit à Paris, la quelle

---

1. Gandelu, Aisne, arr. de Château-Thierry, cant. de Neuilly-
Saint-Front.

2. « ... et plusieurs autres que l'en disoit adonc *les Jacques
Bonshommes* », lisons-nous dans des lettres du mois de janvier
1360 (Arch. nat., JJ 90, fol. 212 v°, n° 425; S. Luce, *la Jacquerie*, p. 299).

mettoit grant diligence à faire aucun traictié entre le dit regent, par devers le quel elle envoioit souvent messages, et ceuls de Paris. Et pour ce se parti la dicte royne de Paris, le samedy XXIIIe jour du dit mois de juing, pour aler vers le dit regent, qui estoit environ Meaulx, en attendant les genz d'armes qui li venoient.

Et tousjours ardoient les gentilz hommes aucunes maisons, que ilz trouvoient qui estoient aus habitans de Paris, se ilz n'estoient officiers du Roy ou du dit regent ; et prenoient et emportoient tous les biens meubles, que ilz trouvoient, qui estoient aus diz habitans ; et ne se osoit homme qui alast par pays advoer de Paris[1]. Et aussi tuoient les gentils hommes tous ceuls que ilz povoient trouver qui avoient esté de la compaignie des Jaques, c'est à dire des communes qui avoient tué les gentilz hommes, leurs femmes et leurs enfans, et abatues leurs maisons ; et tant que l'en tenoit certainement que l'en en avoit bien tué dedenz le jour de la Saint-Jehan-Baptiste XX mile et plus.

Comment les gentilz hommes de Bourgoigne laissierent le roy de Navarre.

Le venredy, XXIIe jour du dit mois de juing, le roy de Navarre parti de Paris, et avecques lui pluseurs de

---

1. Des lettres de rémission de février 1360 relatent les méfaits de deux valets de l'armée du régent, arrêtés le 27 juin 1358 par les habitants de Charenton et noyés par eux près des Carrières. Il est dit que ces valets s'étaient « acompaigniez ensemble pour pillier et bouter feux, et pour faire autres mauvaistiez, *et entre les autres faiz et mauvaistiez bouterent le feu en dix sept villes* (villages) *environ Paris* et roberent l'eglise de

la ditte ville et aucuns de ses genz[1]. Et estoient environ vi[c] glaives, et alerent à Gonnesse[2], où pluseurs autres des villes de la viconté de Paris les attendoient. Et ii jours ou iii devant pluseurs des gentils hommes, qui avoient esté avecques le dit roy de Navarre une partie de la saison et encore estoient, especialement ceuls du pays de Bourgoigne, pristrent congié du dit roy, quant ilz virent que il ot accepté la capitainerie de ceuls de Paris, en disant que ilz ne seroient point contre le dit regent, ne contre les gentils hommes; et s'en partirent et s'en alerent en leurs pays. Et le dit roy et sa compaignie alerent vers Senliz.

Comment le regent et son ost se logierent près de Paris, en tele maniere que nul n'osoit issir n'entrer en la dicte ville d'icelle part où il estoit.

Monseigneur le regent qui avoit esté vers Chasteau-Tierri, vers la Ferté-Milon[3] et ou pays environ pour despecier pluseurs assemblées des Jaques qui là estoient, après ce que les nobles qui estoient avecques le dit regent orent mis à mort pluseurs des diz Jaques et ars et gasté tout le païz entre les rivieres de Marne et de Saine, s'en retourna en alant vers Paris, et se loga à Chele-Sainte-Bautheut[4] la derreniere semaine

Chavenieres-sur-Marne, etc. » (Arch. nat., JJ 90, fol. 119, n° 436).

1. P. Paris : « Pluseurs de ses gens. »

2. Gonesse, Seine-et-Oise, arr. de Pontoise, ch.-l. de cant.

3. La Ferté-Milon, Aisne, arr. de Château-Thierry, cant. de Neuilly-Saint-Front.

4. Chelles, Seine-et-Marne, arr. de Meaux, cant. de Lagny. — Il y avait à Chelles une abbaye bénédictine de femmes dont la fondation remontait à sainte Bathilde, femme de Clovis II.

de juing, c'est asavoir le mardy XXVIe jour[1] du dit mois.

Et la royne Jehanne fu à Laigny[2], qui moult se penoit de traictier entre le dit regent et ceuls de Paris. Et lors n'y pot aucun traictié estre trouvé : car ceulz de Paris se tenoient tousjours fiers et haulz[3] contre le dit regent, leur seigneur. Et pour ce il et son ost se deslogierent de Chele et se logerent environ le bois de Vincennes, environ le pont de Charenton et environ Conflans, le venredy XXIXe jour du dit mois de juing[4]. Et tenoit l'en que en l'ost du dit regent avoit bien XXX[M] chevaux. Si fu tout le pays gasté jusques à VIII ou X liues, et communelment les villes arses.

Et le dit roy de Navarre s'en retourna et entra en la ville de Saint-Denys, le quel roy estoit aliez avecques ceuls de Paris contre le dit regent, leur droit seigneur. Et si avoit en la compaignie du dit roy grant foison ennemis du Roy et du royaume de France, Anglois et autres, que le dit roy de Navarre avoit fait venir des garnisons angloiches d'Esparnon et d'autre part. Si se tint le dit roy de Navarre en la dicte ville de Saint-Denys[5]. Et ledit regent et son ost furent logez[6] es lieux dessus diz, et estoit le corps du dit regent logé en

1. Manuscrit : « XXIIIe jour. »

2. Lagny, Seine-et-Marne, arr. de Meaux, ch.-l. de cant.

3. P. Paris : « Se tenoient fiers et hauz. »

4. Il est possible que le dauphin soit arrivé au pont de Charenton le 28 au soir (Arch. nat., JJ 90, fol. 219, n° 436; S. Luce, *Froissart*, t. V, ch. xxx, n. 3). Cependant, dans sa lettre au comte de Savoie, il dit nettement : « ... Nous venismes devant la dicte ville le jour de saint Pierre et de saint Poul derrenier passé. »

5. P. Paris : « En la ville de St D. se tint le roy de N. »

6. P. Paris : « Estoient logiés. »

l'ostel du Sejour, aus Quarrieres[1]. Et n'osoit homme issir de Paris de celle part, ne entrer aussi ; mais par pluseurs foiz en issoit en bataille, mais tousjours perdoient plus que ilz ne gaignoient et en y ot pluseurs mors.

Comment le regent et le roy de Navarre assemblerent en un paveillon qui fu tendu sur une mote, entre Saint-Anthoine et le Bois, pour acorder un traictié que la royne Jehanne avoit basti; et du sairement que le dit roy fist sus Corpus Domini *que l'evesque de Lisieux avoit celebré, en entencion que le dit regent et le dit roy le usassent pour plus fermement tenir leur sairemenz; mais le dit roy de Navarre le refusa à user le premier[2].*

Le dymanche, viiie jour de juillet ensuyvant, assemblerent les diz regent et roy de Navarre en un paveillon qui, pour ce, fu tendu près de Saint-Anthoine, en un lieu que l'en dit le Molin-à-Vent[3], pour acorder

1. Les Carrières, Seine, comm. de Charenton. — Ce « séjour », au sens originaire du mot, était tout d'abord une sorte de dépôt où les chevaux du Roi étaient nourris et gardés en attendant qu'on eût à s'en servir. Une résidence royale fut certainement annexée au « séjour » des Carrières. Je ne crois pas, malgré la supposition de l'abbé Lebeuf, qu'il y eût à Conflans, tout à côté des Carrières, un autre logis ou hôtel royal. La même demeure a pu prendre l'un et l'autre nom (il ne faut pas oublier que l'église paroissiale du futur bourg de Charenton était à Conflans). Voy. Lebeuf, *Hist. de la ville et de tout le diocèse de Paris.* Paris, Féchoz, in-8°, t. II, p. 364-365 ; *Ordonnances des rois de France,* t. VI, p. 703 et n. *c.*

2. Manuscrit, fol. 416, miniature. Entrevue du régent et du roi de Navarre. Les serments sur l'hostie consacrée.

3. Ce *moulin à vent* était situé dans l'axe de la rue Saint-

ensemble certain traictié, que la royne Jehanne avoit
pourparlé. Et estoient les batailles du dit regent toutes
ordenées as champs en IIII batailles, où l'en estimoit
bien XII^M hommes d'armes de fait et plus. Et les gens
du roy de Navarre furent en bataille sur une petite
montaigne près de Montereil[1] et de Charronne[2], et
n'estoient pas plus de VIII cenz combatans, si comme
l'en les estimoit. Et, pour ce que ilz estoient si petit
nombre, n'aprouchierent ilz point le dit paveillon, ne
les batailles du dit regent.

Si parlementerent les diz regent et ses genz et roy
de Navarre et ses gens, en la presence de la dite royne
Jehanne. Si furent à acort par la maniere qui ensuit,
c'est asavoir que le dit regent, pour toutes les choses
que le dit roy li povoit ou vouloit demander pour
quelconque cause que ce fust, li bailleroit X mile livres
de terre[3] et IIII cens mile flourins à l'escu, les quielx
flourins seroient paiez au dit roy par la maniere qui
ensuit : c'est asavoir la premiere année cent mile, et
chascun an ensuyvant L mile, jusques à fin de paie ;
et si seroient les dittes (*sic*) IIII cenz mile prises toutes
sur les aides que le peuple feroit pour cause des
guerres, sanz ce que le dit regent en feust autrement

Antoine, entre l'abbaye de femmes du même nom et le bois de
Vincennes. C'est tout auprès que furent brûlés cinquante-
quatre Templiers, le 12 mai 1310 (*Grandes Chroniques*, t. V,
p. 187).

1. Montreuil-sous-Bois, près de Vincennes.

2. Charonne. Commune comprise depuis 1860 dans l'agglomération parisienne.

3. C'est-à-dire dix mille livres de rente en terre (voy. ci-dessus, p. 159). P. Paris dit à tort, dans une note : « Dix mille
livres de terre. C'est-à-dire qu'on lui assignerait la propriété
de terres évaluées à dix mille livres. »

tenuz ne obligiez. Et par ce le dit roy de Navarre devoit estre avecques le dit regent contre touz, excepté le roy de France; et, afin que les diz regent et roy tenissent sanz enfraindre toutes les choses dessus dites, l'evesque de Lysieux, qui present estoit[1], chanta une messe ou dit paveillon, environ heure de nonne[2], et consacra deux personnes[3], en esperance que de l'une feust fait II parties et usées par les diz regent et roy. Et quant la messe fu dicte, les diz regent et roy jurerent, sur le corps Dieu sacré, que le dit evesque tenoit entre ses mains, que ilz tendroient et accompli-roient sanz enfraindre tout ce que chascun avoit pro-mis, presenz à ce dus, contes et barons, tant comme il en povoit, ou dit paveillon. Et après le dit evesque brisa l'oiste, et en voult faire user à chascun des diz regent et roy; mais le dit roy dist que il n'estoit pas jeun[4]; et pour ce le dit regent n'en prist point aussi, jasoit ce que il se feust ordené pour le recevoir. Si usa tout le dit evesque. Et par le dit roy devoit

1. Guillaume Guitard, mort en 1358, ou son successeur Jean de Dormans.

2. Probablement vers une heure de l'après-midi. « Environ none » désigne une heure plus tardive que midi, quoique, dans l'usage du xive siècle, *midi* et *none* aient fini par devenir synonymes (G. Bilfinger, *Die Mittelalterlichen Horen*, p. 33 et suiv.).

3. Deux grandes hosties.

4. Lettre au comte de Savoie : « Et fu la dicte paiz jurée à tenir par nous et le dit roy sur le corps Nostre Seigneur Jhesu Crist, que avoit consacré, en la presence de nous deux ..., et le devions recevoir comme bon amy et vray crestien, nous et le dit roy, et nous estions confessez et feusmes tout prest de le recevoir, quant estoit de nostre personne; *mais le dit roy s'estoit disnez à Saint-Denis, avant qu'il venist aus traictiez...* » *S'estoit disnez :* il avait rompu le jeûne, *dé-jeuné.*

aler à Paris pour les faire mettre en l'obeissance du
dit regent. Et ainsi se departirent, et s'en ala le dit
regent aus Quarrieres, et le dit roy à Saint-Denys.

*Comment, après les dessusdiz sairemens, les gens du
roy de Navarre coururent sus aus genz du regent.*

Le mardy ensuyvant, x^e jour du dit mois de juillet, le
roy de Navarre ala à Paris ; et cuidoit le dit regent que
le dit roy deust ce jour aler devers li, pour li porter
la responce de ceuls de Paris ; mais il n'y ala point,
ainçois demoura tout ce jour. Et le lendemain xı^e jour
du dit mois, il mist en la dicte ville de Paris les Anglois
que il avoit avecques luy. Et disoit l'en, en l'ost du dit
regent, que ceuls de Paris avoient dit au dit roy que
il avoit fait sa paix sanz euls et que il ne leur en cha-
loit, car ilz se passeroient bien sanz li[1]. Et pour ce fist
nouvelles aliances avecques eulz, si comme l'en disoit ;
et bien y apparut de fait, car il ne retourna point par
devers le dit regent, mais, li estant dedenz la dicte
ville de Paris, pluseurs en issirent armez, par especial
de ceuls que il y avoit menez[2].

Et assaillirent le dit merquedi, xı^e jour du dit mois,
aucuns de l'ost du dit regent, qui se deslogoient de la
Granche-aus-Merciers[3] pour eulz approchier du dit

---

1. P. Paris : « Ilz se passeroient bien de li. »

2. La *Chronique des quatre premiers Valois* (p. 80-81) donne
les noms de quelques-uns des capitaines anglais introduits
dans Paris par Charles le Mauvais : James de Pipe, Jean
Jouel, etc.

3. On ignore l'origine du nom porté par ce domaine qui, dès
le commencement du xıv^e siècle, appartenait à Mile X de
Noyers, maréchal, puis porte-oriflamme de France. En 1385,

regent. Et pour ce cria l'en en l'ost à l'arme, et s'arma l'ost, et courut l'en jusques à la bastide des fossez, et là ot une grant escarmuche, et y demoura l'en jusques près de la nuit; et y perdirent ceuls de Paris plus que les autres.

Comment le roy de Navarre mist sus au regent qu'il avoit enfraint le traictié, et du pont de bateaux qui fu fait sur Saine.

Le jeudy, XIIe jour du dit mois, le roy de Navarre s'en retourna à Saint-Denys et laissa les Anglois à Paris. Et le dit regent envoia par devers le dit roy pour savoir quelle volenté il avoit, et le fist requerir que il venist avecques li, car il li avoit promis que il li aideroit contre touz. Le quel roy respondi que le dit regent et ses gens avoient enfraint le traictié et les convenances que ilz avoient, car ilz avoient assailly ceulz de Paris le jour precedent, si comme disoit le dit roy, tant comme il traictoit avecques euls, jà soit ce, en verité, que ceuls de Paris eussent commencié l'escarmuche. Mais le dit roy disoit ces choses pour ce

il passa aux mains du chancelier Pierre de Giac, mais il y avait longtemps déjà que les descendants du maréchal de Noyers, fort obérés, avaient été obligés de s'en dessaisir. Le duc de Berry acheta la Grange-aux-Merciers au plus tard en 1397 (Ernest Petit, *Itinéraire de Philippe le Hardi et de Jean Sans-Peur, ducs de Bourgogne. Documents inédits*. Paris, 1888, in-4°, p. 279, n. 1). Dans les derniers siècles, cette terre était un fief dépendant de la seigneurie de Bercy; on l'appelait le *Petit-Bercy*, par opposition à la seigneurie principale (A. de Boislisle, *Topographie historique de la seigneurie de Bercy*. Paris, 1889; extrait du t. VIII des *Mém. de la Soc. de l'hist. de Paris et de l'Ile-de-France*, p. 29 et n. 1).

que il ne povoit avoir fait à Paris ce que il avoit promis ou traictié du dit regent et de luy; car il avoit
promis atant faire que ceuls de Paris paieroient vi cenz
mile escuz de Phelippe pour le premier paiement de
la raençon du Roy[1], mais que le dit regent leur
remeist toute painne criminele. Et ceuls de Paris respondirent au dit roy de Navarre, quant il en parla,
que ilz n'en paieroient jà denier. Et pour ce mettoit
sus le dit roy au dit regent que il avoit enfraint le traictié, jà soit ce que tous ceuls qui là estoient sceussent
bien le contraire[2]. Si cuida l'en bien que tous traictiez fussent rouz[3], dont moult de gens avoient grant joie.

Et mist l'en grant painne à achever un pont, que l'en
avoit encommancié sur bateaux pour passer la riviere
de Saine, le quel fu achevé le dit jeudy. Et tantost,
pluseurs de l'ost passerent le dit pont et ardirent
Vitery[4] et pluseurs autres villes, oultre la dicte riviere,
et y pilla l'en tout ce que l'en y trouva.

Et la dicte royne Jehanne aloit souvent par devers
les uns et par devers les autres pour renouer le dit
traictié. Toutesvoies parloient pluseurs moult villainement contre le dit roy de Navarre, qui si solempnelment avoit juré et ne tenoit chose que il eust promis[5].

---

1. Le paiement d'un acompte de 600,000 écus d'or sur la
rançon du roi Jean, paiement effectué avant le 1er novembre
1358, était l'une des conditions du traité récemment intervenu
entre Édouard III et son prisonnier. Cette clause était connue
en France. Cf. *Ordonnances des rois de France*, t. IV, p. 187
et suiv., 191 et suiv.; *Hist. de Charles V*, t. II, p. 60 et suiv.

2. P. Paris : « Savoient bien, etc. »

3. P. Paris : « Fussent rompuz. »

4. Vitry, Seine, arr. de Sceaux, cant. de Villejuif.

5. En regard de ces mots, on lit en marge : *Nota*.

*Comment monseigneur le duc de Normandie, ainsné filz
du roy de France, lors regent le royaume, rebouterent, li et ses gens, ceuls de Paris de dessus le pont
qu'il avoit fait faire sur Saine ; et de pluseurs escarmuches faites environ Saint-Anthoine de ceulz de
Paris contre les genz du dit regent ; et du traictié qui
fu fait pour faire la paix entre le regent et ceulz de
Paris*[1].

Le samedy ensuyvant, quatorsieme jour de juillet,
environ heure de disner[2], le dit regent estant en sa
chambre, en son Conseil, pluseurs de sa dicte ville de
Paris, dont la plus grant partie estoient d'Anglois qui
estoient issuz par devers Saint-Marcel, chevaucherent
jusques devant le dit pont, que le dit regent avoit fait
faire, le quel pont estoit sur la riviere de Saine, devant
l'ostel des Quarrieres, où estoit logiez le dit regent[3].
Et tantost que ilz furent devant le dit pont, ilz descendirent à pié, et en entra aucuns dedenz la dite
riviere pour aler sur le dit pont où il n'avoit point de
garde. Mais l'en ne povoit monter sur, se l'en n'entroit
en l'eaue jusques au nombril, pour ce que il avoit
faute au bout du pont par devers Vitery[4] ; et y met-

1. Manuscrit, fol. 417, miniature. Le combat du pont des
Carrières.

2. Vers dix heures du matin.

3. Voy. p. 190, n. 1.

4. Cf. ci-après, p. 198 : « la partie devers Vitery. » Ce pont,
jeté sur la Seine en face des Carrières, ne pouvait aboutir à
Vitry, situé beaucoup plus en amont, mais plutôt à Ivry. On
doit supposer, ou que Vitry a été mis par erreur, dans les
Grandes Chroniques, pour Ivry, ou bien que, à cette époque,

toient les genz du dit regent une bachiere[1], toutesfoiz
que ilz vouloient passer; et, quant ilz en avoient fait, la
dicte bachiere estoit ostée du bout du dit pont, et estoit
mise contre le dit pont au dessus, ainsi comme ou
milieu. Et lors estoit en celui estat, et pour ce convint
que les diz de Paris entrassent en l'eaue pour monter
sur le dit pont. Si cria l'en à l'arme moult forment, et
fu l'ost moult estormie, car les autres estoient venuz
à couvert et soudainement. Si alerent pluseurs, les
uns armez, les autres desarmez, pour deffendre le dit
pont. Et jà avoit pluseurs des dessus diz de Paris oultre
la moitié du dit pont. Et là se combatirent les gens du
dit regent et rebouterent leurs ennemis qui estoient
sur le dit pont, et y ala le dit regent en sa personne.
Si y furent pluseurs[2] des gens du dit regent navrez de
trait. Et si y fu pris son mareschal, que l'en appelloit
monseigneur Rigaut de Fontaines[3]. Et aussi y ot il des
autres navrez et pris. Toutesvoies, furent ilz reculez
et mis tous hors dessur le dit pont par les genz du dit
regent et s'en retournerent vers Paris. Et pour ce que
l'en crioit à l'arme vers Paris, ou costé vers Saint-
Anthoine, et disoit l'en que ceuls de Paris estoient
issuz de celle part, les genz d'armes se trairent vers
là, et furent les batailles rengiés sur les champs. Et y
ot des escarmuches toute jour jusques à la nuit, et y

les territoires des deux paroisses n'étaient pas délimités comme
ils l'ont été par la suite.

1. Une bachière, c'est-à-dire un bachot ou bateau plat.

2. P. Paris : « Et y furent pluseurs, etc. »

3. Il fut pris par un Anglais de la garnison de Saint-Cloud
(Arch. nat., JJ 86, fol. 134 v°-135, n° 389; S. Luce, *Froissart*,
t. V, p. xxxii, n. 2).

perdirent ceuls de Paris plus que ilz ne gaaignerent.
Toutesvoies, touz ceuls qui issirent de Paris, tant d'une
part de Paris comme d'autre, estoient le plus Anglois.
Et durant ces choses, la royne Jehanne ala devers le
dit regent pour renouer le dit traictié, et quant elle
s'en parti pour aler à Saint Denys, encores estoient les
batailles sur les champs. Si traicterent toute cele semaine jusques au jeudy ensuiant, xixe jour du dit
mois de juillet. Et celui jour, la dicte royne Jehanne,
le roy de Navarre, l'arcevesque de Lyon[1], qui là avoit
esté envoié de par le Pape, l'evesque de Paris[2], le
prieur de Saint-Martin-des-Champs[3], Jehan Belot,
eschevin de Paris[4], Colin le Flament, et autres de
Paris, alerent environ tierce au bout du dit pont, que
le dit regent avoit fait faire de la partie devers Vitery,
et avoient des genz d'armes et des archiers avecques
euls. Et le dit regent y ala à petite compaignie, tous
desarmez, et parlementerent ensemble en l'un des

1. Raymond Saquet, qui mourut peu de temps après.
2. Jean de Meulan.
3. Jean du Pin.
4. D'après Sauval, Jean Belot était déjà en fonction le
15 octobre 1356, avec Charles Toussac, Pierre Bourdon et
Philippe Giffart (*Hist. et antiquités de la ville de Paris*, t. I,
p. 38-39). Après la mort d'Étienne Marcel et la soumission de
Paris, il fut l'un des cinq auditeurs commis par Gentien Tristan, prévôt des marchands, et les échevins de la ville de Paris,
pour recevoir et apurer les comptes de tous ceux qui avaient
eu, les années précédentes, le maniement des deniers communs
de la ville de Paris (1er décembre 1358). Cette désignation fut
faite en suite d'un mandement du régent du 16 novembre de
la même année, et sur les indications des bourgeois notables,
des maîtres des métiers en particulier (Félibien, *Hist. de Paris*,
t. I, p. cxvi-cxvii).

bateaux du dit pont; et finablement furent à acort, par
tele maniere que ceuls de Paris prieroient le dit regent
que il leur vousist remettre son mautalent, et pardonner tout ce que ilz avoient fait, et ilz se mettroient
en sa mercy, par tele condicion que il en ordeneroit,
par le conseil de la royne Jehanne, du roy de Navarre,
du duc d'Orliens et du conte d'Estampes, concorda-
blement et non autrement. Et avecques ce demourroient en leur vertu tous accors, toutes convenances
et toutes aliances, que ceuls de Paris avoient avecques
le dit roy de Navarre, avecques bonnes villes et
avecques touz autres. Et le dit regent devoit faire
ouvrir tous passaiges de rivieres et autres, afin que
toutes denrées et marchandises peussent estre portées et menées à Paris. Et pour parfaire les choses
contenues ou dit traictié, fu journée prise au mardy
ensuyvant, pour estre à Laigny-sur-Marne[1]; et là
devoient estre le dit regent et son Conseil d'une part,
et ceulz qui seroient ordenez pour Paris d'autre part,
et les diz royne, roy, duc d'Orliens et conte d'Estampes, par le conseil des quiex le dit regent en
devoit ordener. Et, ce fait, fu publié en l'ost que il
avoit bonne paix entre le dit regent et ceulz de
Paris. Et pour ce se deslogierent les gens du dit
regent et s'en partirent pluseurs celui jour[2].

1. Lagny-sur-Marne, Seine-et-Marne, arr. de Meaux, ch.-l.
de cant.

2. La dislocation de l'armée eut lieu du 19 au 20 juillet. Le
dauphin lui-même confirme cette date dans sa lettre au comte
de Savoie : « ... et y fusmes (à Paris) à siege environ xxii jours
(29 juin-20 juillet) ». Et, ailleurs, il marque que la plus grande
partie de son armée fut licenciée après cette prétendue paix :
« ... et combien que nous ne fussions pas assez fors pour com-

Et le landemain, jour de venredy, xxe jour du dit mois, pluseurs alerent vers Paris, qui y vouldrent entrer pour les besoignes que ilz y avoient à faire, les quelx l'en n'y voust laissier entrer. Mais leur demandoit l'en à cui ilz estoient; et, quant ilz respondoient que ilz estoient au duc, ceuls de Paris leur disoient : « Alez à vostre duc. » Et y entra Mathe Guette, lors tresorier de France[1], qui fu en grant peril d'estre tuez; et finablement en fu mis hors, après ce que il ot esté menez en la maison de la ville et à Saint-Eloy[2], devant le prevost des marchanz et les gouverneurs.

Et avecques ce, depuis que le dit accort fu fait par la maniere que dessus est dit, les dessus diz de Paris, en hayne du dit regent, pristrent et saisirent pluseurs maisons et biens meubles de pluseurs officiers du dit regent, qui avoient esté avecques li ou dit ost.

Et le dit regent s'en ala le dit venredy au Vau-la-Contesse[3], et la plus grant partie de son ost se departi.

batre aus dis roy et Anglois, quant nous entrasmes en nostre dicte ville, pour ce que en bonne foy nous en avions envoyé, *après la paiz faicte, comme dit est, la plus grant partie de noz genz...* »

1. Mathé Guette, Mathieu Gayte (Guete, Guette), issu d'une famille de marchands auvergnats, anoblie en 1319, avait été, sous Philippe VI, trésorier royal de Carcassonne (Marcellin Boudet, *les États d'Issoire en 1356*. Extrait des *Annales du Midi*, t. XII, Toulouse, 1900, p. 15. — Bibl. nat., Clairambault, t. CLXXII, n° 25, 23 septembre 1342; — P. O., 398, d. 8796, Bojan, n° 2, 30 janvier 1343). Son père, Giraut ou Géraud Gayte, avait été déjà trésorier de France sous Louis X et Philippe V.

2. L'église de Saint-Éloy, dans la Cité.

3. Appelé Vaux-la-Reine depuis le règne de Charles V, peut-être en souvenir de Jeanne d'Évreux, qui avait, non loin de là,

*Comment ceuls de Paris s'esmurent contre les Anglois,
que le roy de Navarre avoit fait venir en la dicte ville,
et en tuerent partie et les autres emprisonnerent au
Louvre, et de la mort de ceulz de Paris vers Saint-
Cloust.*

Le samedy ensuyvant, veille de la Magdalene[1], fu
la journée ensuyvant, qui avoit esté mise à Laigny,
remuée et mise à Corbueil[2]. Et celui samedy, après
disner, s'esmut un grant descort à Paris entre ceulz de
la ville et pluseurs Anglois, que ilz avoient fait aler[3]
en la dicte ville contre le dit regent leur seigneur,
pour ce que l'en disoit que aucuns autres Anglois, qui
estoient à Saint-Denys et à Saint-Cloust, pilloient le
pays. Si se esmut le commun de la dicte ville de Paris,
et courut sur les diz Anglois qui estoient en ycelle
ville, et en tuerent XXXIIII ou environ[4] et en pristrent
XLVII des plus notables[5] en l'ostel de Neelle, ou quel ilz
avoient disné aveques le dit roy de Navarre, et plus de
IIII^c autres en divers hostelz par la dicte ville, que ilz
mistrent en prison au Louvre. De la quelle chose le dit
roy de Navarre fut moult courroucié, si comme l'en
disoit, et aussi furent le dit prevost des marchans et

une résidence à Brie-Comte-Robert. C'est aujourd'hui un
simple moulin de Combs-la-Ville (Seine-et-Marne, arr. de
Melun, cant. de Brie-Comte-Robert).
1. Le 21 juillet.
2. P. Paris : « Remise à Corbeil. »
3. P. Paris : « Fait venir. »
4. P. Paris : « Vingt-quatre ou environ. »
5. Ce chiffre précis de quarante-sept est aussi dans la lettre
au comte de Savoie.

autres gouverneurs de la dicte ville de Paris. Et pour
ce, le landemain, jour de dymenche et de la Magdalene,
XXIIe jour du mois de juillet dessus dit, le roy de
Navarre, le prevost des marchans, l'evesque de Laon
et les autres gouverneurs de la ville furent en la maison de la ville et environ heure de midy, il y ot moult
de peuple assemblé, tous armez, en la dicte maison et
devant en la place de Grève. Au quel peuple le dit roy
parla et leur dist que ilz avoient mal fait d'avoir tuez les
diz Anglois, car il les avoit fait venir en son conduit
pour servir ceulz de la dicte ville de Paris. Et tantost
pluseurs de ceuls du dit peuple crierent à une voiz[1]
que ilz vouloient que les diz Anglois feussent touz
tuez, et vouloient aler à Saint-Denys mettre hors ceuls[2]
qui là estoient, qui pilloient tout le pays. Et distrent
aus diz roy et prevost que ilz alassent avecques eulz,
en disant que les diz Anglois avoient esté bien paiez de
leur gaiges et souldées, et neantmoins ilz pilloient
tout le pays. Et jasoit ce que les diz roy et prevost
feissent tout leur povoir de refraindre le dit peuple, ilz
ne le peurent faire[3], mais convint que ilz acordassent
à aler avecques eulz. Mais avant que l'en partisist de
Paris, il fu près de vespres. Dont pluseurs presumerent
que le dit roy feist tant attendre le partir, afin que les
diz Anglois ne feussent pris despourveuz[4]. Et environ
heure de vespres partirent de Paris, les uns par devers
la porte Saint-Honoré, et le roy de Navarre et le pre-

---

1. P. Paris ; « Et tantost pluseur d'iceux crierent qu'il vouloient, etc. »
2. P. Paris : « Mettre à mort ceuls. »
3. P. Paris : « Ilz ne le povoient faire. »
4. P. Paris : « Feussent sourpris et despourveuz. »

vost des marchans et leur route issirent par la porte
Saint-Denys et alerent jusques vers le Molin à vent[1].
Et estimoit l'en que ilz estoient issuz, tant d'une part
comme d'autre, environ XVI[c] hommes de cheval et
VIII[M] de pié. Et furent le dit roy, le prevost des
marchans et toute leur route bien l'espace de demie
heure largement, sanz eulz mouvoir ou champ qui
est de l'autre partie du dit molin à vent, par devers
Montmartre. Et de leur route furent envoiez trois
glaives qui chevaucherent roidement par emprès
Montmartre[2]. Les quelz, sans ce qu'il fussent après veuz
retourner[3], chevaucherent en alant droit vers le bois
de Saint-Cloust, ou quel bois les Anglois estoient en
une embuche. Et au dehors d'iceli bois, par devers
Paris, en avoit environ XL ou L. Si cuiderent ceuls de
Paris que il n'y en eust plus, et alerent vers les diz
Anglois. Et quant ilz furent près, les Anglois, qui
estoient ou dit bois, issirent hors, et tantost ceuls de
Paris se mistrent au fouir[4] et les Anglois au chacier.
Si tuerent les diz Anglois grant foison des dessus diz
de Paris, par especial de ceuls de pié qui estoient

1. En raison de sa situation topographique, le vieux Paris
était entouré d'une ceinture de moulins à vent, dont ceux de
Montmartre ont été les derniers à disparaître. Celui qui est
mentionné ici était évidemment très connu au XIVe et au
XVe siècle. Il était situé, non point sur la colline de Montmartre, mais sur la route qui menait à Saint-Denis, au delà et
non loin de l'enclos Saint-Lazare. Le *Journal d'un bourgeois de
Paris* le désigne ainsi, à la date de 1449 : « ... emprès le molin
au vent ou chemin de Sainct-Denis en France... » (Éd. Tuetey,
Mém. de la Soc. de l'hist. de Paris, 1881, p. 390).
2. P. Paris : « Qui chevaucherent par emprès Montmartre. »
3. P. Paris : « Feussent après veus, chevauchierent, etc. »
4. P. Paris : « Se mistrent à fuir. »

issuz par la porte Saint-Honoré; et tenoit l'en communelment que il y avoit de mors bien VI cens ou plus, et furent presque tous gens de pié. Et le dit roy de Navarre, qui veoit ces choses, ne se parti point de là, mais laissa tuer les dessus diz de Paris sanz leur faire aucune ayde ou secours. Et après ce que les diz de Paris furent desconfiz et tuez, comme dit est, le dit roy s'en ala à Saint-Denys, et le dit prevost des marchans et sa compaignie s'en retournerent à Paris. Et furent, quant ilz entrerent à Paris, forment huyez et blasmez de ce que ilz avoient ainsi laissié mettre à mort les bones genz de Paris sanz les secourir. Et dès lors commença le peuple de Paris[1] forment à murmurer, et faisoient forment garder les XLVII prisonniers anglois qui estoient au Louvre par les gens de Paris[2], et volentiers les eust le commun de Paris mis à mort, mais le prevost des marchans et les autres gouverneurs de Paris ne le povoient souffrir.

Comment le prevost des marchans et ses aliez
delivrerent les Anglois du Louvre.

Le venredy, XXVIIe jour du dit mois de juillet, le dit prevost des marchans et pluseurs autres jusques au nombre de VIII vins ou CC hommes armez et pluseurs archiers alerent au Louvre; et, de fait, contre la volenté du peuple de Paris, delivrerent les diz Anglois et les mistrent hors de la ville, par la porte Saint-Honoré. Et, en les conduisant par la ville, aucuns de ceuls qui estoient avec le dit prevost crioient et

----

1. P. Paris : « Commencierent ceux de Paris. »
2. P. Paris : « Par le commun de Paris. »

demandoient se aucun vouloit aucune chose dire[1] de la
delivrance des diz Anglois; et avoient leurs ars tous
tenduz pour delivrer tout empeschement[2], se aucuns
le vousist mettre en la dicte delivrance; mais il n'y
ot personne qui en osast parler[3] ne faire semblant,
jasoit ce que ilz en fussent moult dolans en la dicte
ville de Paris[4].

Si s'en alerent les diz Anglois à Saint-Denys par
devers le dit roy de Navarre[5], qui tous jours y estoit
demourez depuis le dymenche precedent; car il n'osoit
pas seurement retourner à Paris, si comme l'en disoit,
tant pour cause de ce que il n'avoit point aidié à
ceuls de Paris le dymenche precedent, lors que les
Anglois les avoient tuez, comme pour la delivrance
des diz Anglois du Louvre, la quelle avoit esté faicte à
la requeste du dit roy de Navarre, si comme l'en disoit
et voirs estoit. Si en estoit le peuple de Paris forment
esmeu en cuer contre le dit prevost des marchans
et contre les autres gouverneurs, mais il n'y avoit
homme qui osast commencier la riote. Toutesvoies,
Dieux, qui tout voit et qui vouloit la dicte ville sauver,
ordena en la maniere qui s'ensuit[6].

De la mort du prevost des marchans et de pluseurs
autres à luy aliez.

Le mardy, derrain jour du dit mois de juillet, le dit

1. P. Paris : « Se il i avoit aucun qui voulsist aucune chose dire. »
2. P. Paris : « Pour les delivrer de tous empeschemens. »
3. P. Paris : « Qui osast parler. »
4. P. Paris : « Moult douloureusement courrouciés en la dite
ville de Paris. »
5. P. Paris : « Avec le dit roy de Navarre. »
6. P. Paris : « Par la manière qui s'ensuit. »

prevost et pluseurs autres avecques luy, tous armez, alerent, avant disner[1], à la bastide de Saint-Denys. Et commanda le dit prevost à ceuls qui gardoient les clefs de la dicte bastide[2] que ilz les baillassent à Joceran de Mascon, qui estoit tresorier du dit roy de Navarre[3]. Les quelz gardes des dites clefs distrent que ils n'en bailleroient nulles. Dont le dit prevost fu moult courroucié, et se mut riote, à la dicte bastide, entre le dit prevost et ceuls qui gardoient les dictes clefs, tant que un bourgois appellé Jehan Maillart, qui estoit garde de l'un des quartiers de la dicte ville, de la partie devers la dicte bastide[4], ouy nouvelles du dit debat, et pour

1. P. Paris : « Alèrent disner. »

2. P. Paris : « Qui gardoient la dite bastide. » — La bastide ou bastille de Saint-Denis était un ouvrage de fortification construit en avant de la nouvelle porte Saint-Denis, car il y avait une autre porte de même nom, qui faisait partie de l'enceinte de Philippe-Auguste.

3. Josseran de Mâcon était, en 1352, trésorier de la reine de France (Douët d'Arcq, *Comptes de l'Argenterie*, p. 167). En 1356, après l'emprisonnement du roi de Navarre, dont il était un des « familiers », — peut-être déjà son trésorier, — il avait cru prudent de sortir du royaume et de se réfugier en terre d'Empire. Pour ce motif ou pour d'autres qui ne sont pas connus, ses biens furent confisqués, et deux maisons lui appartenant, — situées, l'une à Paris, devant l'église de Saint-Eustache et l'autre à la Ville-l'Évêque, — données par Jean II à Geoffroy de Charny (Tillières, juillet 1356). Après la mort de G. de Charny, tué à Poitiers, cette donation fut, à la prière de sa veuve, confirmée, par le dauphin, en faveur de son fils mineur, Geoffroy II de Charny (Arch. nat., JJ 84, fol. 337-337 v°, n° 671). Josseran de Mâcon se fit délivrer des lettres de rémission en décembre 1357 (Arch. nat., JJ 89, fol. 7, n° 12).

4. Jean Maillart était drapier comme Étienne Marcel (Bibl. nat., ms. fr. 20684, fol. 211. Compte aujourd'hui perdu d'Ét. de

ce se traist vers le dit prevost et li dist que l'en ne
bailleroit point les clefs au dit Joceran. Et pour ce
ot pluseurs grosses parolles entre le dit prevost et
Joceran d'une part, et le dit Jehan Maillart d'autre
part. Si monta le dit Maillart à cheval, et prist une
baniere du roy de France et commença à crier :
« Monjoye au roy de France et au duc[1]! » tant que
chascun qui le veoit aloit après et crioit le dit cri[2].
Et aussi firent le dit prevost et sa compaignie. Et s'en
alerent vers la bastide Saint-Anthoine. Et le dit Jehan
Maillart demoura vers le[s] hales. Et un chevalier,
appellé Pepin des Essars[3], qui riens ne savoit de ce

la Fontaine, du 28 août 1350 au 1ᵉʳ janvier 1351). Voy. S. Luce,
*Du rôle politique de Jean Maillart en 1358 (Bibl. de l'École des
chartes*, t. XVIII, 1857, p. 415-426).

 1. P. Paris : « Montjoie-Saint-Denis au roy et au duc. »
 2. P. Paris : « Et crioit à haulte voix le dit cri. »
 3. Déterminer exactement qui était *Pépin* (ou *Papin*) *des
Essars* est chose malaisée, car il y avait à Paris, à cette
époque, plusieurs familles *des Essars*. Pépin des Essars
était déjà chevalier dans les premiers mois du règne de
Jean II. Il est mentionné dans des lettres de rémission, du
28 janvier 1351, à propos d'une collision sanglante avec le
guet, où quelques-uns de ses compagnons furent grièvement
blessés (Arch. nat., JJ 80, fol. 312 v°, n° 455). Il n'y a pas
lieu de croire qu'il s'appelât, de son vrai nom, *Philippe*, et
que *Pépin* fût un diminutif familier (H. Frémaux, *la Famille
d'Ét. Marcel*, p. 35 et n. 6; tir. à part des *Mém. de la Soc. de
l'hist. de Paris*, 1903). Ce qui semble certain, c'est qu'il était
apparenté de très près à Marguerite des Essars, la seconde
femme d'Étienne Marcel. Était-il son frère? On ne saurait le
dire. Cependant, des lettres de rémission, déjà imprimées par
Secousse (Arch. nat., JJ 99, fol. 182 v°, n° 598. Paris, février
1369; Secousse, *Recueil*, p. 296-297), nous révèlent que, dans
la matinée du 31 juillet 1358, il agissait de concert avec
Martin des Essars, que tous deux, notamment, recherchaient

que le dit Jehan Maillart avoit fait[1], prist assez tost après une autre baniere de France, et crioit semblablement le dit cri du dit Jehan Maillart. Et, durans ces choses, le dit prevost vint à la dicte bastide Saint-Anthoine, et tenoit deux boites es queles avoit lettres que le dit roy de Navarre li avoit envoiées, si comme l'en disoit. Si requistrent ceuls qui estoient à la dite bastide que il leur monstrast les dictes lettres[2]. Et se

Josseran de Mâcon pour le tuer. Or, Martin était bien le frère de Marguerite des Essars, la femme d'Étienne Marcel (H. Frémaux, *op.* et *loc. cit.*). Mais le document en question ne dit pas que Martin et Pépin fussent frères, comme Secousse l'a supposé (*Mémoires,* p. 302, n. 3).

1. La continuation de la Chronique de Richard Lescot, qui a tant de points communs avec les *Grandes Chroniques,* porte simplement : « Cautela simili, ex altera parte ville, quidam miles vocatus Pippinus de Essartis, usus fuit... » (p. 132). L. Lacabane avait déjà dit (*Mémoire sur la mort d'Étienne Marcel, 1358,* dans *Bibl. de l'École des chartes,* t. I, 1840, p. 85) : « Quant à cette assertion que Pépin des Essars *riens ne savoit de ce que le dit Jehan Maillart avoit fait,* lorsqu'il commença lui-même à agir, il est difficile d'y ajouter foi. » M. N. Valois n'est pas moins formel : « ... nous pensons aussi qu'il dut y avoir une entente préalable entre Maillart et Pépin des Essars. Nous ajouterons même que personne, parmi les historiens modernes, ne paraît avoir attaché grande importance à ces mots : « Qui riens ne savoit de ce que le dit Jehan Maillart avoit fait » (*Bibl. de l'École des chartes,* t. XLVII, 1886, p. 678). Voy. aussi la réplique de M. Valois à J. Tessier dans la *Revue de l'enseignement supérieur et secondaire,* 1887, p. 424.

2. Il paraît plutôt singulier que Marcel, à un pareil moment, tînt ces boîtes dans les mains. Froissart semble avoir connu ce détail, mais, le jugeant embarrassant, il en a tiré quelque chose de plus conforme, en apparence, à la réalité des faits : « ... Et trouverent le dit prevost des merchans, les clés de le porte en ses mains » (t. V, p. 116). Il n'est pas question des

mut riote à la dicte bastide, tant que aucuns qui là estoient coururent sur à Phelippe Giffart, qui estoit avecques le dit prevost, le quel se deffendi forment, car il estoit fort armez et le bacinet en la teste, mais toutesvoies il fu tuez. Et après fu tué le dit prevost et un autre de sa compaignie, appellé Symon le Paonnier ; et tantost furent despoilliez et estanduz tous nuz sur les quarreaux, en la voie. Et ce fait, le peuple s'esmut pour aler querir des autres, pour en faire autel ; et leur dist l'en que en l'ostel de Hocans, à l'enseigne de l'Ours[1], près de la porte Baudoier[2], estoit entré Jehan de l'Ysle le jeune[3]. Si y entrerent grant foison de gent, et y trouverent ledit Jehan de l'Ysle et Gille Marcel, clerc de la marchandise de Paris, les quelx ilz mistrent à mort. Et tantost furent despoilliez, comme les autres, et traynez tous nuz en la rue[4] devant le dit

clefs dans le manuscrit d'Amiens (*Ibid.*, p. 334). Il ne paraît pas douteux qu'il y ait eu un incident fort vif à la bastille Saint-Antoine, provoqué par des *lettres* auxquelles on faisait allusion ou qu'on avait saisies entre les mains de Marcel. Ce pouvaient être des lettres du roi de Navarre, — message ou proclamation aux Parisiens, — dont le prévôt aurait usé pour justifier sa conduite, s'il eût trouvé la foule autrement disposée.

1. P. Paris : « En l'ostel de Hocaus. » — « L'ostel de Hocans » est l'hôtel ou maison appartenant à l'abbé d'Ourscamps (Arch. nat., JJ 73, fol. 177-177 v°, n° 233 ; 11 janvier 1341). L'enseigne de l'Ours, appendue à cette maison, s'expliquait sans doute par une sorte de jeu de mots (E. Coyecque, *Hist. de l'Hôtel-Dieu de Paris*, t. I, p. 215, n° 44).

2. La porte ou place Baudoyer, à la pointe du Pourtour-Saint-Gervais, à la rencontre de la rue de la Tixeranderie, de la rue des Barres et de celle du Marché-Saint-Jean.

3. Orfèvre parisien (Arch. nat., KK 8, fol. 200 v°).

4. P. Paris : « Sur les quarreaux. »

I   14

ostel, et là furent laissiez. Et après[1] se parti le dit peuple et s'esmut à aler querir des autres. Et ce jour, à la bastide Saint-Martin, fu tuez Jehan Porret le jeune. Et furent les v corps dessus nommez trainez jusques en la court de Sainte-Katherine-du-Val-des-Escoliers, et là furent mis et estandus tous nuz en la dicte court, en la veue de tous, si comme ilz y avoient fait mettre le mareschal de Champaigne et celui de Clermont; dont pluseurs tenoient que c'estoit ordenance de Dieu, car ilz estoient mors de tele mort comme ilz avoient fait morir les diz mareschaux.

Item, celui mardy, furent pris et mis en Chastellet Charles Toussac, eschevin de la dicte ville, et Joceran de Mascon, tresorier du roy de Navarre. Et le peuple qui les menoit crioit hautement le dessus dit cri, et avoit chascun du dit peuple l'espée nue ou poing.

De la venue du regent à Paris et de la mort Charles Toussac et de Joceran de Mascon.

Le jeudy, secont jour d'aoust au soir, entra le duc de Normandie[2], regent le royaume, à Paris, où il fu receu à tres grant joie du peuple de la dicte ville. Et celui jour, avant que le dit regent entrast à Paris, furent les diz Charles Toussac et Joceran de Mascon traynez du Chastelet jusques en Grève, et là furent decapitez. Et longuement après demourerent en la place sur les quarreaux, et après furent gectez en la riviere.

---

1. P. Paris : « Et tantost. »
2. P. Paris : « Ala le duc, etc. »

Que le regent fu deffié[1], etc.

Le venredy, tiers jour du dit mois d'aoust, fut le dit regent deffié de par le roy de Navarre. Et celui jour fu pris Pierre Gile, et aussi fu maistre Thomas de Ladit, chancellier du dit roy de Navarre, qui estoit en habit de moyne.

De la mort de pluseurs autres traistres du Roy et du regent, et des paroles que le dit regent dist à ceuls de Paris.

Le samedy ensuyvant, quart jour d'aoust, le dit Pierre Gile et un chevalier, qui estoit chastellain du Louvre, qui estoit nez d'Orliens, d'assez petit lieu, de genz de mestier, et estoit appellé monseigneur Gile Caillart[2], furent traynéz du Chastellet ès halles, et là orent les testes couppées. Mais le dit chevalier ot avant la langue couppée, pour pluseurs mauvaises paroles que il avoit dites du Roy et du dit regent son filz. Et après furent les corps getez en la riviere. Et après, la semaine ensuyvant, furent decapitez ensemble, en un jour, Jehan Prevost et Pierre Le Blont[3]; et en un autre jour deux advocaz, l'un de Parlement, appellé

---

1. P. Paris : « Comment le regent fu deffié de par le roy de Navarre. »

2. Mentionné dans les *Journaux du trésor de Philippe VI de Valois* (1349-1350), publiés par M. J. Viard, comme écuyer et chargé de la garde d'un Anglais détenu prisonnier au Louvre (nᵒˢ 800, 1438, 1439, etc.).

3. Orfèvre parisien (Douët d'Arcq, *Comptes de l'Argenterie*, p. 123).

maistre Pierre de Puyseux[1], et l'autre de Chastellet,
appellé maistre Jehan Godart[2]. Et furent tous getez en
la riviere; et un appellé Bon Voisin fu mis en obliette.

Celui jour de samedy, quart jour du dit mois, parla
le dit regent au peuple de Paris, en la maison de la
ville, et leur dist la grant trahison qui avoit esté
traictiée par les dessus diz mors et l'evesque de
Laon et pluseurs autres qui encores vivoient; c'est
asavoir de faire le dit roy de Navarre roy de France
et de mettre les Anglois et Navarrois en Paris, celui
soir[3] que le dit prevost fu tuez, et de mettre à mort[4]
tous ceulz que l'en savoit qui se tenoient[5] de la partie
du roy de France et de son filz, et jà avoient esté pluseurs maisons de Paris signées à divers seingz; dont
moult de gens estoient forment esbahiz en la dicte ville.

Comment les Anglois tindrent partie de la ville de Meleun.

Celuy samedy, pluseurs Anglois et Navarrois alerent
à Meleun, et les reçut la royne Blanche, qui estoit ou
chastel, dedenz le dit chastel. Si occuperent l'isle de

---

1. Pierre de Puiseux ou Puisieux, d'une famille parisienne
(Arch. nat., JJ 76, fol. 186, n° 311; juin 1347). Avocat men-
tionné depuis l'année 1348, et qui devait avoir une certaine
notoriété, car il avait une importante clientèle (le chapitre de
Notre-Dame, le comte de Blois, l'échevinage de Reims). Voy.
Hist. des avocats au parlement de Paris, p. 376.

2. L'un des neuf réformateurs généraux.

3. P. Paris : « Celui jour que. »

4. P. Paris : « Fu tuez. Et devoient mectre, etc. »

5. P. Paris : « Tous ceulz qui se tenoient. »

Meleun[1] et toute la partie qui est devers Bière[2], et
l'autre partie, qui est devers la Brie, se tint contre eulz,
tant que le dit regent y envoia des gens d'armes et
des brygans[3]; et ainsi fu celle partie françoise[4], et
le chastel et tout le demourant de la dicte ville furent
Anglois et Navarrois, qui estoient touz un[5]. Et firent
moult de maulx et de domages ou pays par devers le
Gastinois, et ardirent toutes les maisons de l'abbaye
du Liz[6], environ la feste de Nostre-Dame mi-aoust.

*Comment aucuns de Picardie furent desconfiz des
Anglois et Navarrois qui tenoient le chastel de Mauconseil.*

Le jeudy, xxiiie jour du dit mois d'aoust, pluseurs
des communes de Tournay et d'autres villes de Picardie, qui estoient à siege devant un chastel de

1. Melun, vieille cité gauloise comme Lutèce, avait également
pris naissance dans une île.

2. Petit pays dont Fontainebleau était la localité principale.

3. Ces « brigands » étaient des mercenaires italiens, « venus
de Milan », que la ville de Paris avait pris à son service.
Mal payés, ils projetèrent, au commencement de 1359,
d'assassiner leurs capitaines et de livrer aux Navarrais
les places dont ils avaient la garde (Secousse, *Recueil*,
p. 149-150, 151-152). Peut-être, en recourant aux services de
ces « outremontains », avait-on simplement donné suite aux
négociations entamées par Étienne Marcel, qui avait envoyé
un agent à Avignon, avec la mission d'embaucher un certain
nombre de brigands étrangers, pour la défense de Paris
(Secousse, *Recueil*, p. 142).

4. Cf. ci-après, p. 233 et 238.

5. P. Paris : « Qui estoient tout un. »

6. Abbaye fondée en 1250 par Blanche de Castille pour les

l'evesque de Noyon[1], avecques pluseurs nobles du
pays, pour ce que aucuns Anglois et Navarrois l'avoient
pris et se tenoient dedenz, furent desconfiz par pluseurs de la partie des diz Anglois et Navarrois, des
quelx estoient capitains messire Jehan de Piquegny[2] et
messire Robert de Piquegny, son frere[3], les quelz
s'estoient renduz ennemis du roy de France, de son
filz et du royaume, avecques le dit roy de Navarre. Et
s'enfouirent les dictes communes, et les gentils
hommes furent pris, jusques au nombre de vi vins ou
environ. Et si y fu pris le dit evesque de Noyon et fu
menez à Creeil[4], dont le dit messire Robert de Piquegny se appelloit capitain, depuis que la dicte ville
avoit esté prise des Anglois.

Comment Paris estoit lors avironné de
forteresses anglesches.

En ce temps, en diverses journées[5], pristrent les diz

religieuses cisterciennes. Ruines sur la commune actuelle de
Dammarie-les-Lys (Seine-et-Marne, arr. et cant. sud de Melun).

1. Gilles de Lorris. — Ce « chastel » était *Mauconseil*, château démoli, près de Noyon.

2. Jean de Picquigny, sire de Fluy, auquel le roi de Navarre
devait sa délivrance.

3. Connu dès 1356 (Bibl. nat., Clairambault XLV, n° 10;
3 novembre); maréchal du roi de Navarre et capitaine du Pont-
Audemer, le 5 juin 1364 (Clairambault LXXXVI, n° 61).

4. L'évêque de Noyon fut acheté par le roi d'Angleterre.
Voy. dans Rymer, t. III, i, p. 512, des lettres, datées de Boulogne (22 octobre 1360), par lesquelles l'évêque s'engage à
payer pour sa rançon 9,000 écus du coin du roi Jean, 50 marcs
d'argent de Paris ouvrés, et un bon coursier du prix de
100 moutons d'or.

5. P. Paris : « En diverses contrées. »

Angloiz et Navarrois pluseurs forteresses environ Paris,
c'est asavoir Rays[1], Poissy et pluseurs autres, et chevauchoient souvent jusques à demie luye de Paris, de
celui costé. Et ceuls de Creeil chevauchoient souvent
jusques à Gonnesse et es villes environ, et prenoient
prisons et en menoient chevaux, et rençonnoient villes
et aucunes ardoient; et si n'y resistoient point, mais
s'en fuyoit chascun devant eulz.

Comment le roy de Navarre ala à Meleun et ardy Chatres.

La premiere semaine de septembre[2], le roy de Navarre chevaucha à bien II mile combatans, si comme l'en
disoit; et ala à Meleun raffreschir ses genz et veoir ses
suers, la royne Blanche et une autre appellée Jehanne[3],
qui estoient dedenz le chastel. Et en son chemin ardy
pluseurs villes, Chatres-souz-Mont-Lehery[4] et autres.

De la mort maistre Thomas de Ladit, chancelier du roy de Navarre.

Le merquedy, XIIe jour du dit mois de septembre,

1. Retz (Seine-et-Oise, arr. et cant de Poissy, comm. de
Chambourcy).

2. P. Paris ajoute : *environ heure de tierce;* précision qui
ne se justifie pas très bien, le quantième du mois étant omis.

3. C'était la plus jeune sœur de Charles le Mauvais, dite
Jeanne la jeune, pour la distinguer d'une autre sœur, du
même nom, religieuse à Longchamps. Elle épousa, vers 1377,
Jean Ier, vicomte de Rohan. D'après la *Chron. des quatre premiers Valois*, qui la mentionne souvent, c'était « une des plus
belles dames de la chrétienté » (p. 145).

4. Aujourd'hui Arpajon, Seine-et-Oise, arr. de Corbeil,
ch.-l. de cant.

environ heure de disner[1], maistre Thomas de Ladit, chancelier du dit roy de Navarre[2], qui avoit tousjours esté en prison depuis le IIIIe jour d'aoust que il avoit esté pris, si comme dessus est dit, fu rendu aus gens de l'evesque de Paris, par vertu de certaines bulles du Pape. Et fu le dit chancelier assis sur un huis[3], et puis levé sur les espaules de II hommes qui le portoient, pour ce que il estoit es fers par les jambes; et en tele maniere parti du Palais, où il avoit esté en prison. Mais avant que il feust le giet d'une pierre loing de la porte de la court du dit Palais, pluseurs compaignons de Paris li coururent sus et le gieterent par terre[4] et le tuerent; et tantost fu despoilliez tout nu, et demoura longuement en tel estat sus les quarreaux, ou milieu du ruyssel de la pluye qui couroit au travers de son corps[5], et vers vespres il fu traynez jusques en la riviere et getez dedenz.

De la mort d'aucuns traistres[6] de Amiens, et comment les Anglois et Navarrois avoient lors toutes les rivieres venanz à Paris.

Le dymenche, XVIe jour du dit mois de septembre, messire Jehan de Piquegny[7], acompaigné de grant foi-

1. P. Paris : « Environ heure de tierce. » Remarquer cette synonymie intéressante; l'heure de dîner, c'est l'heure de tierce.
2. Chanoine de Paris et chantre de Chartres.
3. P. Paris : « Mis sur un huis. »
4. P. Paris : « Contre terre. »
5. La précision des souvenirs et je ne sais quelle rancune posthume donnent du pittoresque au récit, habituellement terne et sans couleur, du chroniqueur officiel.
6. P. Paris : « Traistres et comment, etc. »
7. Le même Jean de Picquigny dont il a été précédemment question.

son de gens d'armes, de nuyt dont le lundy adjourna[1], ala à Amiens, et là, par la trahison d'aucuns de ceuls de la ville[2], entra es fors bours[3] et les ardy et pilla. Et fu la dite ville en peril d'estre prise. Toutesvoies, par la volenté de Dieu et la resistance des bons de la dicte ville et du conte de Saint-Pol[4], qui hastivement vint au secours, le dit messire Jehan et sa compaignie furent reboutez. Et de puis furent pris aucuns des bourgois d'icelle ville, qui avoient esté consentans de rendre la dicte ville audit Piquigny, pour le roy de Navarre, par ceuls de la dicte ville ; et orent les testes couppées Jaques de Saint-Fucien[5] et IIII autres bourgois d'icelle ville[6]. Et depuis firent les diz Anglois et Navarroys pluseurs chevauchées en diverses parties du royaume ; et par especial ceuls qui tenoient Creeil chevauchierent

1. Les mots : *de nuyt dont le lundy adjourna,* sont omis par P. Paris.

2. Voy. A. de Calonne, *Histoire d'Amiens*, t. I, p. 276-283. La femme de Jean de Picquigny, celle de Renaud d'Equennes, vicomte de Poix, étaient prisonnières dans Amiens, à cause de la rébellion de leurs maris, partisans actifs et dévoués du roi de Navarre. Le désir de les délivrer aurait été un des motifs déterminants de l'attaque d'Amiens.

3. Les faubourgs, compris entre la nouvelle enceinte, non encore terminée, et l'ancienne, contre laquelle vint se briser l'effort des assaillants.

4. Guy de Châtillon, comte de Saint-Pol, neveu du connétable Robert ou Moreau de Fiennes. Il se trouvait à Corbie avec son oncle, au moment où les Navarrais se présentèrent devant Amiens.

5. Capitaine de la ville.

6. Parmi eux figurait le mayeur d'Amiens, Firmin de Cocquerel, et l'abbé de l'abbaye cistercienne du Gard. D'après Froissart, il y aurait eu dix-sept victimes (V, p. 129). Ce chiffre, qui n'est donné nulle part ailleurs, a été accepté par M. de Calonne (*op. cit.*, p. 281).

en Mucien, à Dampmartin[1], à Gonnesse et es villes environ, et pristrent tout ce que ilz trouverent.

Ou moys d'octobre ensuyvant, chevaucherent tout le pays de Mucien et pristrent une petite forteresse à deux lieues de Meaulx, appellée Oissery[2], et tantost l'efforcierent et raençonnerent le pays. Et pour avoir la riviere de Marne, ilz alerent à la Ferté-soubz-Juerre[3] et pristrent une isle en la quelle avoit une bonne tour, et tantost l'enforcierent. Et ainsi orent toutes les rivieres qui venoient à Paris; c'est asavoir la riviere de Saine à Meleun, celle de Marne à la Ferté-soubz-Juerre, et au dessoubz de Paris, Mante, Meullent et Poissy, la riviere d'Oyse, à Creeil. Et ainsy estoit Paris assegié. Si estoit Rouen et Beauvaiz, par les forteresses que ilz tenoient environ, car ilz estoient seigneur[s] de tout le Beauvoisin. Si ne povoit l'en mener vins à Arraz, à Tournay, à Lille ne es autres villes de Picardie. Et ainsi estoient les dictes villes assegiées quant à ce.

Des forteresses que Robin Canole prist en Orlenois.

Ou dit mois d'octobre, Robin Canole[4], capitain de pluseurs forteresses anglesches en Bretaigne et en Nor-

1. Dammartin-en-Goële, Seine-et-Marne, arr. de Meaux, ch.-l. de cant.

2. Seine-et-Marne, arr. de Meaux, cant. de Dammartin.

3. La Ferté-sous-Jouarre, Seine-et-Marne, arr. de Meaux, ch.-l. de cant. D'après des lettres de rémission, données en août 1359, les Anglais seraient venus à la Ferté-sous-Jouarre le mardi avant la Saint-Martin d'hiver, 6 novembre 1358 (Arch. nat., JJ 90, fol. 113, n° 209).

4. Robert Knolles (Knowles), un des capitaines anglais les

mandie, chevaucha en Orlenoys et prist Chasteauneuf-
sur-Loire[1], et tantost après la ville de Chasteillon-sur-
Louen[2]; et après chevaucha plus hault, alant en Aucerroys
et en la Puysaie[3], et prist une forteresse que l'en
appelloit Malicorne[4]; mais les gens du pays se assemblerent tantost et alerent devant. Et ɪ chevalier,
appellé monseigneur Arnault de Cervole, seurnommé
l'Arceprestre[5], qui venoit au mandement du dit regent,
acompaigné de grant nombre de genz d'armes, se
mist avecques les dictes gens du pays devant la dicte
forteresse de Malicorne. Mais ilz s'en partirent honteusement, sanz prendre la dicte forteresse.

plus renommés du xive siècle, dont les origines furent
modestes, quoiqu'il ne faille pas voir en lui un simple valet ou
un homme de la condition la plus infime. Il est probable qu'il
était le fils d'un petit gentilhomme du Cheshire, et parent ou
allié d'un aventurier anglais, fort connu aussi, et habituellement le compagnon de ses chevauchées, Hugh Calveley. Voy.
son article dans la *National Biography* et *Hist. de Charles V*,
t. II, p. 32.

1. Châteauneuf-sur-Loire, Loiret, arr. d'Orléans, ch.-l. de
cant.

2. Châtillon-sur-Loing, Loiret, arr. de Montargis, ch.-l. de
cant.

3. La Puisaye, région naturelle, comprenant, dans le département de l'Yonne, la majeure partie des cantons de Bléneau,
Saint-Fargeau, Saint-Sauveur et Toucy. Elle s'étend aussi sur
les cantons de Saint-Amand (Nièvre) et de Briare (Loiret).

4. Malicorne-sur-Ouanne, Yonne, arr. de Joigny, cant. de
Charny.

5. Arnaut de Cervole, archiprêtre de Vélines (Dordogne,
arr. de Bergerac, ch.-l. de cant.), dit communément l'Archiprêtre. Sur A. de Cervole, voy. le livre d'Aimé Chérest, *l'Archiprêtre. Épisodes de la guerre de Cent ans.* Paris, Claudin,
1879, in-8°. Le Père Denifle, à l'aide de documents tirés des
archives du Vatican, a pu remonter un peu plus haut dans

De la forteresse de Amblainvillier.

Ou dit mois d'octobre l'an mil trois cens LVIII dessus dit, aucuns se partirent des garnisons anglesches qui estoient entour Paris, et laissierent leur forteresses garnies, et alerent prendre une maison fort à trois lieues de Paris, en un lieu appellé Amblainvillier[1]. Et ceuls de Paris envoierent devant la dicte maison des genz d'armes et des briganz par pluseurs foiz; mais ilz n'y firent chose qui vausist, et finablement[2] ceuls de Paris acheterent la dicte forteresse des Anglois et la firent abatre.

Les noms de pluseurs bourgois de Paris, que le regent fist emprisonner.

Le jeudy matin, xxve jour d'octobre[3], pluseurs habitans de Paris, des quelx les noms s'ensuyvent, furent pris et emprisonnez; c'est asavoir Jehan Giffart le Boiteux[4], Nicolas Porret[5], Jehan Moret, Girart Moret, Estienne de la Fontaine, argentier du Roy[6],

l'existence de l'Archiprêtre et mieux préciser ses origines ecclésiastiques (*la Désolation des églises*, etc., t. II, 1899, p. 188-211; *Arnaud de Cervole. Son invasion en Provence*).

1. Amblainvilliers, Seine-et-Oise, arr. de Versailles, cant. de Palaiseau, comm. de Verrières-le-Buisson.

2. P. Paris : « Et en la fin. »

3. P. Paris : « Le jeudi xxve jour. »

4. Un Philippe Giffart avait été tué avec Marcel.

5. Un Jean Porret, le jeune, était une des victimes du 31 juillet 1358.

6. Il nous reste de lui quatre comptes (Arch. nat., KK 8; 1351-1355), dont le premier seul a été publié par Douët d'Arcq.

Pierre Basselin, Jaques de Mante, Jehan de la Tour, Elyes Jourdain, Colin le Flament[1], Jaques le Flament, maistre de la Chambre des comptes, Hanequin le Flament, Jehan Gosselin, Jehan Restable, Arnault Roussel, Jaques du Castel, Jaquet le Flament, tresorier des guerres, Guillaume Lefevre, Regnault de la Chambre, Pasquet le Flament et Alain de Saint-Benoist, le quel Alain fu l'endemain delivrez[2].

De la requeste qui fu faicte à monseigneur le regent sur la delivrance des dessus nommez.

Le lundy ensuyvant, XXIXe jour du dit mois d'octobre, pluseurs des mestiers de Paris, au pourchas

(*Comptes de l'Argenterie des rois de France au XIVe siècle*, Soc. de l'hist. de France, Paris, 1851). Il avait été emprisonné, ainsi que Denisot, son fils, après la mort de Marcel, mais ils avaient bénéficié de lettres de rémission données au mois d'août 1358 (Arch. nat., JJ 86, fol. 92 v°-93, n° 278).

1. Il est probable qu'il ne fait qu'un avec Nicolas Flament, auquel beaucoup plus tard, après la révolte des Maillotins, on fit expier une ancienne complicité avec Étienne Marcel, dont le souvenir ne s'était pas perdu : « Item, le lundi XIXe jour dudit mois de janvier (1383, n. st.), un bourgois, drappier, de la ville de Paris, des plus notables qui y fussent, appellé Nicolas le Flamenc, fut decapité es halles de Paris ; et pour ce que austresfois et par especial l'an mil CCC LVII, dont mencion est faite en ce livre, il avoit esté present, aidant et faisant de meurdrir en la presence du Roy derrain trespassé, lors regent le royaume de France, ou palais à Paris, messire Robert de Clermont, lors mareschal de Normandie, et le mareschal de Champaigne, il fut trayné, etc. » (Bibl. nat., fr. 23138, fol. 227 v°. — Cf. la *Partie inédite des Chroniques de Saint-Denis*, publ. par le baron J. Pichon, p. 29-30).

2. D'autres membres de cette famille s'étaient plus ou moins compromis, soit du vivant de Marcel, soit depuis sa mort.

des amis des dessus nommez, alerent en la maison de la ville et firent grant clameur de leur amis qui avoient esté pris, en disant que autel pourroit l'en faire à tous les autres de Paris. Et faisoient sentir, par leurs paroles, que ce avoit esté fait pour venjance de ce qui avoit esté fait par ceuls de Paris ou temps passé, en disant que l'en les prendroit les uns après les autres, et tout pour esmouvoir le peuple. Et portoit la parole un clerc de Paris, appellé maistre Jehan Blondel, le quel requist au prevost des marchans, qui lors estoit appellez Jehan Culdoe[1], et à pluseurs autres qui là estoient, que ilz alassent tous par devers le dit regent qui estoit au Louvre, pour li requerir que il feist tantost delivrer les dessus nommez, qui avoient esté emprisonnez ou que il deist les causes pour les quelles il les avoit fait emprisonner. Et ainsi le firent, contre la volenté du dit prevost des marchans, et firent au dit regent les dites requestes; le quel leur respondi que il yroit le landemain en la maison de la ville, et là feroit dire les causes pour les quelles il les avoit faiz emprisonner; et, quant ilz auroient oyes les dictes causes, se ilz vouloient que il les delivrast, il les delivreroit. Et ainsi se departirent.

Des lettres de rémission furent délivrées en décembre 1358 à Jean et Thomas de Saint-Benoît (Arch. nat., JJ 90, fol. 1-1 v°, n°s 1 et 2).

1. Ce n'est pas lui qui avait succédé à Étienne Marcel, mais Gencien Tristan, encore en fonction le 11 décembre 1358 (Bibl. nat., P. O. 2884, d. 64079, TRISTAN, n° 3 : « Nous Gencian Tristan, prevost des marcheans et eschevins de la ville de Paris... », 11 décembre 1358; — n° 4 : « Sachent tuit que Gencien Tristan, naguere prevost des marchans de la ville de Paris... » 5 février 1360). Tristan était donc mort, ou avait été obligé de se démettre, entre le 11 et le 25 décembre.

*Comment les dessus nommés furent accusez et tesmoi-
gnez traistres devant le regent ; mais pour ce qu'il ne
pot estre prové par (sic) pluseurs, ilz furent delivrez.*

Le dit landemain jour de mardy, xxxe jour du dit
mois, pluseurs des bons et loiaus subgiez du dit regent,
qui bien sorent que leur dit seigneur devoit aler en la
dicte maison pour la cause dessus dicte, et qui doub-
terent que les amis ou aliez des diz emprisonnez ne
alassent fors en la dicte maison que pour contraindre[1]
leur dit seigneur à faire aucune chose contre sa volenté,
se armerent et furent en la dicte maison et en la place
de Greve, si fors que ilz ne devoient doubter les
autres. Et là vint le dit regent, le quel monta sur les
degrez de la croiz de Greve, et dist au peuple que il
avoit esté enformez que les dessus nommez emprisonnez estoient traistres et aliez au roy de Navarre.
Et là, uns jeunes homs de Paris, appellé Jehannin
d'Amiens, et avoit espousée la fille de l'un des dessus
diz emprisonnez, appellé Jehan Restable, lequel Jehannin d'Amiens avoit esté par devers le dit roy de Navarre
pour pourchacier la delivrance d'un sien amy prisonnier du dit roy, dist que ils avoit les choses dictes par
le dit regent estre vrayes. Pour les quelles choses ceuls
qui par avant avoient moult arrogamment requis la delivrance des diz prisonniers ne oserent plus parler. Mais
le dit maistre Jehan Blondel requist au dit regent pardon
de ce que il en avoit dit et fait, le quel regent le pardonna au dit maistre Jehan et aus autres qui en avoient
parlé. Et s'en parti le dit regent. Si ordena certains

---

1. P. Paris : « Ne alaissent en la dicte maison fors que pour
contraindre. »

commissaires pour savoir la verité des choses qui li avoient esté dittes contre les prisonniers dessus nommez. Mais les choses estoient si secretes et si obscures que l'en ne trouva lors aucune chose contre euls. Et pour ce en furent XIIII delivrez le jour de la Saint-Climent ensuyvant, XXIIIe jour de novembre, et assez tost après touz les autres[1].

Des cardinaulx qui vindrent à Paris pour traictier de paix entre le regent et le roy de Navarre.

Le jeudy, XIIIe jour de decembre ensuyvant, entrerent à Paris les cardinals de Pierregort et d'Urgeel, pour traictier de paix entre le dit regent et le roy de Navarre[2]. Et de puis alerent vers Meullent par devers le dit roy; et de puis à Meleun devers la royne Blanche, suer du dit

1. On trouve au Trésor des chartes (Arch. nat., JJ 90) des lettres de rémission pour la plupart des prévenus nommés dans ce chapitre : Nicolas Porret ou Pourret (fol. 13 v°, n° 23); Girart et Jean Moret (fol. 13 v°, n° 21); Guillaume Le Fèvre (fol. 12 v°-13 v°, n° 20); Jean Restable (fol. 13 v°, n° 24); Jacques du Castel (fol. 15 v°, n° 30); Étienne de la Fontaine (fol. 15 v°, n° 31).

2. Ils étaient revenus d'Angleterre sur le continent, ayant complètement échoué dans leur mission, qui était la conclusion d'un traité de paix entre les rois de France et d'Angleterre. Vers le mois de mai de cette même année 1358, la paix semblait faite, et à des conditions qui ne différaient pas beaucoup de celles du traité de Brétigny. Les cessions territoriales étaient, à très peu de chose près, les mêmes, mais la rançon du roi de France était plus élevée : quatre millions d'écus d'or au lieu de trois. Une question d'argent, — le non-paiement d'un premier acompte de 600,000 écus avant la Toussaint, — et divers conflits, qui s'étaient élevés entre Édouard III et la cour de Rome, empêchèrent l'œuvre des légats d'aboutir. Les cardinaux étaient arrivés en Angleterre vers le milieu d'avril; ils en repartirent,

Roy, et par tout ne firent riens. Et s'en alerent à Avignon, et en alant le dit cardinal de Pierregort fu pillé et robé de grant avoir ; mais de puis li fu tout rendu, si comme l'en disoit. — *Item,* le premier jour de janvier, pluseurs de la ville d'Amiens qui avoient trayé la dicte ville furent decapitez.

Comment Laigny fu pilliée et gastée.

Le mardy après l'Apparicion, VIIIe jour du dit mois de janvier l'an M CCC LVIII dessus dit, les Anglois et Navarrois, qui tenoient la Ferté-soubz-Juerre, alerent à Laigny-sur-Marne et pillierent la ville et y pristrent de bonnes gens. Et de puis alerent en la dicte ville grant nombre de brigans, qui estoient venuz de Milan, qui gasterent la dicte ville par tele maniere que tous les habitans de la dicte ville s'en partirent et demoura toute gasté[e].

Comment les Anglois furent desconfiz devant Troyes.

Le samedy ensuyvant, XIIe jour du dit mois, les Anglois et Navarrois, qui tenoient une maison de l'evesque de Troyes, appellée Aiz-en-Ote[1], alerent devant Troyes, et estoient environ IIII cens. Si issirent de Troyes le conte de Vaudemont[2] et ceuls de la ville

yant perdu tout espoir, à la fin de septembre (*Scalacronica y sir Thomas Grey of Heton,* éditée par J. Stevenson, Edimbourg, 1836, in-8°, p. 177) : « Les ditz cardynaux departerent ors d'Engleter, qui desesparez estoint du tretice. »

1. Aix-en-Othe, Aube, arr. de Troyes, ch.-l. de cant.

2. Henri V de Vaudémont, prisonnier de Poitiers, mort en 374.

et desconfirent les diz Anglois, et en y ot environ vi[xx] mors, et environ[1] autant de pris, et pour celle cause les autres, qui eschapperent de la dicte besoigne[2], ardirent la dicte maison d'Ais et s'en partirent, et aussi firent autres qui tenoient une autre forteresce appellée Champlost[3], entre la riviere de Seinne et d'Yonne, et alerent tous à Regennes, près d'Aucerre[4]; et par ce le chemin, qui par avant estoit empeschié de Senz à Troyes, fu delivré.

Comment la cité d'Aucerre fut prise des Anglois et mise à raençon.

Le jour des Brandons[5] ensuyvant, x[e] jour de mars, avant le point du jour, pluseurs des garnisons anglesches, qui s'estoient assemblées à Regennes près d'Aucerre, à ii lieues, partirent du dit lieu de Regennes et alerent à Aucerre et y trouverent petite ou nulle garde. Si eschelerent la dicte ville par devers la porte de Gligny[6] et entrerent les diz Anglois dedenz, par dessus les murs, et pristrent la ville, la cité et le chastel avant que il feust heure de soleil levant[7]. Et jà soit ce que en la dicte ville y eust grant foison de genz habitanz

---

1. Mot omis par P. Paris.
2. « De la dicte besoigne ». Mots omis par P. Paris.
3. Champlost, Yonne, arr. de Joigny, cant. de Brienon.
4. Les Regennes, Yonne, arr. et cant. d'Auxerre.
5. Le premier dimanche de Carême.
6. La porte d'Egleny s'ouvrait à l'ouest (direction de Montargis). Egleny, Yonne, arr. d'Auxerre, cant. de Toucy.
7. P. Paris : « Avant soleil levant. » Voy., pour cet événe ment, les *Mémoires concernant l'histoire ecclésiastique et civil d'Auxerre et de son ancien diocèse*, de l'abbé Lebeuf, éd Challe et Quantin, 1855, t. III, p. 232-240; t. IV, p. 194, n° 311

de la dicte ville, et bien y en eust deux mile ou plus de bien armez, neantmoins y trouverent les diz Anglois petite resistance. Et à la prise de la dicte ville furent faiz chevaliers deux Anglois : l'un appellé Robin Canole, et l'autre Thomelin Fouque[1], qui estoient capitains de grant foison d'Anglois. Et si y estoient deux chevaliers anglois, dont l'un estoit appellé messire Jehan d'Arton[2], et l'autre messire Nicole Tamore[3]. Ou chastel de la quelle ville fu pris messire Guillaume de Chalon, filz du conte d'Aucerre[4], et sa femme, et pluseurs autres. Et de la dicte ville et cité eschappa pou hommes ou femmes qui ne feussent pris par les diz Anglois. Toutesvoies en mistrent ils pou à mort, mais pristrent tout à reançon et pillierent la ville par tele maniere que il n'y ot rien mucié que ilz ne trouvassent, feust en terre, en murs ou autre part. Et toutesvoies disoit l'en que ilz n'estoient pas plus de mil en toutes gens[5], maistres et varlez. Et disoient pluseurs, tant de la dicte

1. Ou Thomas Foulque (Lebeuf, *op. cit.*, p. 235); il fut fait chevalier comme Knolles.

2. Jean Dalton (Lebeuf, *Ibid.*). C'est lui qui, avec Nicolas de Tamworth, donna la chevalerie à Robert Knolles.

3. Nicolas de Tamworth. Son nom a été écrit de bien des manières. L'orthographe est Tamworth, d'après une quittance, donnée par lui-même, le 29 août 1360, et où il est appelé : Nicole Tamworze (Arch. de la Côte-d'Or, B 11923).

4. Le comte d'Auxerre, Jean III de Chalon, était déjà prisonnier des Anglais, s'étant fait prendre à la Chabotrie, l'avant-veille de la bataille de Poitiers. Guillaume de Chalon, dont il est ici question, ne doit pas être confondu, comme il l'a été généralement, avec son frère Jean IV de Chalon, l'un des principaux chefs de l'armée française à Cocherel. Guillaume de Chalon était mort avant la fin de l'année 1360 (Arch. nat., JJ 89, fol. 189, n° 429; décembre 1360).

5. P. Paris : « Que de maistres que de varlés. »

ville comme des diz Anglois, que ilz y avoient bien
trouvé de biens qui valoient v⁰ mile moutons d'or, et
les reançons des personnes singulieres qui valoient
trop grossement. Et quant les diz Anglois se virent
tous seigneurs de la dicte ville et l'orent pilliée et mis
à point leur prisonniers, environ viii jours après la
dicte prise, ilz parlerent à aucuns des plus notables habitans et leur distrent que ilz ardroient toute la ville, ou
que ilz en ardroient la plus grant partie et enforce-
roient aucuns lieux qui y estoient et les tendroient, et
ceulz qui demourroient en ce qui ne seroit ars pro-
mettroient aus diz Anglois bonne et loyal obeissance,
ou les habitans rançonneroient la dicte ville. Si fu
traictié par pluseurs journées entre les diz Anglois et
aucuns de ceuls de la dicte ville. Et finablement furent
à tel accort; c'est asavoir que les diz Anglois pour la
dicte raençon de la ville aroient xl mile moutons et
xl mile perles du pris de x mile moutons, et si empor-
teroient tous les biens que ilz avoient trouvez en la
dicte ville, se ilz vouloient, exceptez les joyaux de
l'eglise Saint-Germain, les quelx ilz prendroient pour
gaige seulement, jusques à temps que ilz feussent paiez
de la raençon dessus dicte. Mais ceuls de la ville
s'obligeroient aus religieus de la dicte eglise de Saint-
Germain[1] de rachater des diz Anglois les diz joyaux,
dedenz la Nativité saint Jehan-Baptiste après ensuyvant, ou de paier perpetuelment aus diz religieus,
chascun an, iii mile florins de rente, et si feroient les
diz Anglois abatre des murs de la dicte ville, tant comme
bon leur sembleroit, et ardoir les portes. Les quelles
choses furent accordées par ceuls qui traictoient pour

____

1. P. Paris : « A ceux de la dicte eglise. »

la dicte ville. Et pour ce alerent aucuns d'iceuls par
devers le regent pour avoir son consentement sur ce.
Et ce pendent les diz Anglois firent abatre les creneaux
des murs de la dicte ville et partie des murs, et emplir
les fossez des pierres des diz murs[1] et ardoir les
portes.

De la prise de messire James de Pipe, Anglois, et de pluseurs autres ses compaignons.

Le jeudy, XIIII[e] jour de mars ensuyvant, messire
James Pipe, messire Othe de Hollande, Anglois[2], et
environ XVI ou XVIII autres notables de leur compaignie, qui estoient partis d'Evreux, de la compaignie
du roy de Navarre et de messire Phelippe son frere,
furent pris par les compaignons de la garnison d'une
fort maison, qui est au seigneur de Garencieres[3],
appellée Grant-Seuvre[4].

Incidence. Item, le samedy, XXXe jour du dit mois de
mars, et fu le samedy devant *Letare Jherusalem*[5], fu

1. P. Paris : « Firent abatre partie des murs et les creneaux,
et emplir les fossez de la dicte ville. »

2. Appelé « Otis de Holand » par Thomas Gray (*Scalacronica*, p. 191). Il fut blessé dans la rencontre et mourut de ses blessures ; « où le dit Otis estoit naufrez, dit la chronique anglaise,
dount morust ». — Othe ou Otto de Holand était certainement
apparenté à Thomas de Holand, comte de Kent, en compagnie
duquel il partit pour la Normandie (*partes Normanniæ*), à la
fin de 1358 (Rymer, t. III, I, p. 409 ; lettres de protection délivrées par Édouard III le 26 octobre 1358).

3. P. Paris : « Garanchières. »

4. Gransores, dans la *Scalacronica*. C'est Grossœuvre (Eure,
arr. d'Évreux, cant. de Saint-André), non loin de Garancières.

5. Le quatrième dimanche de Carême.

trouvée une grant quantité de monnoie noire de divers coings, et en y avoit environ une baignoere plaine, sur I pillier de la petite Maison-Dieu de Senz[1], la quelle l'en abatoit, pour ce que elle estoit trop près des murs de la cité de Senz. Et dedenz III ou IV jours après messire Jehan de Charlon, seigneur d'Arlay[2], lors lieutenant du dit regent es parties de Champaigne et du bailliage de la dicte ville de Sens, ala à Senz pour avoir la dicte monnoie et la prist de fait et l'en fist porter à Troyes.

Comment aucuns de ceuls d'Aucerre furent desrobez en alant de Paris à Aucerre.

Tout le mois d'avril ensuivant, les Anglois, qui avoient pris la dicte ville d'Aucerre, demourerent en ycelle, en attendant ceulz qui estoient alez pour la dicte ville à Paris, par devers le dit regent, pour la dicte finance, les quelz ne retournerent point, exceptez II ou III qui en retournant furent desrobez, entre Joigny et Aucerre, d'une grant finance qu'ilz apportoient, par Bourgoignons; des quelz dessusdiz Bourguignons l'un

1. La *Petite-Maison-Dieu*, ou *Petit-Hôtel-Dieu* de Sens, avait été fondée en 1208 par Garnier des Prés, pour recevoir et héberger les pauvres pèlerins et voyageurs. Voici un détail omis par les *Grandes Chroniques*, et qui est intéressant : « En l'abattant (*la Petite-Maison-Dieu*), on trouva dans un des piliers un trésor, composé de quantité de pièces d'or et d'argent, avec un papier portant que cette somme avait été placée là par le fondateur lui-même, Garnier des Prés, pour rétablir ce même édifice dans le cas où il viendrait à être démoli ou brûlé » (Francis Molard, *Inventaire sommaire des arch. dép. de l'Yonne*, t. IV, 1897, p. LXXXV-LXXXVI).

2. Jean II de Châlon-Arlay.

estoit appellé monseigneur Symon de Saint-Aubin, chevalier, l'autre Huguenin de Binant, escuier[1], et pluseurs autres.

D'une assemblée que monseigneur le regent fist faire au Palais des genz de Paris, pour oyr prononcier les demandes du roy d'Angleterre.

L'an de grace mil CCC LIX, fu prise la ville d'Aubigny-sur-Nierre[2], par escheler, si comme avoit esté Aucerre, dont dessus est faite mencion.

Item, le jeudy, secont jour de may ensuyvant, fu arse la ville de Chastellon-sur-Louain par messire Robert Canole, qui s'en retournoit d'Aucerre à Chasteau-Neuf-sur-Loire et en aportoit sa part de la pille d'Aucerre, car le mardy precedent, derrenier jour d'avril, lesdiz Angloiz avoient laissiée la dicte ville d'Aucerre, et s'en estoient alez en leurs forteresses, à tout leur pille, et en avoient mené moult grant nombre d'ommes, de femmes et d'enfans de l'aage de x ans ou environ[3], et

1. S. de Saint-Aubin et H. de Binans étaient originaires de la comté de Bourgogne. Ils s'étaient aussi emparés de joyaux et d'autres objets de prix appartenant aux religieux de Saint-Germain d'Auxerre, et qu'on avait peut-être apportés à Paris, pour les mettre en gage. Ceci amena le Pape à s'occuper de l'affaire, afin d'obliger les voleurs à restituer au moins une partie de leur butin (Reg. Vat., 248, fol. 33 v°, 23 janv. 1366; texte communiqué par M. P. Lecacheux. — Abbé Lebeuf, *Mémoires concernant l'hist. d'Auxerre*, IV, 190, avec la date erronée du 19 janvier 1366).

2. Aubigny-sur-Nère ou Aubigny-Ville, Cher, arr. de Sancerre, ch.-l. de cant.

3. P. Paris : « De femmes et de *petits* enfants de l'aage de x ans ou environ », ce qui est plutôt contradictoire.

avoient arses les portes et abatu grant foison des murs. Et neantmoins y aloient depuis les diz Anglois souvent querir des vivres qui y estoient demourez, par especial ceuls de Regennes.

Item, le dymenche XIXe jour de may ensuyvant, fu faicte une convocation à Paris de genz d'eglise, de nobles et de bonnes viles, par lettres de monseigneur le regent[1], pour oïr certain traictié de paiz, qui avoit esté pourparlé en Angleterre entre les roys de France et d'Angleterre[2]. Le quel traictié avoit esté aporté par

1. La convocation, adressée aux habitants de Montpellier, — car aucune distinction ne fut faite entre les pays de langue d'oc et les pays de langue d'oil, — est datée du 24 avril (Arch. comm. de Montpellier. Fonds du grand chartrier, D XIX. Original, parchemin. — Publ. par A. Molinier, d'après la copie de D. Pacotte, au tome X, col. 1155-1156, de la nouvelle édition de l'*Hist. générale du Languedoc* et, d'après l'original, dans l'*Hist. de Charles V*, t. II, p. 85, n. 1). Les députés, en nombre illimité (« deux, trois ou quatre de vous des plus souffisans, saiges et convenables, etc. »), étaient attendus « dans le mois de Pâques », et même un peu avant l'expiration de ce délai, Pâques tombant cette année-là le 21 avril et la réunion annoncée ayant été fixée au 19 mai.

2. C'est le traité de Londres, ou mieux le second traité de Londres, dont le texte avait été arrêté entre les gens du roi de France et ceux du roi d'Angleterre, le 24 mars 1359. Après l'échec des négociations de l'année précédente, Édouard III avait resserré la captivité de Jean II et affirmé de nouveau ses prétentions au royaume de France. La trêve de Bordeaux devait expirer le 9 avril. Jean II, préoccupé de reculer l'échéance fatale, avait d'abord obtenu que la trêve fût prorogée jusqu'au 24 juin (Rymer, t. III, ı, p. 422; 18 mars 1359. — « De treugis Burdegalæ concordatis usque ad festum Sancti Johannis Baptistæ continuandis »). Peu de jours après, il signait un traité de paix, par lequel il cédait à Édouard toute la moitié occidentale de son royaume, du nord au sud.

devers le dit regent par monseigneur Guillaume de
Meleun, arcevesque de Sens, par le conte de Tanquarville, frere du dit arcevesque, par le conte de Dampmartin et par messire Arnoul d'Odenehan, mareschal
de France, touz prisonniers des Anglois[1]. A la quelle
journée vint po de gens, tant pour ce que l'en le fist
tart savoir, comme pour ce que les chemins estoient
moult empeschiez des Anglois et Navarrois, qui tenoient
forteresses en toutes les parties par les quelles l'en
povoit aler à Paris ; et aussi pour cause des pilleurs, qui
tenoient forteresses françoises, qui ne faisoient gueires
mieulx que les Angloiz. Et en estoit tout le royaume si
semé que l'en ne povoit aler par pays[2]. Les diz Anglois
et Navarrois tenoient le chastel de Meleun, l'isle et
toute la ville du costé devers Biere, et la partie devers
Brie estoit françoise. *Item*, ilz tenoient la Ferté-soubz-
Juerre, Oissery, Nogent-l'Artaut[3], et bien v ou vi forteresses sur la riviere de Marne ; en Brie, ilz tenoient

1. Voy. Rymer, t. III, i, p. 423 (20 mars 1359) : « Pro archie-
piscopo Senonensi, super pace reformanda et redemptione
quærenda (*la rançon personnelle de l'archevêque*) » ; — p. 425
(11 mai) : « Pro magnatibus Franciæ, super tractatu pacis, in
nuncium destinatis ». — Il faut, d'après ce sauf-conduit, ajouter aux noms donnés par les *Grandes Chroniques* celui du seigneur d'Aubigny. Le notaire royal J. Royer aurait été également envoyé en France. Les lettres de créance de Jean II sont
du 29 mars (Bibl. comm. de Rouen, coll. Leber, Menant I,
fol. 83-83 v° ; copie d'après le reg. C, fol. 253 v°, de la Chambre
des comptes).

2. « P. Paris : « Le royaume semé par telle manière que on
ne povoit aler par le païs. »

3. Nogent-l'Artaud, Aisne, arr. de Château-Thierry, cant. de
Charly.

Becoisel[1], la Houssoie[2]; en Meucien, Juylli[3]; Creeil et pluseurs autres sur la riviere d'Oyse; sur Saine, en devalant, Poissy, Meullent, Mante, Rais; et plus de cent autres en diverses parties, tant en Picardie comme ailleurs. La quelle journée du XIXe jour fu continuée de jour en jour, en attendant plus de genz, jusques au samedy ensuyvant, XXVe jour du dit mois. Au quel samedi le dit regent fu au Palais, sur le perron de marbre en la court[4], et là, en presence de tout le peuple, fist lire le dit traictié par maistre Guillaume de Dormans, advocat du Roy en Parlement, par le quel traictié apparoit[5] que le roy d'Angleterre vouloit avoir la duchié de Normandie, la duchié de Guyenne, la cité et le chastel de Saintes, toute la dyocese et païs, la cité d'Agen, la cité de Tarbe, la cité de Pierregort,

1. Becoiseau, château près de Mortcerf, Seine-et-Marne, arr. de Coulommiers, cant. de Rozoy-en-Brie.

2. La Houssaye, Seine-et-Marne, arr. de Coulommiers, cant. de Rozoy-en-Brie.

3. Juilly, Seine-et-Marne, arr. de Meaux, cant. de Dammartin.

4. Voy. p. 150, n. 2.

5. Le texte de ce traité n'est pas dans Rymer, et on n'en connaît pas d'expédition originale. Il en existe deux copies du XIVe siècle. La première, conservée à la bibliothèque communale de Poitiers, a été retrouvée, en juillet 1830, par M. Lecointre-Dupont et publiée dans le t. I de la *Revue anglo-française*, p. 388-405 (Poitiers, 1833). Ce texte, peu correct, a été réimprimé avec quelques changements par Kervyn de Lettenhove (*Chroniques* de Froissart, t. XVIII, p. 413-433). Il a servi de base à l'édition de M. E. Cosneau, qui a donné en note les variantes d'une copie moderne mais meilleure; elle est de 1618 (Bibl. nat., ms. fr. 2875). La seconde copie du XIV[e] siècle, non encore signalée, si je ne me trompe, se trouve au tome CCCV, n° 1, des V[c] de Colbert. Elle est très

la cité de Lymoges, la cité de Cahours et toutes les
dyoceses et pays, la contée de Bigorre, la contée de
Poitiers, la contée d'Anjou et du Maine, la cité et chastel de Tours et toute la dyocese et pays de Touraine,
la contée de Bouloigne, la contée de Guynes, la contée
de Pontieu, la ville de Montereil-sur-la-Mer et toute la
chastelerie, la ville de Calais et toute la terre de Merq[1],
en toute justice et seigneurie, ressort et souveraineté,
sanz ce que, des terres dessus dictes, le dit roy d'Angleterre feust en aucune maniere subget au roy de
France present, ne à ses successeurs roys de France,
mais seulement voisin. Et oultre vouloit avoir le dit
roy d'Angleterre l'ommage, ressort et souveraineté du
duchié de Bretaigne perpetuelment, si comme les
autres terres dessus dictes.

Et oultre vouloit avoir quatre milions d'escuz de
Phelippe[2], avecques toutes les autres terres que il tenoit
ou royaume de France, par tele condicion que le roy
de France devoit faire recompensacion d'autres terres
à tous ceuls qui avoient aucune chose sur les dictes
terres, par alienacion faite par les roys de France ou
par ceuls qui ont eu cause de eulx depuis que les

correcte et reproduit un original anglais, comme l'indiquent
diverses particularités que j'ai signalées ailleurs (*Hist. de
Charles V*, t. II, p. 81, n. 1). Jean le Bel (t. II, p. 245-246) et
Froissart (t. V, p. 179-181) ne font que mentionner le traité.
Les *Grandes Chroniques* en résument, avec une exactitude suf-
fisante, les principales dispositions.

1. Marcq, Pas-de-Calais, arr. de Boulogne-sur-Mer, cant. de
Calais.

2. La même rançon était stipulée dans le premier traité de
Londres, de l'année précédente. Elle fut abaissée à trois millions d'écus à Brétigny.

dictes terres et payz vindrent et furent aus roys de France.

Et encore requeroit le dit Anglois[1] avoir la possession des villes et chasteaux de Rouen, de Caen, de Vernon, du Pont-de-l'Arche, du Goulet[2], de Gisors, de Mouliniaus[3], de Arques[4], de Gaillart[5], de Vire, de Bouloigne, de Montereil-sur-la-Mer, de la Rochelle; cent mile livres d'esterlins et x seigneurs pour hostages dedenz le premier jour d'aoust ensuyvant. Et ce fait, il devoit mettre le roy de France en son royaume, en son povoir, toutesvoies tousjours loyal prisonnier jusques à ce que toutes les autres choses dessus escriptes feussent acomplies. Le quel traictié fu moult desplaisant à tout le peuple de France. Et après ce que ilz orent eu deliberacion, ilz respondirent au dit regent que le dit traictié n'estoit passable, ne faisable. Et pour ce ordenerent à faire bonne guerre au dit Anglois[6].

Comment les officiers furent rappellez par le regent et de l'aide que l'en offri pour la guerre.

Le mardy, xxviiie jour du dit mois de may, le dit regent prononça par sa bouche que, à tort et sanz

1. Art. 22 et 23 du traité.

2. Le château du Goulet était situé dans une île de la Seine, l'île aux Bœufs, dépendant aujourd'hui de Notre-Dame-de-l'Isle, Eure, arr. et cant. des Andelys (S. Luce, *Hist. de B. du Guesclin*, p. 430, n. 1).

3. Moulineaux, Seine-Inférieure, arr. de Rouen, cant. de Grand-Couronne.

4. Arques-la-Bataille, Seine-Inférieure, arr. de Dieppe, cant. d'Offranville.

5. Le Château-Gaillard, Eure, comm. des Andelys.

6. P. Paris : « aux Anglois. »

cause raisonnable, il avoit privé de ses offices les
XXII personnes qui avoient esté privez par l'ordenance
des trois estaz, l'an LVII, et que il les avoit tousjours
trouvez bons et loiaus ; mais l'evesque de Laon et les
tyrans traistres, qui lores avoient entrepris le gouvernement, li firent faire par contrainte, si comme il dist
lors, et les restitua en leurs estaz et renommées[1].

Item, le dymenche, secont jour de juing ensuyvant,
fu accordé au dit regent que les nobles le serviroient
I mois à leurs despens, chascun selon son estat, sanz
compter aler ne venir, et avecques ce paieroient les
imposicions qui seroient ordenées par les bonnes villes.
Les genz d'eglise offrirent paier les dites imposicions.
La ville de Paris offri pour la ville et viconté VI cens
glaives, IIIᶜ archiers et mil brigans[2]. Et fu ordené que
tous ceuls qui là estoient s'en retournassent en leurs
villes, pour ce que ilz ne vouloient aucune chose octroier
sanz parler à leurs villes, et que ilz renvoiassent leur

1. Voy. les lettres du 28 mai 1359, plusieurs fois reproduites,
notamment par Secousse dans le *Recueil des ordonnances*, t. III,
p. 345-359, d'après le *Mémorial* D de la Chambre des comptes,
aujourd'hui détruit. Elles avaient été enregistrées également
dans un registre de *Jugés* du Parlement (Arch. nat. X¹ᴬ 14,
fol. 447-448). Il est à remarquer que le régent donna à sa
décision la forme d'un arrêt, qu'il prononça lui-même, en
pleine audience.

2. Cf. ce que dit le continuateur de Richard Lescot, p. 138 :
« ... cum mille servientibus levis armature armatis, qui tunc
brigantes vocabantur. » Les chiffres donnés par les *Grandes
Chroniques* sont confirmés par des documents officiels : mandement original du régent aux villes d'Auvergne (30 juin 1359 ;
Arch. commun. de Riom, EE 1); lettres du même prince, en
date du 1ᵉʳ juin 1359, dont une copie se trouve dans les papiers
de Fontanieu (portefeuilles 83-84, fol. 165-185).

response dedanz le lundy après la Trinité[1]. Et depuis renvoierent pluseurs villes leur responses ; mais pour ce que le plat païs estoit tout gasté par les ennemis anglois et navarrois, et aussi par les garnisons des forteresses françoises, les dictes bonnes villes ne porent acomplir le nombre de XII mile glaives, qui li avoient esté acordez de la Langue d'oyl[2].

Comment un traictié fu fait entre le regent et le roy de Navarre.

Ou dit mois de juing, le dit regent ala à Meleun, et là se tint et fist faire le moustier du Lis fort[3], et y establi une bastide contre ses ennemis, qui tenoient le chastel et l'isle de Meleun et la partie de la dicte ville devers Biere ; et l'avoient tenue depuis l'entrée du mois d'aoust precedent. Et y estoit tousjours la royne Blanche, et Jehanne, sa suer, seurs du dit roy de Navarre. Et le dit regent et ses gens tenoient l'autre partie de la dicte ville, qui est devers Brie.

Et pendent ce que le dit regent estoit à Meleun, aucuns de ses gens traicterent de paiz avecques aucuns des gens du dit roy, à Rosny et à Veteil[4]. Et finablement furent en acort que ledit regent rendroit au dit roy de Navarre toutes les forteresses et terres que il tenoit de luy, et oultre li bailleroit encore XII mile livrées de terre et VI mile escuz de Jehan, à paier chascun an L mile jusques à XII ans. Et par ce le dit roy demourroit ami bien vueillant et aliez du roy de

1. Le 17 juin 1359. — 2. P. Paris : « La langue d'oc. »
3. Voy. ci-dessus, p. 213, n. 6.
4. Rosny, Seine-et-Oise, arr. et cant. de Mantes. — Vetheuil, même arr., cant. de Magny.

France et du dit regent, et de nouvel feroit hommage
au dit regent. Le quel traictié fu rapporté au dit regent
à Meleun. Et pour ce se parti le merquedy, derrenier
jour de juillet ensuyvant, après disner, et s'en ala par
eaue à Paris, toute jour et la nuit ensuyvant, et arriva
à Paris le jeudy bien matin, premier jour d'aoust. Et
celui jour fist assembler à heure de relevée, en la
Chambre des comptes, pluseurs de son Conseil, le prevost des marchans de Paris et aucuns autres bourgois
de la dicte ville. Et là ledit regent fist narracion du dit
traictié et dist que il ne le vouloit pas avoir passé sanz
en avoir leur avis et deliberacion. Si fu ordené que il
y auroit plus des genz de Paris. Et pour ce fu dit que
l'en retourneroit le vendredy matin, IIe jour du dit mois
d'aoust, et ainsi fu fait et fu l'assemblée en la chambre
du Parlement. Et là le dit regent repeta le dit traictié.
Si fu dit que l'en retourneroit l'andemain, jour de
samedi, tiers jour du dit mois, pour dire chascun ce
que il li en sembleroit. Au quel samedy retournerent
en la dicte chambre de Parlement, et là fu conseillié
au dit regent que il feist accort au dit roy de Navarre,
en li baillant ce que dessus est dit. Si retourna à
Mante et à Meullent le seigneur de Vignay[1], qui ces
besoignes traictoit pour le dit regent avecques aucuns
autres, par devers Friquet de Fricamp, le seigneur de
Lucé[2] et messire Regnaut de Braquemont[3], qui ces

---

1. Ainard de la Tour, seigneur de Vinay, chambellan du dauphin.

2. Pierre III d'Eschelles, sire de Lucé et de Pruillé (?). Voy.
Alouis, *les Coesmes, seigneur de Lucé et de Pruillé* (*Rev. hist.
et archéol. de Maine*, t. XII, 1882).

3. Regnaut ou Renaud, sire de Bracquemont, père de Guillaume de Bracquemont, dit Braquet.

choses traictoient pour le dit roy de Navarre. Les quelx vindrent à Paris parler au dit regent et leur ala encontre jusques à Saint-Denys Jehan Culdoe, lors prevost des marchans, acompaignié de Jehan Maillart et d'aucuns autres de Paris, afin, si comme l'en disoit, que l'en ne feist vilenie, à Paris, aus dessus nommez chevaliers du roy de Navarre. Et les conduist le dit prevost et sa compaignie jusques au Louvre, par devers le dit regent, le quel regent fist moult grant chiere aus diz Friquet, seigneur de Lucé, et Braquemont, jasoit ce que ilz eussent esté des plus principauls conseilliers du dit roy et encores estoient; et les fist mangier le dit regent à sa table, et leur fist livrer chambre au Louvre. Et furent par pluseurs journées avecques li. Et après retourna ledit de Braquemont par devers le dit roy qui estoit à Mante, si comme l'en disoit, et les deux autres demourerent à Paris.

Item, le samedy, XVII jours du dit mois d'aoust, le dit regent parti de Paris et ala à Saint-Denys au disner, et au giste à Pontoise, là où le dit roy de Navarre devoit aler pour parler à luy et pour parfaire le dit traictié.

Des hostages qui furent envoiez à Meulent avant que le roy de Navarre osast venir à Pontoise devers le regent.

Le lundy ensuyvant, XIXe jour du dit mois d'aoust, après disner, le dit regent issy hors de Pontoise pour aler au devant du dit roy, et mena le dit regent avecques luy moult de gens d'armes, et chevaucha en alant vers Meulent environ une lieue.

Et lors vit le dit roy, qui estoit issuz du dit Meulent
et venoit vers le dit regent, et avoit avecques luy environ cent hommes d'armes de ses gens, et si en y avoit
bien autant des genz du dit regent, que il avoit envoiez
contre le dit roy. Et si en y avoit aucuns qui avoient
convoiez certains hostages, que le dit regent avoit
envoiez à Meulent, pour ce que le dit roy ne vouloit ne
osoit aler à Pontoise, se il n'avoit hostages. Et furent
hostages le duc de Bourbon[1], messire Loys de Harecourt, le sire de Morency[2], le sire de Saint-Venant[3],
messire Guillaume Martel[4], le Baudrin de la Heuze[5] et
aucuns autres chevàliers, le prevost des marchans de
Paris et deux bourgois de Paris. Mais le dit roy ramena
avecques li, quant il ala devers le dit regent, les diz
prevost des marchans et bourgois, et les autres demourerent à Meulent.

Et quant le dit roy vit le dit regent sur les champs,
il renvoia ses genz à Meulent et ne retint avecques li
que XL chevaulx ou environ. Si s'approcherent l'un
vers l'autre, et avoient chascun le chaperon avalé hors
de la teste. Et quant ilz furent près l'un de l'autre, ilz
s'entresaluerent et retournerent ensemble à Pontoyse,
à l'anuitier, et furent les torches alumées à l'entrée de
la ville. Et mena le dit regent avecques li le dit roy
descendre ou chastel, ou quel le dit regent estoit herbergiez, et livra l'en au dit roy chambre dessoubz la

1. Louis II, duc de Bourbon, beau-frère du régent.
2. Charles, sire de Montmorency.
3. Robert de Wavrin, sire de Saint-Venant.
4. Guillaume VI Martel, seigneur de Basqueville. — Bac-
queville, Seine-Inférieure, arr. de Dieppe, ch.-l. de cant.
5. Le Baudrain de la Heuse, depuis peu amiral de France.

chambre du dit regent, et ce soir soupperent ensemble.

Et l'endemain, jour de mardy, fu le Conseil des II assemblez, pour traictier de l'assiete de XIIᴹ livrées de terre, que le dit regent devoit baillier au dit roy. Et requeroient le dit roy et son Conseil que l'en li baillast, pour la dicte terre, les vicontez de Faloise, de Bayeux, d'Auge et de Vire. Et de ce ne furent pas à acort les genz du Conseil du dit regent, et pour ce alerent devers le dit regent, et li distrent les requestes que faisoient les gens du dit roy et les offres qui leur avoient esté faites par les gens du dit regent. Si sembla au dit regent que l'en le seurqueroit[1] de la partie du dit roy. Et pour ce envoia le conte d'Estampes par devers le dit roy et li manda que, se il ne prenoit les offres qui li avoient esté faites de par li, les quelles estoient raisonnables, que il n'aroit paix ne accort à li, mais le feroit mettre seurement là où il l'avoit pris, et après feist chascun le mieulx que il pourroit. La quelle chose le dit roy ne voult accorder, et cuida l'en que le traictié feust tout rout[2].

Du bel langaige que le roy de Navarre dist au
Conseil du regent.

L'endemain, jour de merquedy, XXIe jour du dit mois d'aoust, le dit roy manda un pou avant disner le Conseil du dit regent, pour aler parler à li en sa chambre, et leur dist que il vouloit estre bon amy du roy de France, du dit regent et du royaume, car il veoit bien, si comme il disoit, que le royaume estoit sur le point

1. Qu'on lui en demandait trop.
2. P. Paris : « Rompu. »

de estre destruit, et il, qui estoit si prochain de par
pere et de par mere, ne le povoit ne vouloit souffrir, et
pour ce ne vouloit avoir terre ne argent, fors seulement la terre que il avoit par avant, mais se vouloit
emploier à faire tout le bien que il pourroit pour le
royaume. Et il pensoit que, se il faisoit bien, l'en li
desserviroit. Et dist oultre que il vouloit ces choses
dire devant le peuple.

Et, ces choses ainsi dites au Conseil du dit regent, le
dit Conseil s'en retourna devers le dit regent, et li dist
ces choses, dont le dit regent fu moult liez, et aussi
furent communelment tous ceuls qui l'oyrent, car par
avant l'en tenoit que tout le traictié estoit rompu. Et
disoient pluseurs que Dieux avoit inspiré le dit roy, se
il disoit en bonne entencion ce que il disoit. Et lors fu
ordené que l'en feroit venir des gens de la dicte ville
de Pontoise en la sale du chastel, et que le dit roy
diroit les choses dessus dites. Et ainsi fu fait celi
jour. Et leur dist le dit roy ce que dessus est dit,
et oultre que il delivreroit les forteresses toutes, qui
avoient esté prises, de puis que il avoit esté ennemy du
Roy et du dit regent, par ses gens ou aliez. Et assez
tost après se partirent les Anglois qui estoient à
Poissy, de Chaumont-en-Veuquecin[1], à Jouy[2], à la
Ville-ou-Tertre[3] et à Latainville[4]. Dont pluseurs disoient

1. Chaumont-en-Vexin, Oise, arr. de Beauvais, ch.-l. de cant.
2. Jouy-sous-Thelle, Oise, arr. de Beauvais, cant. d'Auneuil.
3. La Villetertre, Oise, arr. de Beauvais, cant. de Chaumont.
4. Lattainville, Oise, arr. de Beauvais, cant. de Chaumont.
Voy., pour ce nom de lieu et ceux qui précèdent, S. Luce,
*Hist. de B. du Guesclin. Tableau des lieux forts occupés en
France par les compagnies anglo-navarraises, de 1356 à 1364
(Oise)*, p. 491-493.

que le dit roy de Navarre feroit bien besoigne, et que
par la dicte paix grant bien vendroit au royaume. Et
autres disoient que le dit roy faisoit tout ce que il faisoit cautement et par malice, pour decevoir le dit
regent et le peuple, et que il ne feroit jà bien.

Comment monseigneur le regent parla bien en Parle-
ment pour le roy de Navarre, et de la response que
fist maistre Jehan des Marès contre pluseurs traistres.

Le samedy, xxiiiie jour du dit mois d'aoust, le dit
regent s'en retourna de Pontoyse à Paris, et le dit
roy s'en ala à Meulent. Et dorent estre ensemble à
Paris, le dymenche, premier jour du mois de septembre ensuyvant, pour ordener du fait de la guerre,
pour ce que l'en disoit que le navire du roy anglois
estoit tout prest, et que yceli roy devoit briefment
passer, à grant ost, pour venir en France. Et jà soit
ce que le dit regent eust envoié lettres par tout le
royaume, contenanz le traictié de paix de li et du roy
de Navarre, par les quelles il se penoit, tant comme
il povoit, de recommander le dit roy et de le mettre
en la grace du peuple[1], toutes voies ne le voult-il ou
n'osa faire venir à Paris jusques il eust parlé au peuple
sur ce. Et pour ce fist une grant assemblée en la

1. On retrouve aux archives communales de Montpellier
(Fonds du Grand Chartrier, D. XIX), sous la date du 24 août,
un exemplaire de ces lettres, qui confirme de tout point le récit
des *Grandes Chroniques* (publ. dans l'*Hist. de Charles V*, t. II,
p. 437, pièce XXXIV). Voy. aussi aux Arch. de l'Hérault, Reg.
de la sénéchaussée de Nîmes et de Beaucaire, t. IV, fol. 381 v°,
des lettres du même jour, plus brèves et moins intéressantes,
adressées au sénéchal.

Chambre de Parlement et là recita au peuple le traictié et la paix de li et du dit roy, et leur dist de sa bouche que il ne vouloit point faire venir le dit roy à Paris, se ce n'estoit de leur gré, et que il ne voudroit point que l'en feist ne deist au dit roy, ne à aucun de ses gens, chose qui leur deust desplaire.

Et lors un advocat de Parlement, appellé maistre Jehan des Mareiz[1], pour et ou nom du prevost des marchans et de la dicte ville, respondi en substance que le peuple de la dicte ville de Paris estoit liez et joieux de la bonne paix dessus dicte, et leur plaisoit bien que le dit regent feist venir à Paris le dit roy, toutesfoiz que il li plairoit, mais les bonnes gens de la dicte ville de Paris supplioient audit regent que il ne vousist souffrir que à Paris venissent aucuns traistres, que le dit maistre Jehan nomma lors hautement, en audience de tous. Et dist au dit regent que, se ilz venoient à Paris, que il tenoit fermement que le peuple ne les y pourroit souffrir. Et estoient ceuls dont les noms s'ensuyvent : maistre Robert Le Coq, evesque de Laon, maistre Michiel Casse, chancelier de l'eglise de Noyon[2], Jehan de Sainte-Aude[3], Pierre de la Court

1. Jean des Marès. Bien qu'il soit qualifié simplement avocat de Parlement, il est possible qu'il fût déjà avocat du Roi. Voy., à son sujet, *Hist. des avocats au Parlement de Paris*, p. 362-364.

2. Sur Michel Casse et la part qu'il eut à l'occupation de l'île de Melun par les Navarrais, voy. Léon Le Grand, *Épisode de l'occupation de Melun par l'armée du roi de Navarre (1358)*, dans les *Annales du Gâtinais*, t. VII (1889), p. 285-292. Michel Casse figure au nombre des 300 partisans du roi de Navarre, qui, après le traité de Brétigny, obtinrent de Jean II des lettres de rémission (Secousse, *Recueil*, p. 179, 181).

3. Voy. p. 138, n. 1.

neuve[1], Vincent du Valricher[2], Pierre des Barres[3], Gieffroy le Flament, du porche Saint-Jaque[4], et aucuns autres.

Le quel regent respondi que ce n'estoit pas s'entencion ne sa volenté que lez diz traistres venissent à Paris, et, jasoit ce que le dit roy li eust fait requeste pour les dessus diz, à fin que il leur pardonnast tout, toutesvoies ne li avoit-il voulu acorder ne pensoit à faire.

De l'outrageus subside, que les genz du roy de Navarre prenoient sur toutes marchandises, qui avaloient le pont de Meleun.

Le dymenche, premier jour de septembre, l'an mil CCCLIX dessus dit, le dit regent ala à Saint-Denys, à l'encontre du dit roy de Navarre, qui y devoit estre et qui y fu, et, le soir, celui jour, vindrent à Paris au giste, et le mena le dit regent avecques li descendre au Louvre, et furent ensemble toute celle semaine, et le festoia et honora le dit regent moult grandement ; et fist le dit regent pluseurs graces et dons à pluseurs des gens du dit roy, qui avoient esté traistres du dit roy de France et du regent, son filz.

1. Drapier de Paris, l'un des partisans les plus déclarés d'Étienne Marcel.

2. Vincent du Valricher ou du Vauricher, bourgeois de Paris, l'un des meneurs des États de 1356 et de 1357.

3. Orfèvre parisien.

4. Du porche Saint-Jacques. Cette addition a sans doute pour but de le distinguer d'un autre Geoffroy le Flament, qui, à la même époque, était échevin de Paris (Bibl. nat., Clairambault XXXIV, n° 101, et vol. CVIII, n°s 23 et 24).

Et avoient les gens du dit roy de Navarre grant asseiz[1] et grant voiz par devers ledit regent, dont pluseurs bonnes personnes, qui bien et loyalment avoient servy le dit regent, en avoient grant desplaisir. Et la semaine ensuyvant se parti le dit roy de Paris, et s'en ala à Meleun pour mettre hors, si comme l'en disoit, pluseurs Navarrois, qui encores y estoient, dont il ne fist riens. Et levoit l'en de toutes marchandises, qui passoient par l'arche du pont de Meleun trop grans subsides, c'est asavoir : de chascun tonnel de vin, VI escuz d'or; de chascun muy de grain, II escuz; de XXV molles de busche, I escu; d'une couple de foin, VIII escuz; d'un millier de costerez, I escu, et des autres choses, à la valeur; et disoit l'en que c'estoit pour paier les Navarrois, qui avoient demouré ou chastel et en la ville de Meleun, qui s'estoit tenue de la partie dudit roy de Navarre; dont moult de gens estoient merveilliez, car il convenoit que ceuls qui avoient esté ennemis des François et qui les avoient pilliez, robez et tuez, feussent paiez de leurs gaiges, du temps que ilz avoient esté ennemis du chastel et de la chevance des François. Et quant le dit roy de Navarre ot esté à Meleun avecques ses suers[2], la royne Blanche et Jehanne, par IIII jours ou V[3], il s'en parti et y laissa encore les diz Navarrois. Et si ne delivra pas Creeil qui estoit tenuz par les Anglois, et toutesvoies avoit-il promis à le delivrer, mais que l'en li baillast VI mile royaux, des quelz la ville de Paris fist finance.

---

1. Mot qui, malgré une certaine irrégularité grammaticale, ne peut s'expliquer que par le français moderne *accès*.

2. Voy. ci-dessus, p. 215.

3. P. Paris : « Par quatre fois ou par cinq. »

Mais ilz ne furent pas bailliez au dit roy, pour ce que l'en ne veoit pas que la delivrance du dit Creeil[1] feust bien preste, car un Anglois en estoit capitain, qui estoit appellé messire Jehan de Foudrigay[2], qui ne le vouloit pas rendre sanz plus grant finance que de vi mile royaux.

Comment monseigneur le regent ala à Rouen, et d'une incidence.

Le huitiesme jour du dit mois de septembre, parti de Paris le dit regent pour aler à Rouen, et ala à Saint-Denys, où il demoura ii jours, et après à Pontoyse et à Vernon, et entra en la dicte ville de Rouen le xviiie jour du dit mois.

En cest an, furent les mois de juillet, d'aoust et le commencement de septembre si pluyeux, que la plus grant partie des grains furent tous germez aus champs, pour ce que l'en ne les povoit mener à ville. Et disoit l'en que, tant pour celle cause comme pour les pilleries que ceuls qui estoient ès garnisons françoises faisoient, il seroit moult grant cherté de blé. Et dès lors encherist forment, car le sextier de forment valoit à Paris, à la Saint-Remy, iiii livres pari-

1. Creil, Oise, arr. de Senlis, ch.-l. de cant.
2. Jean de Foderynghay (Foderynghey, Fodrynghey), appelé Jean Fourdrigais (Foudrigay, Foudrigais) dans les chroniques françaises et dans plusieurs lettres de rémission. Il servait en Bretagne à la date du 14 septembre 1355, sous les ordres d'Henri, duc de Lancastre, capitaine et lieutenant du roi d'Angleterre dans cette province (Rymer, III, i, p. 312). Il fut capitaine de Creil, et l'un des trois chevaliers anglais qui négocièrent un projet de traité avec les envoyés du roi de Navarre, le 1er août 1358.

sis et plus, et une queue de vin vermeil de Bourgoigne valoit plus de L livres parisis; mais la monnoie estoit foible, car un escu valoit bien XLVIII soulz parisis, et assez tost apres valut LII soulz parisis[1].

De la revenue du regent à Paris, et des noces Jehan, conte de Harecourt, et comment le catau de Buef prist la ville de Clermont.

Le lundy, VIIe jour du mois d'octobre ensuyvant, retourna le dit regent de Rouen à Paris, et entra le dit lundy, environ soleil levant, à Paris, acompaignié de XVI hommes de cheval ou environ, et avoit chevauchié toute nuit[2], car le dymenche precedent il avoit souppé bien tart à Vernon[3], et de là s'en vint toute nuit à Paris.

Item, le lundi XIIIIe jour du dit mois d'octobre, Jehan, conte de Harecourt, fil du conte de Harecourt, qui avoit eu la teste couppée à Rouen, si comme dessus est devisé, espousa Katherine, suer du duc de Bourbon, et fille du duc qui avoit esté mort en la bataille de Poitiers, là où le roy Jehan fu pris, et suer

1. Sur les mutations monétaires de l'année 1359 et l'effondrement des cours en ce qui concerne les monnaies d'argent, voy. ci-dessous, p. 256, n. 1, et E. Bridrey, *Nicole Oresme*, p. 502.

2. La précipitation de ce retour a pu tenir aux nouvelles, qu'il aurait reçues du débarquement du duc de Lancastre, arrivé à Calais vers le 1er octobre. Le 12 octobre, le dauphin écrivait aux habitants de Montpellier qu'il avait « nouvellement entendu tout pour certain que le roy d'Engleterre est entré en mer et vient descendre à Calays ou en Normandie » (Arch. comm. de Montpellier. Fonds du Grand Chartrier, D. XIX).

3. Vernon, Eure, arr. d'Évreux, ch.-l. de cant.

aussi de la duchesce de Normandie, de la royne d'Espaigne et de la contesse de Savoye[1]. Et furent les
noces au Louvre, près de Paris, et y furent present le
dit regent et le roy de Navarre.

Item, le mardy XIIe jour de novembre ensuyvant,
fu la tour de pont Sainte-Maixence prise par certains
Anglois, que le capitain de la tour tenoit prisonniers
dedenz la dicte tour[2].

Item, le lundy ensuyvant, XVIIIe jour du dit mois de
novembre, l'an mil CCC LIX dessus dit, devant le point
du jour, fu eschellé le chastel de Clermont en Biauvoisin et la ville prise par un Gascoing, de la partie du
roy anglois, appellé le catau de Buef[3], le quel estoit
venu à Mante par devers le roy de Navarre, son cousin et amy tres especial, soubz sauf conduit du dit
regent, le quel sauf conduit avoit esté donné par le
dit regent au dit catau, à la requeste et priere du dit
roy de Navarre. Et, le dit sauf conduit durant, il prist
les diz chastel et ville de Clermont.

1. Blanche de Bourbon avait épousé Pierre le Cruel et Bonne
de Bourbon, Amédée VI, le comte Vert.

2. D'après Jean de Venette (*Contin. Chron. Guill. de Nangiaco*, p. 295), ce serait la garnison anglaise de Creil qui, après
avoir abandonné cette ville, aurait occupé Pont-Sainte-Maxence.
— Pont-Sainte-Maxence, Oise, arr. de Senlis, ch.-l. de cant.

3. Jean de Grailly (ou mieux Greilly), captal de Buch. Les
Gascons avaient la spécialité des escalades. Les comptes d'Amé-
dée VI, le beau-frère du régent, mentionnent plusieurs fois, à
l'année 1363, des *Gascones eschalatores*, au service du comte de
Savoie (Turin, Arch. camerale. Conti della Tesoreria generale di
Savoia, Rot. XXIII. Textes cités par M. F. Gabotto, dans *la
Guerra del Conte Verde contro i marchesi di Saluzzo e di
Monferrato nel 1363*).

*Comment le roy d'Angleterre et ses filz avecques leur
effors vindrent devant Reins, et de la mort de Martin
Pizdoe, bourgois de Paris.*

En celui mois de novembre, le dit roy d'Angleterre,
le prince de Gales, son ainsné filz, et autres de ses
filz[1], le duc de Lenclastre et toute la puissance d'Angleterre passerent la mer et arriverent à Calais, et
chevaucherent par l'Artoys et par le Vermendoys droit
vers Reins, et mistrent le siege devant la dicte ville
de Reins, d'une part et d'autre de la riviere de Veele[2].
Et fu le dit roy d'Angleterre logié à Saint-Baale[3], à
IIII lieues de Reins ou environ. Le prince de Galles,
son ainsné filz, estoit à Ville-Domange[4], à II lieues de
Reins; les conte de Richemont[5] et celui de Norentonne[6], à Saint-Tierry[7], à II lieues de Reins; le duc de
Lenclastre à Brimont[8], assez pres de Reins; le mares-

1. Froissart, *Chroniques*, t. V, p. 199 : « Quant li rois
d'Engleterre fu arrivés à Calais et li princes de Galles ses ain-
nés filz et encores troi de ses enfans, messire Leoniel, conte
de Dulnestre, messires Jehans, contes de Ricemont, monsi-
gneur Aymon, le plus jone des quatre, etc. »

2. La Vesle, affluent de l'Aisne.

3. Ancienne abbaye, aujourd'hui détruite, sur le territoire
de la commune actuelle de Verzy (Marne, arr. de Reims, ch.-l.
de cant.).

4. Villedomange, Marne, arr. de Reims, cant. de Ville-en-
Tardenois.

5. Jean de Gand, comte de Richmond, 4e fils d'Édouard III.

6. William de Bohun, comte de Northampton.

7. Saint-Thierry, Marne, arr. de Reims, cant. de Bourgogne.
Siège d'une ancienne abbaye.

8. Marne, arr. de Reims, cant. de Bourgogne.

chal d'Angleterre[1] et messire Jehan de Biauchamp[2] estoient à Bretigny[3], à une lieue de Reins. Et chevau-choient chascun jour les genz dessus nommez tout environ Reins, par tele maniere que à paines povoit aucun de pié ou de cheval entrer dedenz la dicte ville ne issir[4].

Item, le samedy derrenier jour du dit mois de novembre, jour de la Saint-Andry, le dit regent publia, en la Chambre de Parlement, certaines ordenances que il avoit faictes en son conseil celle semaine, sur la rescription des officiers royaux, les quelz il jura, en sa personne, la main mise sur le livre, et aussi les fist jurer à ses officiers, qui presens estoient[5].

Item, le lundy, penultime jour du mois de decembre ensuyvant, un bourgois de Paris, appellé Martin Pizdoe, fu decapité ès hales de Paris, sur un eschaffaut. Et apres ot couppé les ii braz et les ii jambes, et fu sa teste mise sur le pilori des hales, et chascun des diz membres fu pendu au dehors de iiii des principals

1. Roger Mortimer, comte de March.
2. Frère de Thomas de Beauchamp, comte de Warwick.
3. Bétheny, Marne, arr. et cant. de Reims.
4. A différentes reprises, de courageux émissaires parvinrent à percer la ligne d'investissement. Les lettres de rémission nous ont conservé les noms de deux d'entre eux : Roger et Jean de Bourich (Arch. nat., JJ 90, fol. 247, n° 495; texte publié par S. Luce, *Froissart*, t. V, p. lx, n. 7).
5. *Ordonnances des rois de France*, t. III, p. 390-392 : « Ordinacio generalium officialium camere Parlamenti, Inquestarum, Requestarum, Compotorum et aliorum officiorum, facta vigesimo octavo novembris millesimo trecentesimo quinquagesimo nono. »

portes de Paris, chascun membre à une potence de
fust, qui pour celle cause fu faite. Et fu le dit bourgois ainsi executé, pour ce que il avoit traictié avecques
aucuns familiers et officiers du roy de Navarre de
trahir la ville de Paris et le dit regent. Et devoient
entrer à Paris gens d'armes par diverses portes, et
eulz herbergier en divers lieus. Et aucuns d'euls
devoient aler au Louvre, où devroit estre le dit regent,
plus fors que le dit regent. Et là devoient tuer tous
ceuls que ilz vousissent, et apres courir toute la ville
et prendre les places par la ville, afin que les gens de
la dicte ville ne se peusent assembler. Et fu ceste
chose revelée par un autre bourgois, appellé Denisot
le Paumier, à cui le dit Martin avoit la chose descou-
verte, afin qu'il fust de l'aliance dessus dite[1].

*Comment le roy d'Angleterre se parti de devant Reins
senz riens faire, et de la prise de pluseurs chevaliers
françoiz devant Tournelles.*

Le dymenche, xie jour de janvier, environ mienuit,
le roy d'Angleterre et tout son host, apres ce que il ot
demouré en son siege devant Reims par XL jours, se
desloga et s'en parti senz ce qu'il eust onques donné

1. Le récit des *Grandes Chroniques* est confirmé par des
lettres de rémission, transcrites dans un registre du Trésor
des chartes (Arch. nat., JJ 90, fol. 188-188 v°, n° 369, et
fol. 193 v°-194, n° 382; décembre 1359). Le second de ces
deux textes, dont un extrait a été publié par Secousse (*Recueil*,
p. 162-163), reproduit d'une façon assez vivante un dialogue,
échangé entre Martin Pisdoe et un bourgeois de Paris, Jean le
Chanevassier, à qui les mêmes ouvertures avaient été faites
qu'à Denis ou Denisot le Paumier.

assault, ne donnast à la dicte ville[1], et s'en ala droit vers Chaalons, et passa par devant sanz arrester et sanz y donner assault. Et passa la riviere de Marne au dessus de la dicte ville, et chevauchierent par la Champaigne, et passerent la riviere d'Aube et celle de Seine à Mery[2] et à Pons[3]. Et passa l'ost du duc de Lanclastre par devant Sens sanz y donner assault. Et le roy anglois et ses enfans s'en alerent par devers Cerisiers[4] et par devers Brinon-l'Arcevesque[5], et allerent par devant Aucerre vers Rogemont[6]. Et demoura le roy une piece en une ville, que l'en appelle Guillon[7]. Et là alerent à luy ceuls du duchié de Bourgoigne, et firent pactiz avecques li et li donnerent II cens mile florins, afin que il ne feist damage oudit duchié, et si li acorderent que il eust des vivres ou pays pour son argent[8]. Et, ce fait, le dit roy se parti

1. Voy. en sens contraire la *Chron. des quatre premiers Valois*, p. 105-106, qui parle assez longuement, quoique en termes fort vagues, d'un assaut qui aurait été donné à la place et aurait duré un jour entier.

2. Méry-sur-Seine, Aube, arr. d'Arcis-sur-Aube, ch.-l. de cant.

3. Pont-sur-Seine, Aube, arr. et cant. de Nogent-sur-Seine.

4. Yonne, arr. de Joigny, ch.-l. de cant.

5. Brienon-sur-Armançon, Yonne, arr. de Joigny, ch.-l. de cant.

6. Rougemont, Côte-d'Or, arr. de Semur, cant. de Montbard. Ancienne abbaye de bénédictines.

7. Yonne, arr. d'Avallon, ch.-l. de cant.

8. Tout le dossier du traité de Guillon est aux archives départementales de la Côte-d'Or (B. 11922-11925). Plusieurs des pièces relatives à ce traité ont été publiées, mais d'une façon souvent très incorrecte, par D. Plancher, notamment le texte de l' « endenture » ou de la convention principale (*Hist. générale et particulière de Bourgogne*, t. III, *Preuves*, p. 250-

et s'en ala vers Nevers, et passa la riviere d'Yonne à
Colenges-sur-Yonne[1]. Et envoierent ceuls de la contée. de Nevers par devers luy, et raençonnerent toute
la contée et la baronnie de Donzi-ou-Pré[2]. Et lors se
mist à chemin à s'en venir par le Gastinois droit vers
Paris, et vint li princes de Galles par devers Moret[3],
droit à une forteresse, qui lors estoit anglesche, appellée les Tournelles, devant la quelle forteresse pluseurs de la partie de France avoient fait une bastide et
se y estoient mis à siege[4]. Et jasoit ce que ilz sceussent
bien la venue du dit prince, ilz ne s'en partirent point.
Si ce mist le dit prince devant la dicte bastide et les
fist assaillir, et finablement, dedenz trois ou quatre
jours apres, les diz François, qui estoient dedenz la
dicte bastide, pour ce que ilz n'avoient que boire ne
que mangier, se rendirent au dit prince. Et là furent
pris messire Haguenier, seigneur de Bouville, le seigneur d'Aigreville, messire Jehan des Barres, messire Guillaume du Plessié et messire Jehan Braque,
tous chevaliers, et pluseurs autres, jusques au nombre
de XL combatans ou environ[5].

253, n° 295). Rymer a donné un bon texte de l'*endenture* (t. III,
ɪ, p. 473).

    1. Coulanges-sur-Yonne, Yonne, arr. d'Auxerre, ch.-l. de cant.

    2. Donzy-le-Pré, Nièvre, arr. de Cosne, cant. et comm. de
Donzy.

    3. Moret, Seine-et-Marne, arr. de Fontainebleau, ch.-l. de cant.

    4. Les Tournelles, Seine-et-Marne, arr. de Fontainebleau,
cant. de Lorrez-le-Bocage, comm. de Villemaréchal. Voy.
H. Stein, *l'Affaire de Villemaréchal (1360)*. Paris, Picard, 1893,
in-8°.

    5. Guillaume de Bouville, dit Haguenier, frère de Charles
de B., qui fut gouverneur de Dauphiné sous Charles VI;
Jacques d'Égreville; Jean des Barres, surnommé le Borgne,

Item, le lundy devant Pasques flories, XXIII jours de mars, l'an mil CCC LIX dessus dit, fu la monnoie publiée à Paris, à II deniers pour le denier blanc, qui par avant valoit II sols parisis, et le royal d'or, que l'en mettoit par avant pour XIIII livres parisis, à XXXII sols parisis[1]. Et valoit lors le sextier de bon fourment XLVIII livres parisis ou environ de la dicte foible monnoie.

Item, le mardi devant Pasques les grans, derrenier jour de mars l'an M CCC LIX dessus dit, le dit roy d'Angleterre se loga en l'ostel de Chantelou[2], entre Montlehery[3] et Chastres[4], et tous ses enfans et tout son ost es villes d'environ, jusques près de Corbueil et jusques à Loncjumel[5]. Et fu emprise journée de traictier de paix, par le moyen de frere Symon de Langres, lors maistre de l'ordre des Jacobins, legat

seigneur de Villeneuve-la-Guyard et de Chaumont-sur-Yonne; Guillaume du Plessis, qui fut bailli de Troyes; Jean Braque, un des fils d'Arnoul le Vieux (H. Stein, *op. cit.*).

1. *Ordonnances des rois de France*, t. III, p. 401 (27 mars 1360) : « ... ordonnons que les royaulx d'or que mon dit seigneur et nous avons fait faire, faisons et ferons faire, n'ayent cours et ne soient prins et mis que pour trente-deux solz tournois la pièce, et non pour plus. » — « Et les blancs deniers à l'estoille qui ont eu cours pour deux solz tournois la pièce, ne soient prins et mis que pour deux deniers tournois la pièce. » — Le royal d'or au cours de quatorze livres parisis (de 17 à 18 livres tournois) montre bien la hausse extraordinaire de l'or et l'avilissement incroyable des espèces d'argent (Bridrey, *Nicole Oresme*, p. 502).

2. Chanteloup, Seine-et-Oise, arr. de Corbeil, cant. d'Arpajon, comm. de Saint-Germain-lès-Arpajon.

3. Montlhéry, Seine-et-Oise, arr. de Corbeil, cant. d'Arpajon.

4. Aujourd'hui Arpajon.

5. Longjumeau, Seine-et-Oise, arr. de Corbeil, ch.-l. de cant.

de par le Pape en France pour celle cause[1], qui jà par pluseurs foiz avoit esté par devers le dit roy d'Angleterre et aussi par devers le dit regent. Et assemblerent les traicteurs le venredy benoist[2], tiers jour du moys d'avril ensuyvant, en la maladerie de Loncjumel, et là furent pour le dit regent le seigneur de Fiennes[3], lors connestable de France, messire Jehan le Mangre[4], dit Bouciquaut, lors mareschal de France, le seigneur de Garencieres[5], le seigneur de Vignay, du pays de Vienne, monseigneur Symon de Bucy et messire Guychart d'Angle[6], chevaliers, et aucuns clercs conseilliers et secretaires. Et pour le dit roy d'Angleterre y furent le duc de Lanclastre, le conte de Norentonne[7], le conte de Waruhic[8], messire Jehan de Chandos, tous Anglois, messire Gautier de Manny, henoier[9]. Et tantost s'en departirent sanz faire aucun traictié.

Comment le roy d'Angleterre vint près de Paris, ly et son ost, et fu l'en assemblé pour traicter de la paix, mais l'en ne pot lors accorder.

L'an de grace mil CCC LX, le mardy après Pasques les grans, qui fu le VIIe jour du moys d'avril, le dit roy d'Angleterre et tout son host se deslogerent et s'aprou-

1. Nommé maître général des Dominicains en 1352 (Denifle et Chatelain, *Chartularium Universitatis Paris.*, t. II, n° 1052).
2. Le vendredi saint.
3. Robert de Fiennes, dit Moreau.
4. Jean le Maingre, dit Boucicaut, maréchal de France.
5. Yon, seigneur de Garancières.
6. Guichard d'Angle, ancien sénéchal de Saintonge.
7. William de Bohun, comte de Northampton.
8. Thomas de Beauchamp, troisième comte de Warwick.
9. Gautier de Masny, originaire du Hainaut.

cherent de Paris, et se logierent celui jour, c'est asavoir le dit roy à Chasteillon[1] emprès Mont-Rouge[2], et les autres à Icy[3], à Vanves[4], à Vaugirart[5], à Gentilly[6], à Quaichant[7] et ès autres villes environ. Et celui jour s'en monstrerent pluseurs en batailles devant Paris, mais pour ce ne issy aucun de la dicte ville.

Item, le venredy ensuyvant, x[e] jour du dit mois d'avril, retournerent aucuns des dessus nommez pour le dit regent, pour traictier par l'amonnestement de l'abbé de Cligny[8], qui tantost estoit venu de par le Pape[9], pour traictier entre les parties. Et assemblerent les traicteurs en une maladerie, qui est oultre la Tumbe-Ysore[10], nommée la Banlieue[11]. Et y furent pour le dit Anglois les autres dessus nommez. Et tantost se partirent aussi sanz aucun traictié faire, si comme ilz avoient fait par avant.

1. Châtillon-sous-Bagneux, Seine, arr. et cant. de Sceaux.

2. Commune comprise depuis 1860 dans l'agglomération parisienne.

3. Issy-sur-Seine, Seine, arr. et cant. de Sceaux.

4. Vanves, Seine, arr. et cant. de Sceaux.

5. Commune comprise depuis 1860 dans l'agglomération parisienne.

6. Seine, arr. de Sceaux, cant. de Villejuif.

7. Cachan, Seine, arr. de Sceaux, cant. de Villejuif, comm. d'Arcueil.

8. Androuin de la Roche.

9. Il avait été accrédité par le Pape pour cette mission spéciale, en même temps que Hugues de Genève, seigneur d'Anthon (Reg. Vat. 240, 2e partie, fol. 25 v°. Lettre d'Innocent VI en date du 4 mars 1360 adressée audit Hugues).

10. Ce lieu dit est encore rappelé aujourd'hui par la rue de la Tombe-Issoire.

11. Voy., au sujet de cette maladrerie, Lebeuf, *Hist. de tout le diocèse de Paris*, nouv. éd., t. IV, p. 22-23.

Comment l'en rassembla à Bretigny pour traicter, et sont ci les noms de ceulz qui furent commis, tant d'une partie comme d'autre.

Le dymenche jour de Quasimodo, XIIe jour du dit mois d'avril, l'an dessus dit, le dit roy d'Angleterre et tout son host se deslogerent des villages d'entour Paris à matin et en vindrent pluseurs batailles assés près de Saint-Marcel[1], en faisant semblant qu'ilz attendissent que l'en issist de Paris pour les combatre ; mais riens n'en fu fait, jasoit ce que en la dicte ville eust grant foison de genz d'armes nobles et autres avecques ceuls de la dicte ville. Mais les portes et les murs furent bien garniz des dictes gens d'armes et de ceuls de la ville de la partie d'oultre Petit pont, et n'estoit point la dicte ville effrayée. Et quant les diz Anglois orent demouré sur les champs jusques environ heure de tierce[2], ilz s'en partirent et s'en alerent après leur charroy[3] et leurs autres batailles, qui s'en aloient devant le chemin vers Chartres. Et bouterent dès le samedy precedent les feux en grant foison de villes entour Paris et de ce cousté, et alerent jusques vers Bonneval[4] et vers Chastiaudun[5]. Et firent assez sentir, tant par l'abbé de Cligny, legat de par le Pape en France pour traictier de paix, comme par autres, que ilz entendroient volentiers au traictié de paix, se le dit regent

---

1. Le faubourg Saint-Marceau.
2. Vers 10 heures du matin.
3. P. Paris : « Charios. »
4. Eure-et-Loir, arr. de Châteaudun, ch.-l. de cant.
5. Châteaudun, Eure-et-Loir, ch.-l. d'arr.

vouloit envoier par devers euls. Et pour ce, par deliberacion de conseil, le dit regent envoia à Chartres pluseurs de son Conseil, entre les quelz furent messire Jehan de Dormans, evesques de Beauvais et chancelier de Normandie[1], messire Jehan de Meleun, conte de Tanquarville, le quel estoit encores prisonnier des Anglois dès la bataille de Poitiers[2], là où le roy de France avoit esté pris, messire Jehan le Mangre, dit Bouciquaut, mareschal de France, le seigneur de Montmorency[3], le seigneur de Vinay[4], messire Jehan de Grolée[5], messire Symon de Bucy, premier president

1. Voy. ci-dessus, p. 162, n. 1.

2. P. Paris : « Prisonnier de la bataille de Poitiers aux Anglois. »

3. Charles, seigneur ou sire de Montmorency, déjà très en faveur. Il fut un des parrains du fils aîné de Charles V, le futur Charles VI. — Le 26 avril 1360, il donne quittance, à Paris, à Nicolas Odde, trésorier des guerres du Roi et du régent, de cinquante royaux d'or, pour cause de ses dépens, « faiz et à faire en certain voiage, pour certain traictié que on entend à faire entre le Roy nostre sire et mon dit seigneur le regent, d'une part, et le roy d'Angleterre, d'autre » (Bibl. nat., Clairambault LXXVII, n° 142). Le 3 mai suivant, quittance du même à « Berthelot Jehan, receveur de Chartres », de la somme de cent livres tournois, prise « des deniers de la dite recepte », pour ses « despenz faiz en la dite ville de Chartres durant le traitié de la pais et acors, faiz devant la dite ville de Chartres, pour le Roy nostre sire et mons. le regent, d'une part, et le roy d'Angleterre, d'autre part » (Bibl. nat., P. O. 2031, d. 46438, MONTMORENCY, n° 10).

4. Bibl. nat., Clairambault CVI, n° 167 (3 mai 1360). Quittance d'Ainard de la Tour, seigneur de Vinay, au receveur de Chartres, de la somme de 120 livres tournois, pour ses dépens faits en la ville de Chartres, « durant le traitié de la pais et acort faiz devant ladite ville, etc. ».

5. Jean de Grôlée, sire de Neyrieu et de Moréstel, cham-

de Parlement, maistre Estienne de Paris, chanoine[1],
maistre Pierre de la Charité, chantre de Paris[2], messire Jehan d'Angerant, doyen de Chartres, maistre
Guillaume de Dormans[3] et maistre Jehan des Marès,
advocat en Parlement[4], Jehan Maillart, bourgois de
Paris, et aucuns autres. Et partirent de Paris le
lundy après la saint Marc, xxviie jour du dit mois
d'avril.

Et celi jour furent à Chartres, et depuis passerent
oultre[5], en alant vers le dit roy d'Angleterre, et
envoierent par devers li et son Conseil, pour savoir où
ilz assembleroient pour traictier, as quelz de la partie
de France fu fait savoir que ilz retournassent à
Chartres, et que le dit roy anglois se trairoit vers là[6].
Et ainsi le firent, car les François retournerent à

bellan du régent. Le 3 mai 1360, il donne quittance au receveur de Chartres, conjointement avec Artaud de Beausemblant,
conseiller et chambellan du dauphin, de la somme de 100 livres,
pour l'objet indiqué dans les notes précédentes (Bibl. nat.,
Clairambault LV, n° 170). — Neyrieu, Ain, arr. de Belley, cant.
de Lhuis, comm. de Saint-Benoît; Morestel, Isère, arr. de la
Tour-du-Pin, ch.-l. de cant.

1. Chanoine de Paris, maître des Requêtes de l'Hôtel. Élu
évêque de Paris le 11 décembre 1363.

2. Maître des Requêtes de l'Hôtel, comme Étienne de Paris
et comme Pierre d'Angerant, dont le nom suit.

3. Guillaume de Dormans, frère de Jean, l'évêque élu de
Beauvais. Avocat du Roi au parlement de Paris, au moins depuis
le commencement de l'année 1351 (Arch. nat., JJ 80, fol. 435-
436 v°, n° 726; mars 1351. — *Hist. des avocats au parlement
de Paris*, p. 348).

4. Voy. p. 245, n. 1.

5. P. Paris : « Et trespasserent oultre. »

6. P. Paris : « Traiteroit vers là. »

Chartres[1]. Et le roy anglois se ala logier à une lieue près ou environ, en un lieu appelé Sours[2]. Et pristrent place de assembler pour traictier en un lieu, appellé Bretigny, près de Chartres, à une lieue ou environ[3].

Item, le vendredy premier jour de may, l'an dessus dit, assemblerent au dit lieu de Bretigny les dessus nommez de la partie de France et les gens du dit roy anglois; entre les quelz furent le duc de Lenclastre, le conte de Norentonne, le conte de Waruhic, le conte de Surfort[4], messire Regnaut de Cobehan[5], messire Berthelemy de Broueiz[6], messire Gauthier de Manni[7], touz chevaliers, et pluseurs autres jusques au nombre de XXII personnes. Et toute la semaine continuerent le traictié, tant que par le plaisir de Dieu et de la glorieuse vierge Marie, le vendredy ensuyvant, VIIIe jour du dit mois de may[8], ilz furent à acort de paix par la maniere qui ensuit.

---

1. P. Paris : « Et s'en retournerent vers Chartres. »

2. Manuscrit : « Dours. » — Sours, Eure-et-Loir, arr. et cant. de Chartres. Il y avait une commanderie de Saint-Jean-de-Jérusalem sur le territoire de cette paroisse.

3. Brétigny, hameau de la commune de Sours.

4. Probablement Robert de Ufford, comte de Suffolk.

5. Réginald, lord Cobham, premier baron de ce nom.

6. Barthélemy de Burghersh.

7. Voy. p. 257, n. 8.

8. J'incline à croire que l'accord était fait le *3 mai* et que les jours suivants ont été consacrés à rédiger l'instrument du traité et à résoudre des questions de détail, épineuses peut-être, mais qui n'étaient pas de nature à compromettre le résultat obtenu. Des quittances données par Charles de Montmorency, Aynard de la Tour, Jean de Grolée et Artaud de Beausemblant, le *3 mai 1360*, il ressort que la paix était faite à cette date. Il semble même que ces quatre chevaliers aient quitté

*Ci est la teneur d'une des lettres de monseigneur le
regent, de l'adveu des traicteurs de la paix de la partie du roy de France et de luy*[1].

« Charles, ainsné filz du roy de France, regent le
royaume, duc de Normandie et dalphin de Viennois,
à tous ceuls qui ces presentes lettres[2] verront salut.
Nous vous faisons savoir que de tous les debaz et descors
quelzconques, meuz et demenez entre monseigneur le
roy de France et nous, d'une part, et le roy d'Angleterre, d'autre part, pour bien de paix, est accordé le

Chartres ce jour-là, considérant leur mission comme terminée
et ayant réglé leur dépense à l'hôtellerie (Voy. ci-dessus les
notes de la p. 260). Une disposition de l'art. 16 du traité de
Brétigny ne s'explique que si l'on admet cette hypothèse. Il est
dit que, sur les quarante otages à fournir, seize anciens prisonniers de Poitiers seront exonérés de toute rançon (étant rachetés
en même temps que le Roi par le paiement de 3,000,000 d'écus
d'or), à moins qu'ils ne soient liés par quelque arrangement
particulier, intervenu *avant le 3 mai 1360*.

1. Ces lettres, non datées, ont dû être données à Paris le
10 mai 1360, le jour où le régent « jura » le traité. Ce qui
autorise tout à fait à le penser, c'est que la ratification du
traité par le prince de Galles est datée de Louviers et du
15 mai, c'est-à-dire du jour et du lieu où lui-même prêta le
serment (voy. ci-dessous, p. 301-302). L'original publié par
Rymer sous le titre de *Tractatus magnæ pacis Bretigniaci*
(t. III, 1re partie, p. 487-494, « ex autographo »), reproduit purement et simplement le texte du traité sans aucune
confirmation ni approbation du régent, de qui émane l'acte
(Charles, etc.). — Remarquer les mots « de l'adveu des traicteurs ». Au moyen âge, un mandataire n'engage pas irrévoca-
blement son mandant, qui doit l'*avouer*, et conserve la faculté
de *désavouer* l'usage qui a été fait des pouvoirs donnés par lui.

2. P. Paris : « Ces lectres. »

VIIIe jour de may, l'an mil CCC LX, à Bretigny, en la maniere qui s'ensuit :

« *Primo*[1], que le roy d'Angleterre, avecques ce qu'il tient en Guyenne et en Gascoigne, aura pour luy *etc.* » (si comme es articles cy dessoubz est contenu).

« Toutes les quelles choses dessoubz escriptes et chascunes d'icelles furent faites, ordenées et accordées[2] par et en la presence[3] de reverent pere en Dieu, nostre tres chier et feal chancellier Jehan, par la grace de Dieu, esleu de Beauvais, per de France[4], noz amez et feaulx conseilliers maistre Estienne de Paris, chanoine, Pierre de la Charité, chantre de l'eglise de Paris, Jehan d'Angerant, doyen de Chartres[5], messire Jehan le Mangre, dit Bouciquaut, mareschal de France, Charles, sires de Montmorency, Aymart de la Tour, sires de Vinay, Jehan de Grolée, Regnaut de Goullons[6], Pierre d'Oomont[7], Symon de Bucy, chevaliers[8], maistre Guillaume de Dormans, Jehan des Marès, Jehan Maillart, bourgois de Paris, maistre Macy Guery[9] et

1. P. Paris : « Premierement. »

2. P. Paris : « Et chascune d'icelles faites, accordées et ordenées. »

3. P. Paris : « En la presence. »

4. P. Paris supprime les mots *per de France*.

5. Manuscrit : « Chantre de Chartres. »

6. Regnaut de Gouillons, chevalier originaire du pays chartrain, capitaine de la ville et de la vicomté de Paris, mort avant le mois de mars 1361 (Charles Guérin, *Recueil des documents concernant le Poitou*, etc., t. III, 1886, p. 147, n. 1).

7. Pierre d'Omont, chambellan du régent.

8. Le mot *chevaliers* est omis par P. Paris.

9. Manuscrit : « Macy Guéry. » — Mathe (Macé, Mathieu) Guehery, chanoine de Paris, secrétaire du Roi.

Nicole de Veres[1], noz clers secretaires, commis et deputez de par nous sur ce, avec les commis et deputez du dit roy d'Angleterre ci dessoubz nommez, c'est asavoir : messire Henry, duc de Lenclastre, Guillaume, conte de Norentonne, Thomas, conte de Waruhic, Rauf, conte de Stafort[2], Wyllaume, conte de Saleberys[3], mons. Gautier, sires de Manny, mons. Regnaut de Cobehan, mons. Jehan de Beauchamp[4], monseigneur Guy de Bryenne[5], Jehan, captau de Buef[6], Berthelemy de Broueiz, Franc de Hale[7], Guillaume de Grançon[8], Jehan Chandos[9], Noel Lorrengier[10], Richart la Vache[11], Mile de Stapelenton, chevaliers[12], monseigneur Jehan de Wynewyc[13], chance-

1. Nicole ou Nicolas de Veyres (Veires, Vaire), chanoine de Paris et d'Auxerre, secrétaire du Roi; évêque de Chalon en 1374.

2. Ralph, comte de Stafford.

3. Manuscrit : « Saleberys. » — William de Montagu (Montacute), second comte de Salisbury.

4. Jean de Beauchamp, frère de Thomas.

5. Guy de Bryan.

6. Jean de Grailly, captal de Buch.

7. Frank de Hall, d'une famille originaire du Tyrol.

8. G. de Granson, sire de Sainte-Croix, d'une illustre maison du pays de Vaud. Attiré en Angleterre, où une branche de sa famille s'était fixée, il était devenu le serviteur et le conseiller d'Édouard III (A. Chérest, *l'Archiprêtre*, p. 128).

9. Le héros de Poitiers. De la première promotion de l'ordre de la Jarretière, comme tous les chevaliers ici nommés.

10. Sir Nigel ou Nel Loryng.

11. D'une famille d'origine gasconne.

12. Miles de Stapleton.

13. Jean de Wynewik, trésorier de l'église de Saint-Pierre d'York. Il n'était pas chancelier d'Angleterre; ce titre appartenait à Guillaume d'Edington, évêque de Winchester, demeuré en Angleterre. J. de Wynewik était seulement garde du sceau

lier du dit roy d'Angleterre, maistre Henry de Asshton[1], maistre Wyllaume Lugheburgh[2], maistre Jehan de Branquetre[3], Adam de Hilton[4], et Wyllaume de Tuynton[5], l'an et le jour et au lieu dessus dit, à l'onneur de la benoite Trinité, le Pere et le Filz et le saint Esperit, et de la glorieuse Vierge benoite Marie[6], et pour la reverence de nostre saint pere le Pape Innocent VI[e][7], le quel, quant il estoit cardinal en sa personne, et puis sa promocion par reverens peres en Dieu les cardinals de Bouloigne et de Pierregort, noz cousins, et d'Urgel[8], qui furent de par li envoiez en France et en Angleterre, qui en faire ceste paix et accort ont adjousté et mis tres grant et bonne diligence, et de noz bien amez frere Andruyn de la Roche, abbé de Cligny, et messire Hue de Genevre, seigneur d'Anton[9],

privé du Roi, « custos privati sigilli », mais en l'espèce il fit bien fonction de chancelier.

1. Henri de Ashton, docteur ès lois.

2. Manuscrit : « Lugheburd. » — William de Loughteburgh, docteur en droit civil, trésorier de l'église de Chichester.

3. Jean de Branketre, clerc du diocèse de Norwich, notaire apostolique et impérial, avait remplacé vers 1356 ou 1357 Robert de Hemynburgh, démissionnaire en raison de son grand âge.

4. Adam de Hylton, clerc, notaire apostolique et impérial.

5. William de Tiryngton (Tyrington), clerc du Roi (P. R. O. Privy seals, 364, n° 22894; 5 octobre, anno 29).

6. Manuscrit : « D'Urget. »

7. P. Paris : « Glorieuse vierge Marie. »

8. Il manque quelque chose à cette phrase, dans les manuscrits comme dans les imprimés. Il faudrait un verbe, ayant Innocent VI pour sujet, et marquant que le Pape s'est employé à faire conclure la paix.

9. Hugues de Genève, seigneur d'Anthon, était le troisième fils d'Amé II, comte de Genève, et d'Agnès de Chalon, le frère de Guillaume III, comte de Genève. Il épousa Isabelle, dame

messages derrenierement envoiez par devers nous sur
ce, de par nostre dit saint pere, qui ont sur ce diliganment travaillié et traictié, et receu les sairemenz
des diz procureurs et autres pluseurs dessus nommez,
en tesmoignant chascune d'icelles ès noms que dessus,
nous acceptons, accordons, aggreons, approvons et
confermons de nostre certaine science, et les voulons
avoir vigour et fermeté, si et par tele maniere comme
se nous les eussions traictiées, parlé, accordé, juré et
promis en nostre propre personne. »

*Ci commence toute l'ordenance du traictié entre les
II roys de France et d'Angleterre et les leur*[1].

« Edouart, [ainsné] filz[2] au noble roy de France et
d'Angleterre[3], prince de Gales, duc de Cornouaille et
conte de Cestre[4]. A tous ceulz qui ces presentes lettres

d'Anthon, dont il prit le nom et les armes, et testa le 7 novembre
1365. C'était un grand-oncle de Robert de Genève, le futur
pape Clément VII (Anselme, t. II, p. 160-161). — Anthon, Isère,
arr. de Vienne, cant. de Meyzieu.

1. Le traité de Brétigny a été imprimé par Rymer, t. III,
1re partie, p. 487-494, d'après l'original (texte français accompagné d'une traduction latine), sous le titre de *Tractatus
magnæ pacis Bretigniaci.* Ce traité ne diffère pas beaucoup,
mais diffère cependant par la suppression d'un article et demi,
de celui qui a été signé à Calais le 24 octobre 1360, et qu'on
trouve notamment dans la publication de M. Cosneau (*les
Grands traités de la guerre de Cent ans*, p. 39 et suiv.).

2. P. Paris et le manuscrit : « Edouart filz. »

3. Le prince de Galles donne encore ce titre à son père dans
la ratification du traité de Brétigny (Louviers, 16 mai).
Édouard III ne le prend naturellement plus après la conclusion de la paix : « Edward, roi d'Engleterre, seigneur d'Ir-
lande et d'Aquitaine... »

4. De Chester.

verront salut. Nous vous faisons savoir que de touz les debaz et descors quelzconques, meuz et demenez entre nostre tres redoubté seigneur et pere[1], le roy de France et d'Angleterre, d'une part, et noz cousins le roy, son ainsné filz le regent le royaume de France, et pour tous ceuls qu'affiert, d'autre part[2], pour bien de paix est accordé, le huitiesme jour de may, l'an de grace mil CCCLX, à Bretigny delez Chartres, par la maniere qui s'ensuit :

« *Premier article*[3]. Premierement, que le roy d'Angleterre, avec ce qu'il tient en Gascoigne et en Guyenne, aura pour luy et pour ses hoirs, perpetuelment [et] à tousjours[4], toutes les choses qui s'ensuyvent, à tenir par la maniere que le roy de France, ou son filz, ou aucun de ses ancestres roys de France, les tindrent, c'est asavoir ce que en souveraineté [en souveraineté], ce que en demaine [en demaine], et par les temps et manieres au dessoubz esclarcies[5] :

« La cité, le chastel, la contée de Poitiers et toute la terre et le pays de Poitou, ensemble le fié de Thouart[6] et la terre de Belleville[7] ;

1. En marge : « Nota. »

2. P. Paris : « ... tout ce qu'affiert... »

3. En marge et en regard des premiers mots de l'article : « Nota. »

4. Ms. : « P. à tous jours. » — Rymer : « P. et à touz jours. »

5. P. Paris : « Cy dessoubs desclairiés. » — Rymer : « Au dessous déclarés. » — Texte latin : « Inferius declarata. »

6. Le fief de Thouars ou de Thouarçais, qu'il ne faut pas confondre avec la vicomté de Thouars, faisait partie intégrante de la terre de Belleville, dont il va être parlé. — Thouarsais-Bouildroux, Vendée, arr. de Fontenay-le-Comte, cant. de la Châtaigneraie (Paul Guérin, *Recueil des documents concernant le Poitou*, t. III, 1886, p. 326, n. 1).

7. La terre de Belleville comprenait-elle tous les biens,

« La cité et le chastel de Xaintes, et toute la terre
et le pays de Xantonge, par deçà et par delà la Charente,

« Et la cité et le chastel d'Agen, et la terre et le
pays d'Agenois ;

« La cité, le chastel et toute la contée de Pierregort,
et la terre et le pays de Pierreguys [1] ;

« La cité et le chastel de Lymoges, et la terre et le
pays de Lymosins,

« Et la cité et le chastel de Caours, et la terre et
le pays de Caourcin ;

« La cité et le chastel et la terre de Tarbe,

« Et la terre et pays et la contée de Bigorre ;

confisqués en 1343 sur Jeanne de Belleville, femme d'Olivier III
de Clisson? Les négociateurs de Brétigny n'avaient-ils, au contraire, entendu désigner que la seule châtellenie de Belleville?
Les Anglais interprétèrent le traité dans le sens le plus large,
Jean II et son Conseil, dans le sens le plus étroit, puisqu'en septembre 1361, le roi de France restituait au fils d'Olivier III de
Clisson, décapité à Paris sous le règne de Philippe VI, les
terres de la Garnache et de Beauvoir en Poitou et de Champ-
toceaux en Anjou. Or, elles faisaient partie de l'héritage de
Jeanne de Belleville, et les conseillers d'Édouard III soutenaient
que Jean II n'avait pas le droit de faire cette restitution, puisqu'aux termes du traité de Brétigny toute la terre de Belleville
avait été cédée au roi d'Angleterre. On négocia longtemps,
avant et après l'avènement de Charles V, pour résoudre la
difficulté et trouver les termes d'un accommodement. En 1369,
au moment de la reprise des hostilités, la question était toujours pendante. — Belleville-sur-Vie, Vendée, arr. de la
Roche-sur-Yon, cant. de Poiré-sur-Vie (Paul Guérin, *op.* et
loc. cit.). La terre de Belleville correspond assez exactement à
cette partie du bocage vendéen où opéra Charette. Le château
de la Jaunaye est au centre du pays qui fut l'héritage de Jeanne
de Belleville.

1. Périgueux.

« La contée, la terre et le pays de Gaure[1] ;

« La cité et le chastel d'Angolesme[2], et la contée, la terre et le pays d'Angolemois ;

« La cité et le chastel de Rodès, et la terre et le pays de Roergue.

« Et, se il y a aucuns seigneurs, comme le conte de Foix, le conte d'Armignac, le conte de Lille, le conte de Pierregort, le viconte de Lymoges ou autres qui tiengnent aucunes terres ou lieux dedenz les metes[3] des diz lieux, ilz feront homage au dit roy d'Angleterre et tous autres services et devoirs, deuz à cause de leurs terres et lieux, en la maniere qu'ilz ont fait ou temps passé.

« *Secont article. Item*, aura le roy d'Angleterre[4] tout ce que le roy d'Angleterre ou aucuns des roys d'Angleterre anciennement tindrent en la ville de Monstereil-sur-la-Mer, et les appartenances[5].

« III. *Item*, aura le roy d'Angleterre toute la contée de Pontieu toute entierement, sauf et excepté que, se aucunes choses ont esté alienées par les roys d'Angle-

1. Le comté de Gaure était partie intégrante de l'Armagnac. Il avait pour localité principale Fleurance (Gers, arr. de Lectoure, ch.-l. de cant.). Le comte d'Armagnac fut indemnisé de la perte du comté de Gaure par le paiement d'une somme de 100,000 écus.

2. P. Paris : « Et le païs d'Angolesme. »

3. Manuscrit : « Terres aus lieux, etc. » — P. Paris : « Aucunes rentes dedenz les mettes. » — Rymer : « Aucunes terres ou lieux dedenz les metes des ditz lieux. » — Texte latin : « Terras vel loca infra metas dictorum locorum. »

4. P. Paris : « Le roy de France. »

5. Manuscrit : « Et es appartenances. » — Rymer, P. Paris : « Et les appartenances », ce qui est une meilleure leçon. — Le texte latin donne : « Et pertinentias suas. »

terre qui ont esté pour le temps, de la dicte contée et appartenances, et à autres personnes que aus roys de France, le roy de France ne sera pas tenu de les rendre au roy d'Angleterre. Et, se les dictes alienacions ont esté faites aus roys de France, qui ont esté pour le temps, sanz autre moyen[1], et le roy de France les tiengne à present en sa main, il les laissera au roy d'Angleterre enterinement, excepté que, se les roys de France les ont euz par eschange à autres terres[2], le roy d'Angleterre delivrera au roy de France ce que on en a eu par eschange, ou il li laissera les choses ainsi alienées. Mais, se les roys d'Angleterre, qui ont esté pour le temps, en avoient aliené ou transporté aucunes choses en autres personnes que es roys de France, et depuis soient venuz es mains du roy de France, ou aussi par partage[3], le roy de France ne sera pas tenu de les rendre. Aussi, se les choses dessus dites doivent hommage, le Roy les baillera à autres qui en feront hommage au roy d'Angleterre, et, se ilz ne doivent hommage, le roy de France baillera un tenant qui li en fera le devoir, dedenz un an prochain après ce qu'il sera partis de Calais.

« IIII. *Item,* le roy d'Angleterre aura le chastel et la ville de Calais, le chastel, la ville et seigneurie de Merc[4], les villes, chasteaux et seigneurie de Sangate[5],

---

1. Rymer : « Senz aucun moien. »

2. Rymer : « Par eschange pour. »

3. Manuscrit : « Par portage », ce qui n'a pas de sens. — Texte latin : « Per partitionem. »

4. Rymer : « Merk. » — Marck, Pas-de-Calais, arr. de Boulogne, cant. de Calais.

5. Sangatte, cant. de Calais.

Couloigne[1], Hammez[2], Wale[3], Oaye[4], avecques terres,
bois, maroys, rivieres, rentes, seigneuries, avoisons
d'eglises et toutes autres appartenances et lieux entre-
gisens dedenz les metes et bones (*sic*) qui s'ensuyvent,
c'est asavoir de Calais jusques au fil de la riviere,
par devant Gravely[ngnes][5], et aussi par le fil de
mesme la riviere tout entour l'engle[6], et aussy par la
riviere qui va par delà Poil[7], et aussi par mesme la
riviere qui chiet ou grant lac de Guynes[8] [et] jusques au
Fretin[9], et d'ilec par la valée entour la montaigne de
[Calkuli][10], en encloant mesme la montaigne, et aussi
jusques à la mer, avec Sangate et toutes ses appartenances.

« V. *Item*, le dit roy d'Angleterre aura le chastel et la
ville et tout enterinement la contée de Guynes, avecques
toutes les terres, villes, chasteaux, forteresses, lieux,

1. Coulogne, même cant.

2. Hames-Boucres, Pas-de-Calais, arr. de Boulogne-sur-Mer,
cant. de Guines.

3. Le Wal, Pas-de-Calais, arr. de Saint-Omer, cant. d'Ardres,
comm. de Landrethun-lès-Ardres.

4. Oye, Pas-de-Calais, même dép. et même arr., cant. d'Au-
druicq.

5. Manuscrit : « Gravely. » — Rymer : « Graveling. » —
Gravelines, Nord, arr. de Dunkerque, ch.-l. de cant.

6. « Le pays de l'Angle ou de Langle, entre Saint-Omer et
Gravelines, devait son nom à un coude de l'Aa » (Cosneau, *les
Grands traités de la guerre de Cent ans*, p. 6, n. 6).

7. « Le Poil ou Polder, cours d'eau passant à Walle et à
Marck » (*op. cit.*, p. 7, n. 1).

8. Guines, Pas-de-Calais, arr. de Boulogne, ch.-l. de cant.

9. Frethun, cant. de Calais.

10. Le vocable géographique est laissé en blanc dans le
manuscrit. — Rymer : « Calbully, Calbally. » — Coquelles,
cant. de Calais.

[hommes], homages, seigneuries, bois, forez, droitures d'icelles, ausi enterinement comme le conte de Guynes, derrenier mort, les tint au temps de sa mort[1]. Et obeiront les eglises et les bonnes gens, estanz dedenz les limitacions dudit contée de Guynes, de Calais et de Merc et des autres lieux dessus diz, au roy d'Angleterre, aussi comme ilz obeissoient au roy de France et au conte de Guynes, qui fu pour le temps. Toutes les quelles choses de Merc et de Calays, contenant[2] en ce present article et en l'article prochain precedent, le roy d'Angleterre tendra en demaine, exceptez les heritages des eglises, qui demourront aus dictes eglises enterinement, quelque part qu'ilz soient assis, et aussi excepté les heritages des autres genz des pays de Merc et de Calays, assis hors la ville de Calays, jusques à la valeur de cent livres de terre par an[3], de la monnoie courant au pays, et au dessoubz, les quiex heritages demourront jusques à la valeur dessus dicte et au dessoubz. Mais les habitations et heritages, assis en ladicte ville de Calays, avecques leurs appartenances, demourront en demaine au roy d'Angleterre, pour en ordener à sa volenté, et aussi demourront aus habitans, en la contée, ville et terre de Guynes tous leurs demaines entierement et y revenront plainement[4], sauf ce qui

---

1. Raoul de Brienne, comte d'Eu et de Guines, mis à mort en 1350.

2. Rymer : « Contenues ».

3. Plutôt : « Cent livrées de terre. » — Texte latin : « Centum libratarum terrarum per annum. »

4. Rymer : « Demourront... tous leurs demaines entierement et revendront pleinement. » — Latin : « Etiam remanebunt... omnia sua domania integre et revenient plene. »

est dit des confrontacions, metes et bonnes en l'article prochain precedent.

« VI. *Item*, accordé est que le dit roy d'Angleterre et ses hoirs auront et tendront toutes les isles adjacens aus terres, pays et lieux avant nommez, ensemble avecques toutes les autres isles, les quelx le roy d'Angleterre tient à present[1].

« VII. *Item*, accordé est que le dit roy de France et son filz ainsné le regent, pour euls et pour tous leurs hoirs [et] successeurs, au plus tost que l'en pourra, sanz fraude et sanz mal engin, et au plus tart dedenz la feste Saint-Michiel prochaine venant en un an, rendront, bailleront et delivreront au dit roy d'Angleterre et à tous ses hoirs et successeurs, et transporteront en euls toutes les honeurs, obediences, homaiges, ligeances, vassaulx, fiez, services, recognoissances, droitures, mer et mixte impere[2], et toutes manieres de jusridicions hautes et basses, ressors et sauvegardes, avoisons[3] et patronaiges d'eglises, et toutes manieres de seigneuries et souverainetez, et tout le droit qu'ilz avoient ou povoient avoir, [qui][4] appartenoient, appartiennent et pevent appartenir, par quelconque cause tiltre ou couleur de droit, à euls, aus roys et à la

1. P. Paris : « Item est accordé... tendront toutes les isles et pays dessus nommés ensemble, avecques les autres villes, lesquelles le roy d'Angleterre tient à present. »

2. P. Paris : « Droitures mer et mixtes, impere, etc. », avec cette note : « Mer et mixtes. Pures et mélangées. »

3. Rymer : « Avoaisons. » — Texte latin : « Advocationes. »

4. Le pronom relatif manque dans le texte français comme dans le manuscrit. La version latine porte : « Quæ pertinuerunt, pertinent et poterunt pertinere. »

coronne de France[1], pour cause de[s] citez, chasteaux, contées, villes, terres, pays et isles et lieux avant nommez, et de toutes leurs appartenances et appendances, quelque part qu'il soient, et chascunes d'icelles, sanz y riens retenir à euls, à leurs hoirs ne successeurs, aus roys ne à la coronne de France. Et aussi manderont le roy et son ainsné filz, par leurs lettres patentes à touz arcevesques, evesques et autres prelaz de sainte eglise, et aussi aus contes, vicontes, barons, nobles, citoyens et autres quelzconques de[s] citez, [contées], terres, pays, isles et lieux avant nommez, qu'il obeissent au roy d'Angleterre et à ses hoirs, et à leur certain commandement, en la maniere qu'ilz ont obey aus hoirs et à la coronne de France, et par mesmes les lettres leur quiteront et absouldront, au mieulx qu'il se pourra faire, de touz homaiges, foiz, seremenz, obligacions, subjeccions et promesses, faiz par aucuns d'eulx aus roys et à la coronne de France, en quelque maniere.

« VIII. *Item*, accordé est que le dit roy d'Angleterre aura les contées, citez, chasteaux, terres, pays et ysles et lieux, avant nommez, aveques toutes leurs appartenances et appendances, quelque part qu'il soient, à tenir à luy et à touz ses hoirs et successeurs, hereditablement et perpetuelment, en demaine ce que les roys de France y avoient en demaine, et aussi en fié, service, souverainneté ou ressort, ce que les roys de France y avoient par tele maniere, sauf tant comme dit

---

1. P. Paris : « Les roys et à la couronne de France. » — Rymer : « Aus roys et à la couronne de France. » — Texte latin : « Regibus et corone Franciæ. »

est par dessus, en l'article de Calays et de Merc. Et, se des citez, contées, chasteaux, terres, pays, isles et lieux avant nommez, souverainetez, droiz, mer et mixte impere, jusridicions et proffiz quelzconques, que tenoit aucuns roys d'Angleterre ilecques, et en leurs appartenances et appendances quelzconques, aucunes alienacions, donacions, obligacions ou charges ont esté faites par aucuns des roys de France, qui ont esté puis LXX ans en ençà[1], par quelque cause ou forme que ce soit, toutes teles donacions, alienacions, obligacions et charges sont dès ores et seront du tout rappellez, quassez et anullez, et toutes choses ainsi données, alienées ou chargiées seront realment et de fait rendues et bailliées au dit roy d'Angleterre, ou à ses deputés especialment, en mesmes l'entiereté, comme ilz furent au roy d'Angleterre depuis LXX ans en ençà, au plus tost que l'en pourra sanz mal enging, et au plus tart dedenz la Saint-Michiel prochaine venant en un an, à tenir au dit roy d'Angleterre et à touz ses hoirs et successeurs, perpetuelment [et hereditablement], par la maniere que dessus est dit, excepté ce que dit est par dessus, en l'article de Pontieu, qui demou[r]ra en sa force; et sauf et excepté toutes les choses données et alienées aus eglises, qui leur demourront paisiblement en tous les pays et lieux ci-dessus et dessouz nommez, si que les personnes des dictes eglises prient diligenment pour les diz roys, comme pour leurs fondeurs, sur quoy leur consciences seront chargiées[2].

1. Manuscrit : « LX ans. » — P. Paris : « Quarante ans en ça. » — Rymer : « Puis LXX ans en ça. » — Texte latin : « Citra septuaginta annos. »

2. P. Paris : « Sans quoi leur consciences seront chargiées. »

« IX. *Item,* est accordé que le roy d'Angleterre toutes les citez, contées, chasteaulx et pays dessus nommez, qui anciennement n'ont esté des roys d'Angleterre, aura et tendra, en l'estat et aussi comme le roy de France ou ses filz les tien[nen]t à present.

« X. *Item,* accordé est que se, dedenz les metes des diz pays, qui furent anciennement des roys d'Angleterre, avoit aucunes choses, qui autrefoiz n'eussent esté des roys d'Angleterre, dont le roy de France estoit en possession le jour de la bataille de Poitiers, qui fu le XIXe jour de septembre l'an mil CCC LVI, elles seront et demourront au roy d'Angleterre et à ses hoirs, par la maniere que dessus est dit.

« XI. *Item,* accordé est par le roy et son ainsné filz le regent, pour eulx et pour leurs hoirs, et pour tous les roys de France et leurs successeurs et à tousjours, que au plus tost qu'il se pourra faire sanz mal engin, et au plus tart dedenz la Saint-Michiel prochaine venant en un an, [ilz] rendront et bailleront au roy d'Angleterre [et à touz ses hoirs et successeurs et transporteront en euls] touz les honeurs, regalitez obediences, homaiges, ligeances, vassaulx, fiez, services, recognoissances, seremens, droitures, mer et mixte impere, et toutes autres manieres de juridicions haultes et basses, ressors, sauvegardes, seigneuries et souverainetez, qui appartenoient, appartiennent ou pourroient en aucune maniere appartenir aus roys et à la coronne de France, ou à aucune autre personne à cause du Roy et de la coronne de France, en quelque temps, es citez, contées, chasteaulx, terres, pays, isles

— Rymer : « Sur quoy leurs consciences en seront chargées. »

—Texte latin : « Super quo erunt eorum conscientiæ oneratæ. »

et lieux avant nommez, ou en aucuns d'eulx[1], et en
leurs appartenances et appendances quelconques, ou es
personnes, vassaulx ou subgiez quelzconques d'iceulz,
soient princes, duz, contes, vicontes, arcevesques,
evesques et autres prelaz d'eglise, barons, nobles et
autres quelzconques, sans riens à eulz, leurs hoirs et
successeurs, ou à la coronne de France, ou autres que
ce soit, retenir ou reserver en yceulz, par quoy eulx
ne leurs hoirs ou autres roys de France, ou autre que
ce soit, à cause du roy ou de la coronne de France,
aucune chose y pourroit chalengier ou demander, ou
temps avenir, sur le roy d'Angleterre, ses hoirs ou successeurs, ou sur aucuns des vassaulx et subgiez avant
diz, par cause des pays et lieux avant nommez, ainsi
que tous les avant nommez personnes et leurs hoirs et
successeurs perpetuelment seront hommes liges et
subgiez du roy d'Angleterre et à tous ses hoirs et successeurs, et que le dit roy d'Angleterre, ses hoirs et
successeurs, toutes les personnes, citez, contez, terres,
pays, isles, chasteaux et lieux avant nommez, et toutes
leurs appartenances et appendances tendront et auront,
et à eulz demourront plainement, perpetuelment et
franchement, en leurs seigneuries, souverainetez et
obeissances, ligeances et subjeccions, comme les roys
de France les avoient et tenoient en aucun temps passé,
et que le [dit] roy d'Angleterre, ses hoirs et successeurs auront et tendront perpetuelment touz les payz
avant nommez, avecques leurs appartenances et appen-

1. Le reste de l'article XI, à partir de ces derniers mots, a
été supprimé dans le traité de Calais, ainsi que l'article XII
tout entier. Cette suppression a nécessité la confection d'un
instrument spécial, dit *la Charte des renonciations.*

dances, et les autres choses avant nommées, en toutes
franchise et liberté perpetuels, comme seigneur souverain et liege, et comme voisin aus roys et au royaume
de France, sanz y recognoistre souverain[1], ou faire
aucune obedience, homaige, ressort, subjeccion, et
sanz faire en aucun temps avenir aucuns services ou
recognoissances au roy ne à la coronne de France des
citez, contées, chasteaux, terres, pays, isles et lieux
et personnes avant nommez, ou pour aucune d'icelles.

« *Rubriche*. Cest article XIIe qui s'en suit et le precedent article furent ostez du traictié, qui fu corrigié
de puis à Calais, quant les deux roys y furent, et fu
fait et acordé sur ces II articles ce qui est contenu en
une lettre, dont la copie est escripte en ce livre ci
après ou ... (*sic*) feullet[2], là où il traicte des choses
faites l'an mil CCCLXVIII, tantost après le IIIIe jour
de juillet, après ce qui est escript des appellacions,
faites par le conte d'Armignat et pluseurs autres, et là
sera trouvée transcripte la dite lettre, qui se commence : *Edouart*, etc., signée en marge à tel signe ...[3].

« XII. *Item*, est accordé que le roy de France et son
ainsné filz renonceront expressement aus diz ressors
et souverainetez et à tout le droit, qu'ilz ont ou pevent
avoir en toutes les choses, qui par ce present traictié
doivent appartenir au roy d'Angleterre, et semblablement le roy d'Angleterre et son filz renonceront
expressement à toutes les choses qui, par ce present
traictié, ne doivent estre bailliées, ou demourer au dit

1. Rymer : « Souveraineté ». — Latin : « Superioritatem. »
2. Au feuillet 443 v° et suiv. du ms. fr. 2813.
3. Ce signe, qu'il ne paraît pas utile de reproduire, ne se
retrouve pas au folio indiqué.

roy d'Angleterre, et à toutes les demandes qu'il faisoient au roy de France, et par especial au nom et au droit de la coronne et du royaume de France[1], à l'omaige, souveraineté et demaine du duchié de Normandie, du duchié de Toraine, des contées d'Anjou et du Mainne, à la souveraineté et hommaige du duchié de Bretaigne, à la souveraineté et homage du contée et pays de Flandres, et à toutes autres demandes que le roy d'Angleterre faisoit et faire pourroit au roy de France, pour quelconque cause que ce soit, oultre ce et excepté qui par ce present traictié doit demourer ou estre baillié au dit roy d'Angleterre et à ses hoirs, et transporteront, cesseront et delaisseront li uns roys à l'autre, perpetuelment, tout le droit que chascuns d'eulx a ou puet avoir en toutes les choses[2], qui par ce present traictié doivent demourer ou estre bailliées à chascun d'eulx; et du temps et lieu, où et quant les dittes renonciacions se feront parleront et ordeneront les deux roys à Calays ensemble.

« XIII. *Item,* est accordé, afin que ce present traictié puisse estre plus briefment acompli, que le roy d'Angleterre fera amener le roy de France à Calays, dedenz trois semaines après la Nativité saint Jehan-Baptiste prochaine venant, cessant tout juste empeschement, aus despens du roy d'Angleterre, hors les fraiz de l'ostel du roy de France.

« XIV. *Item,* accordé est que le roy de France paiera au roy d'Angleterre trois milions d'escuz d'or, dont les II valent un noble de la monnoie de Angle-

---

1. P. Paris : « De la couronne de France. »

2. P. Paris : « Chascun d'eulx avoit en toutes les choses. » — Rymer : « Chascun d'euls peut avoir. » — Texte latin : « Jus quod quilibet eorum potest habere. »

terre[1], et en seront paiez au dit roy d'Angleterre ou à ses deputez six cenz mile escuz à Calays, dedenz IIII mois à compter de puis que le roy de France sera venuz à Calays, et dedenz l'an dès lors prochain ensuyvant en seront paiez quatre cent mile escuz, telz comme dessus, en la cité de Londres en Angleterre, et de lors, chascun an prochain ensuivant, IIII cenz mile escuz telz comme devant, en la ditte cité, jusques à tant que les diz trois milions seront parpaiez.

« XV. *Item*, est accordé que par paiant les diz VI cenz mile escuz à Calays, et par baillant les hostaiges ci dessouz nommez et delivrez au roy d'Angleterre, dedenz les IIII mois à compter depuis que le roy de France sera venuz à Calays, comme dit est, la ville et les forteresses de la Rochelle et les chasteaux, forteresses et villes de la contée de Guynes, avecques toutes leurs appartenances et appendances, la personne du dit Roy sera toute delivré de prison, et

---

1. La rançon avait été fixée à 4 millions dans les deux traités précédemment conclus à Londres.

Le franc d'or et le denier à l'écu, ayant cours pour une livre ou 20 sous tournois, avaient une valeur intrinsèque d'environ 13 fr. 25. — « Le noble est une monnaie d'or qui présente au droit l'image du Roi portant une épée et un écu, debout dans un vaisseau, et au revers une croix fleuronnée, cantonnée de léopards » (Cosneau, *op. cit.*, p. 47, n. 4. Note de M. Maurice Prou). Le noble n'était que le tiers de la livre anglaise; il était compté pour 6 s. 8 d., le florin ou écu françhais, pour 3 s. 4 d. seulement (P. R. O., Exchequer Accounts. Bundle 27, n° 39; 1361).

En nombre rond et en valeur intrinsèque, 3 millions d'écus d'or font à peu près 40 millions de francs. Si l'on veut tenir compte du pouvoir de l'argent, on aboutit à des évaluations très divergentes et des plus incertaines : 247 millions 500,000 fr. (Leber) et 72 millions (d'Avenel).

pourra partir franchement de Calays et venir en
son povoir[1], sanz aucun empeschement. Mais il ne se
pourra armer, ne ses gens, contre le roy d'Angleterre,
jusques à tant qu'il ait acompli ce qu'il est tenu de
faire par ce present traictié. Et sont hostaiges, tant
prisonniers pris à la bataille de Poitiers comme autres,
qui demourront pour le roy de France, ceuls qui
s'ensuyvent, c'est asavoir : monseigneur Loys, conte
d'Anjou, monseigneur Jehan, conte de Poitiers, filz
au roy de France, le duc de Orliens, frere du dit roy
(et de XL compris ou dit nombre, seize des prisons
qui furent pris à Poitiers, en la compaignie du roy de
France)[2], le duc de Bourbon, le conte de Blois ou
son frere[3], le conte d'Alençon ou monseigneur Pierre
d'Alençon son frere[4], le conte de Saint-Pol[5], le conte
de Harecourt[6], le conte de Portien[7], le conte de Valen-

1. P. Paris : « En son païs. » — Rymer : « En son pouvoir. » — Texte latin : « In suam potentiam. »

2. Les mots entre parenthèses manquent dans le texte de
Rymer et ne sont pas ici à leur place. S'ils ne résultent pas
d'une interpolation pure et simple, ils s'expliqueraient mieux
quelques lignes plus haut, avant ou après les mots : *c'est asavoir.*

3. Louis II de Châtillon, comte de Blois. — Guy II de Châtillon, comte de Soissons, frère du précédent, et comte de
Blois à la mort de son aîné (1372). Il avait vendu le comté de
Soissons à Enguerrand de Coucy en 1367 ; il vendit en 1391
son comté de Blois à Louis d'Orléans, frère de Charles VI.

4. Charles III, comte d'Alençon, et Pierre, comte d'Alençon
après lui, en 1361, tous deux fils de Charles II de Valois, comte
d'Alençon et du Perche, frère de Philippe VI. Charles III se fit
religieux, devint archevêque de Lyon en 1365 et mourut en
1375 (Cosneau, *op. cit.*, p. 48, n. 7).

5. Guy de Châtillon, comte de Saint-Pol, mort en Angleterre
en 1360.

6. Jean VI, comte d'Harcourt.

7. Jean de Châtillon, comte de Porcien.

tinois[1], le conte de Braine, le conte de Waudemont, le conte de Forès[2], le viconte de Beaumont[3], le sire de Coucy[4], le sire de Fieules[5], le sire de Preaux[6], le sire de Saint-Venant, le sire de Garencières, le dauphin d'Auvergne[7], le sire de Hangest, le sire de Montmorenci, monseigneur Guillaume de Craon[8], monseigneur Loys de Harecourt[9], monseigneur Jehan de Ligny[10].

« Les noms des diz prisonniers sont telz : monseigneur Phelippe de France, le conte de Eu[11], le conte de Longueville[12], le conte de Pontieu[13], le conte de Tanquarville, le conte de Joigny, le conte de Sancerre[14], le conte de Dampmartin, le conte de Vanta-

---

1. Aymar V de Poitiers, comte de Valentinois.

2. Guigues VII, comte de Forez.

3. Louis, vicomte de Beaumont, maître d'hôtel du dauphin en 1356; marié à Lyon, le 13 novembre 1362, à Isabelle de Bourbon, fille de Jacques de Bourbon, comte de la Marche; tué à Cocherel.

4. Enguerrand VII, sire de Coucy, qui devait épouser en Angleterre Isabelle, fille d'Édouard III.

5. Robert de Fiennes, dit Moreau de F., connétable de France.

6. Jacques de Bourbon, sire de Préaux, grand bouteiller de France, troisième fils de Jacques Ier de Bourbon, comte de la Marche (Cosneau, *op. cit.*, p. 49, n. 11).

7. Béraud II, fils de Jean, comte de Clermont, dauphin d'Auvergne; mort en 1382.

8. Guillaume Ier de Craon, oncle d'Amaury IV, sire de Craon.

9. Frère du comte d'Harcourt.

10. Jean de Ligny, qui fut comte de Saint-Pol après Guy de Châtillon. Il mourut en Angleterre en 1364 (Cosneau, *op. cit.*, p. 50, n. 4).

11. Jean d'Artois, comte d'Eu.

12. Charles d'Artois, comte de Longueville.

13. Jacques Ier de Bourbon, comte de la Marche et de Ponthieu.

14. Jean III, comte de Sancerre.

dour[1], le conte de Salebruche[2], le conte d'Aucerre, le conte de Vandosme[3], le sire de Craon[4], le sire de Derval, le mareschal d'Odenehan, le sire d'Aubigny[5].

« XVI. *Item*, est ordené que les dessus diz seize prisons, qui venront demourer en hostaiges pour le roy de France, comme dit est, seront par my ce delivrez de leurs prisons, sanz paier aucune raençon pour le temps passé, s'il n'ont esté à accort de certaine raençon, par convenances faites par avant le tiers jour de may derrenier passé. Et, se aucuns d'eulx est hors d'Angleterre et ne se rent à Calays en hostaige dedenz le premier mois après les dites iiii semainnes de la Saint-Jehan, cessant juste empeschement, il ne sera pas quitte de la prison, mais sera contraint par le roy de France à retourner en Angleterre, comme prisonnier, ou paier la painne, par luy promise et encorue par deffaut de son retour.

« XVII. *Item*, est accordé que, en lieu des diz hostaiges qui ne vendront à Calays, ou qui demourront[6], ou se departiront sanz congié hors du povoir du roy d'Angleterre, le roy de France sera tenuz de en baillier d'autres de semblable estat, au plus près qu'il pourra estre fait, dedenz quatre mois prouchains après que le baillif d'Amiens ou le maire de Saint-Omer[7] en sera

1. Ebles IX, comte de Ventadour.
2. Jean II, comte de Sarrebrück.
3. Jean VI, comte de Vendôme.
4. Amaury IV, sire de Craon.
5. Dans les *Gr. Chr.*, comme dans le texte Rymer, on trouve en réalité quarante et un noms d'otages au lieu de quarante.
6. Manuscrit : « Qui mourront ». — Rymer : « Qui demourront ». — Latin : « Qui morantur ».
7. P. Paris : « Le prevost de St-Omer. » — Rymer : « Le maire de St-Omer. » — Texte latin : « Major Sti Audomari. »

sur ce, par lettres dudit roy d'Angleterre, certiffiez, et pourra le roy de France, à son departir de Calays, amener en sa compaignie x des hostaiges, telz comme les deux roys accorderont, et souffira[1] que du nombre des XL dessus diz en demeure jusques au nombre de XXX.

« XVIII. *Item*, est accordé que le roy de France, après trois mois après ce qu'il sera partis de Calays, rendra à Calays quatre personnes de la ville de Paris et deux personnes de chascune des villes dont les noms s'ensuyvent, c'est asavoir : Saint-Omer, Arras, Amiens, Beauvais, Lisle, Douay, Tournay, Reims, Chaalons, Troyes, Chartres, Thouloze, Lyons, Compiegne, Rouen, Caen, Tours, Bourges, [les] plus souffisans[2] des dictes villes, pour l'acomplissement de ce present traictié.

« XIX. *Item*, est accordé que le roy de France sera amené d'Angleterre à Calays et demourra à Calays par quatre mois après sa venue, mais il n'en paiera rien pour le premier mois pour cause de sa garde, et pour chascun des autres mois ensuyvant qu'il demourra à Calays, par deffaut de li ou de ses genz, il paiera pour ses gardes x mile royaulx, telz comme ilz queurent à present en France, avant son partir de Calays, ainsi au fuer du temps qu'il y demourra.

« XX. *Item*, est accordé que au plus tost que faire se pourra dedenz l'an prochain, après ce que le roy de France sera partiz de Calays, monseigneur Jehan, conte de Montfort, [aura la conté de Montfort], avec toutes

1. Manuscrit : « Souffrera. »

2. Rymer : « Les plus souffisans. » — Texte latin : « Maxime sufficientes. »

ses appartenances, en faisant l'omaige lige au roy de France, et devoir et service en tous cas, telz comme bons et loyaux vassaulx lige doit faire à son seigneur [lige], à cause de la dite contée, et aussi[1] li seront renduz ses autres heritages, qui ne sont mie de la duchié de Bretaigne, en faisant homaige ou autres devoirs que appartendra. Et, s'il veult aucune chose demander en aucuns des heritages, qui sont de la dicte duchié hors du payz de Bretaigne, bonne et brieve raison li sera faite par la court de France.

« XXI. *Item*, sur la question du demaine de la duchié de Bretaigne, qui est entre le dit Jehan de Montfort d'une part et monseigneur Charles de Blois d'autre part, accordé est que les deux roys, appelé par devant eulx ou leurs deputez les parties principaulx de Bloys et de Montfort, par eulx et par leurs deputez especialment, s'enformeront du droit des parties et s'efforceront de mettre les parties à accort sur tout ce qui est en debat entre eulz, au plus tost qu'il pourront. Et, ou cas que les diz roys par euls et par leurs deputez ne les pourront accorder, dedenz un an prochain après ce que le roy de France sera arrivez à Calays, les amis d'une partie et d'autre s'enformeront diligenment du droit des parties, par la maniere que dessus est, et s'efforceront de mettre les parties à accort, au mieulx que faire se pourra, au plus tost qu'il pourront. Et, s'il ne les pevent mettre à accort dedenz demy an adont prochaine ensuyvant[2], ilz rapporteront aus diz deux roys ou à leurs deputez tout ce qu'ilz en auront trouvé sur le droit des dites parties, et sur

---

1. Manuscrit : « Ainsi ». — Rymer : « Aussi ». — Latin : « Etiam ».

2. P. Paris : « Demy an; *aoust* prochaine ensuyvant. »

quoy le debat demourra entre les dictes parties. Et adont les deux roys, par euls et par leurs deputez especialment, au plus tost qu'il pourront, mettront les dictes parties à accort ou diront leur final advis sur le droit d'une partie et d'autre, et ce sera executé par les deux roys. Et, ou cas qu'il ne le pourront faire dedenz demi an de lors prochain ensuyvant, adont[1] les deux parties principales de Bloyes et de Montfort feront ce que miex leur semblera, et les amis d'une partie et d'autre aideront quelque part qui leur plaira, sanz empeschement des diz roys, [et sanz avoir en aucun temps dommage, blasme ne reproche par aucun des diz roys], pour la cause dessus dite[2]. Et, se ainsi estoit[3] que l'une partie ne vousist comparoir souffisanment par devant les II roys ou leurs diz deputez, au temps qui luy sera establi, et aussi ou cas que les diz roys ou leurs deputez auroient ordené ou declairé que les dictes parties feussent à accort, ou qu'ilz auroient dit leur advis pour le droit d'une partie, et aucuns des dites parties ne se vouldroit accorder à ce ne obeir à la dicte declaracion, adont les diz roys seront encontre li de tout leur povoir, et en ayde de l'autre qui se vouldroit accorder et obeir. Mais, en nul cas, les deux roys, par leurs propres personnes ne par autres, ne pourront faire ne entreprendre guerre l'un à l'autre pour la cause dessus dite, et tousjours demourra la souveraineté et l'ommaige de la duchié au roy de France.

« XXII. *Item*, que toutes les terres, pays, villes, chasteaux et autres lieux bailliez aus diz roys seront

1. P. Paris : « De lors prochain ensuyvant aoust. »
2. Manuscrit : « Par la cause ». — Rymer : « Pour la cause ».
3. Manuscrit : « N'estoit. »

en telz libertez et franchises, comme elles sont à present, et seront confermez par les diz roys ou par leurs successeurs, et par chascun d'eulx, toutes les foiz qu'il en seront sur ce deuement requis, et se contraires n'estoient à ce present accort.

« XXIII. *Item*, que le dit roy de France rendra et fera rendre et restablir de fait à monseigneur Phelippe de Navarre et à tous adherens, en appert, au plus tost que l'en pourra, sanz mal engin, et au plus tart dedenz un an prochain après que le roy de France sera parti de Calays, toutes les villes, chasteaulx, forteresses, seigneuries, drois, rentes, prouffiz, juridicions et lieux quelzconques, que le dit monseigneur Phelippe, tant pour cause de li comme pour cause de sa femme ou ses diz adherens, tindrent ou doivent tenir ou royaume de France, et ne leur fera jamais le dit Roy reproche, damaige ne empeschement pour aucune cause faicte avant ses heures[1], et leur pardonra toutes offenses et mesprisons du temps passé pour cause de la guerre, et sur ce auront ses lettres bonnes et souffisans, si que le dit monseigneur Phelippe et ses devant diz adherens retournent en son homaige et li facent les devoirs et li soient bons et loyaux vassaulx.

« XXIV. *Item*, est accordé que le roy d'Angleterre pourra donner, ceste foiz tant seulement, à cui il li plaira, en heritage, toutes les terres et heritages qui furent de monseigneur Godefroy de Harecourt, à tenir du duc de Normandie ou autres seigneurs de qui elles doivent estre tenues par raison, par my les hommaiges et services anciennement acoustumez.

---

1. Manuscrit : « OEuvres. » — Rymer : « Avant ces eures. » — Texte latin : « Pro quibuscumque antehac factis. »

« XXV. *Item*, il est accordé que nul homme ne pays qui ait esté en l'obeissance d'une partie, et venra par cest accort à l'obeissance de l'autre partie, ne soit empeschié pour chose faicte eu temps passé.

« XXVI. *Item*, est accordé que les terres des banniz [et adherens][1] de l'une partie et de l'autre, et aussi des eglises de l'un royaume et de l'autre, et que tous ceulz qui sont desheritez ou ostez de leurs terres ou heritages, ou chargiez d'aucune pension, taille ou redevance[2], ou autrement grevez, en quelque maniere que ce soit, pour cause de ceste guerre, soient restituez entierement en mesmes le droit et possession qu'ilz eurent devant la guerre commancié, et que toutes manieres de forfaitures, trespas et mesprisons, faiz par eulx ou aucun d'eulx, en moien temps, soient du tout pardonnez, et que ces choses soient faictes au plus tost que l'en pourra bonnement, et au plus tart dedenz un an prochain après que le Roy sera partis de Calays, excepté ce qui est dit en l'article de Calays et de Merc, et des autres lieux nommez ou dit article, excepté aussi le viconte de Fronssart[3] et monseigneur Jehan de Gulart[4],

1. Manuscrit et P. Paris : « Des banniz. » — Rymer : « Banniz et adherens. » — Latin : « Bannitorum et adhærentium. »

2. Manuscrit : « Ordenance ». — Rymer : « Redevance ». — Latin : « Debito ».

3. Le vicomte de Fronsac. — « Raymond, vicomte de Fronsac, après avoir trahi le roi de France pour passer au roi d'Angleterre, était revenu au roi Jean, par un traité conclu à Cognac, le 23 janvier 1353, et avait obtenu des lettres de rémission, mais Édouard III avait confisqué ses biens et les avait donnés à la fille de Raymond, mariée à Guillaume de Pommiers » (Cosneau, *op. cit.*, p. 57, n. 2).

4. Manuscrit : « Gulart. » — Cosneau, *op. cit.*, p. 57, n. 3. « Jean de Galard, seigneur gascon, avait fait sa soumission aux

I   19

les quelx ne seront point compris en cest article, mais demourront leurs biens et heritaiges en l'estat qu'ilz estoient par avant ce present traictié.

« XXVII. *Item*, est accordé que le roy de France delivrera au roy d'Angleterre au plus tost qu'il pourra bonnement et devra, et au plus tart dedenz la feste Saint-Michiel prouchaine venant en un an après son departir de Calays, toutes les citez, villes, pays et autres lieux dessus nommez, qui, par ce present traictié, doivent estre bailliez au roy d'Angleterre.

« XXVIII. *Item*, est ordené que, en baillant au roy d'Angleterre ou autres pour luy par especial deputez, les villes et forteresses et toute la contée de Pontieu, les villes et forteresses et toute la contée de Montfort, la cité et le chastel de Xaintes, les chasteaux, villes et forteresses et tout ce que le Roy tient en demaine ou payz de Xantonge, de çà et de là la Charente, le chastel et la cité d'Angolesme, et les chasteaux, forteresses et villes que le roy de France tient en demaine ou pays d'Angolesmois, avecques lettres et mandemens des delaissemens des foiz et hommaiges, le roy d'Angleterre, à ses propres coux et fraiz, delivrera toutes les forteresses prises et occupées par luy, par ses subgiez, adherens et aliez, es pays de France, de Touraine, d'Anjou, du Maine, de Berry, d'Auvergne, de Bourgoigne et de Champaigne, de Picardie et de Normandie, et de toutes les autres parties et lieux du royaume de France, excepté celles du duchié de Bretaigne et des terres et pays, qui par cest present trait-

Anglais le 10 octobre 1357 et avait été nommé aussitôt conservateur de la trêve en Guyenne par Édouard III. »

tié doivent appartenir et demourer au roy d'Angleterre.

« XXIX. *Item,* est accordé que le roy de France fera baillier et delivrer au roy d'Angleterre, ou à ses hoirs ou deputez, toutes les villes, chasteaux, forteresses et autres terres, payz et lieux avant nommez, avecques leurs appartenances, aus propres coux et fraiz du dit roy de France, et aussi que, s'il avoit aucuns rebelles ou desobeissans de rendre, baillier ou restituer au roy d'Angleterre aucunes citez, villes, chasteaux, payz, lieux ou forteresses, qui par ce present traictié li doivent appartenir, le roy de France sera tenuz de les faire delivrer au dit roy d'Angleterre à ses despens, et semblablement le roy d'Angleterre fera delivrer à ses despens les forteresses qui, par ce present traictié, doivent appartenir au roy de France. Et seront tenuz les diz roys et leur gens à eulx entre aidier quant à ce, se requis en sont, aus gaiges de la partie qui le requerra, qui seront d'un florin de Florence par jour pour chevalier[1], et demy florin pour escuier, et pour les autres au fuer. Et, du seurplus des doubles gaiges, est accordé que, se les diz gaiges sont trop petis eu regard au marchié de vivres ou payz, il en sera en l'ordenance de IIII chevaliers pour ce esleuz, c'est asavoir II d'une partie et II d'autre.

« XXX. *Item,* est accordé que tous les arcevesques et evesques et autres prelas de sainte eglise, à cause de leur temporalité, seront subgiez d'ycelui des deux

---

1. Manuscrit : « Pour jour pour chevalier. » — P. Paris : « D'un flourin de Florence pour chevalier. » — Rymer : « Par jour pour chevalier. » — Texte latin : « Per diem pro milite. »

roys soubz qui ilz tendront leurs temporalitez, [et, se il ont temporalité] soubz tous les deux roys, ilz seront subgiez de chascun des ii roys, pour la temporalité qu'ilz tendront soubz chascun d'iceuls.

« XXXI. *Item*, est accordé que bonnes aliances, amitiez et confederacions soient faictes entre les deux roys de France et d'Angleterre et leurs royaumes, en gardant l'oneur et la conscience de l'un roy et de l'autre, non obstant quelzconques confederacions qu'ilz aient de çà et delà avecques quelzconques personnes, soient d'Escoce, de Flandres ou d'autres payz quelzconques.

« XXXII. *Item*, est accordé que le roy de France et son ainsné filz le regent, pour eulz et pour leurs hoirs de France, si avant qu'il pourra estre fait, se delairont et departiront du tout des aliances qu'il ont avecques les Escoz, et promettront, si avant que faire se pourra, que jamés eulz ne leurs hoirs roys de France, qui pour le temps seront, ne donront ne feront au roy ne au royaume d'Escoce, ne aus subgiez d'icelui presens et avenir, confort, ayde ne faveur contre le dit roy d'Angleterre, ne contre ses hoirs et successeurs, ne contre ses subgiez, [ne contre son royaume], en quelque maniere, et qu'ilz ne feront autres aliances avecques les diz Escoz en aucun temps avenir, ne contre les roys et royaume d'Angleterre. Et semblablement, si avant que faire se pourra, le roy d'Angleterre et son ainsné filz se delairont et departiront du tout des aliances qu'ilz ont avecques les Flamens, et promettront que eulx ne leurs hoirs, ne les roys d'Angleterre qui pour le temps seront, ne donront, ne feront aus Flamens presenz ou avenir aide, confort, ne faveur contre le roy de France, ses hoirs et successeurs, ne contre son royaume, ne contre ses subgiez, en quelque maniere, et qu'il ne feront autres aliances avec les Flamens, en aucun temps avenir, contre les roys et royaume de France.

« XXXIII. *Item*, est accordé que les collacions et provisions, faites d'une part et d'autre, des benefices vacans, tant comme la guerre a duré, tiengnent et soient vallables, et que les fruiz, issues et revenues, receues et levées de quelzconques benefices et autres choses temporeles quelzconques ès diz royaumes de France et d'Angleterre, par l'une partie et par l'autre, durans les dites guerres, soient quittez d'une partie et d'autre.

« XXXIIII. *Item*, que les roys soient tenus de faire confermer toutes les choses dessus dites par Nostre Saint-Pere le Pape, et seront vallées[1] par seremenz, sentences et censures de court de Rome et tous autres liens[2], en la plus fort maniere que faire se pourra, et seront empetrées dispensacion[s], absolucions et lettres de la court de Romme, touchanz l'accomplissement et la perfection de ce present traictié, et seront bailliées aus parties au plus tart dedenz III semaines[3] après ce que le Roy sera arrivez à Calays.

« XXXV. *Item*, que tous les subgiez des diz roys qui voudront[4] estudier es estudes et universitez des

---

1. Manuscrit et P. Paris : « Baillées ». — Rymer : « Vallées ». — Texte latin : « Vallata ».

2. Manuscrit, P. Paris et Rymer : « Et tous autres lieux ». — Texte latin : « Et omnia alia ligamenta ».

3. P. Paris : « Dedenz trois moys. » — Rymer : « Dedens les III sepmaines. » — Texte latin : « Infra tres septimanas. »

4. Manuscrit : « Vendront ». — Rymer et P. Paris : « Voldront, voudront ».

royaumes de France et d'Angleterre joiront des previleges et libertez des dictes estudes et universitez, tout aussi comme il povoient faire avant ces presentes guerres, et comme ilz font à present.

« XXXVI. *Item*, afin que les choses dessus dites, traictiées et parlées soient plus fermés, stables et valables, seront faites et données les seurtez qui s'ensuyvent, c'est asavoir : lettres seellés des seaulx des diz roys et des diz ainsnez filz d'iceulz, les meilleurs qu'il pourront faire et ordener par les conseilliers des diz roys, et jureront les diz roys, et leurs enfans ainsnez et autres enfans, et aussi les autres des lignages des diz seigneurs et autres grans des royaumes, jusques au nombre de vint de chascune partie, qu'il tendront et aideront à tenir, pour tant comme à chascun d'eulx touche, les dites choses traictiées et accordées, [et] acompliront[1] sanz jamais venir au contraire, et sanz fraude et sanz mal engin, et sanz faire nul empeschement. Et, se il y avoit aucun du dit royaume de France ou du royaume d'Angleterre qui fussent rebelles, ou ne vousissent accorder les choses dessus dittes, les diz roys feront tout leur povoir, de corps et de biens et d'amis, de mettre les diz rebelles en vraie obeissance, selon la forme et teneur du dit traictié. Et avecques ce se soubmettront les diz roys et leurs hoirs et royaumes à la cohercion de Nostre Saint-Pere le Pape, afin qu'il puisse contraindre par sentence, censures d'eglises, et autres voies deues, celi qui sera rebelle, selon ce qu'il sera de raison. Et par my les

---

1. Manuscrit : « Acompliront. » — Rymer : « Et acompliront. » — Texte latin : « Et complebunt. »

seurtez et fermetez dessus dictes renonceront les diz
roys et leurs hoirs, par foy et par seremens, à toute
guerre et à tout procès de fait. Et, se par desobeis-
sance, rebellion ou puissance de aucuns subgiez du
royaume de France, ou autre juste cause, le roy de
France ou ses hoirs ne povoient acomplir toutes les
choses dessus dictes, le roy d'Angleterre, ses hoirs
ou aucuns pour eulz ne feront ou devront faire guerre
contre le dit roy de France, ses hoirs ne son royaume,
mais touz ensemble se efforceront de mettre les diz
rebelles à vraie obeissance et de acomplir les choses
dessus dites. Et aussi, se aucuns du royaume et obeissans du roy d'Angleterre ne vouloient rendre les
chasteaulx, villes ou forteresses qu'ilz tiennent ou
royaume de France, et obeir au traittié dessus dit, ou
pour juste cause ne pourroit acomplir[1] ce qu'il doit
faire par ce present traictié, li roys de France ne ses
hoirs ou aucun pour eulz ne feront point de guerre au
roy d'Angleterre ne à son royaume, mais tous deux
ensemble feront leur povoir de recouvrer les chasteaux, villes, forteresses dessus dites, [et] que toute
obeissance et acomplissement soit faite ès traictiez
dessus diz, et seront aussi faites et données d'une part
et d'autre, selon la nature du fait, toutes manieres
de fermetez et seurtez que l'en pourra et saura deviser, tant par le Pape, le colege de la court de Rome,
comme autrement, pour tenir et garder perpetuelment
la paix et toutes les choses dessus accordées.

« XXXVII. *Item*, accordé est que par ce present
traictié et accort, tous autres accors, traictiez ou pro-

---

1. P. Paris : « Ne povoit acomplir. »

locucions, s'aucuns en y a faiz ou pourparlez ou temps passé, sont nuls et de nulle valeur et du tout mis au neant, et ne s'en pourront jamais aidier les parties, ne faire aucun reprouche l'un contre l'autre, pour cause d'iceulz traictiez ou accors, se aucuns en y avoit, comme dit est.

« XXXVIII. *Item*, quant ce present traictié sera approuvé, juré et confermé par les deux roys à Calays, quant ilz y seront en leurs personnes, et depuis que le roy de France sera partis de Calays et sera en son povoir, dedenz un mois prochain ensuyvant le dit departement, le dit roy de France en fera lettres confirmatoires et autres neccessaires ouvertes, et les envoiera et delivrera à Calays au dit roy d'Angleterre ou à ses deputez au dit lieu. Et aussi le dit roy d'Angleterre, en prenant les dictes lettres confirmatoires, en baillera lettres confirmatoires pareilles à celles du dit roy de France.

« XXXIX. *Item*, accordé est que nuls des roys ne procurera ne fera procurer par lui, ne par autres, que aucunes nouveletez ou griefz se facent par l'eglise de Romme ou par autres de sainte eglise, quelzconques ilz soient, contre ce present traictié, sur aucun des diz roys, leurs coadjuteurs, adherens ou aliez quiex que ilz soient, ne sur leur terres, ne leur subgiez, pour achoison de la guerre ou pour autre cause, ne pour services que les diz coadjuteurs ou aliez aient faiz aus diz roys ou aucun d'iceulx, et, se nostre dit Saint-Pere ou autres le vouloient faire, les deux roys le destourberoient, selon ce qu'il pourront, sanz mal engin.

« XL. *Item*, des hostaiges qui seront bailliez au roy

d'Angleterre à Calays, de la maniere du temps de leur departement, les deux roys en ordoneront à Calays.

« Toutes les quelles choses dessus escriptes et chascune d'icelles furent faites, ordenées et accordées de l'auctorité nostre dit seigneur le Roy et de la nostre[1], par noz amez cousins le duc de Lenclastre, Wyllaume, conte de Norentonne, Thomas de Beauchamp, conte de Waruhic, Rauf, conte de Stafort, Wyllaume, conte de Salebury, messire Gautier, sire de Manny, messire Jehan de Beauchamp, messire Guy de Bryenne, messire Jehan de Greily, captau de Buef, messire Jehan Chandos, messire Wyllaume de Garençon, chevaliers, Jehan de Wynewyc[2], tresorier d'Everwic[3], chancellier nostre seigneur le Roy, maistre Henry de Asshton, Guillaumes de Lughteburghs, docteurs en loys, et maistre Jehan de Branquetre, chanoine de Londres, tous presenz et jurez de tenir et faire tenir et garder les choses dessus dites, et aussi presenz et jurez par messire Regnaut de Cobehan, nos procureurs, et messaiges à ce especialment commis[4] et deputez de par nous, et promis, jurez et accordez et ordenez de par nostre cousin le regent, par les honorables et puissans seigneurs et messaiges et procureurs du dit regent, Jehan par la grace de Dieu esleu de Beauvaiz, per de France, maistre Estienne de Paris, chanoine, et

---

1. Manuscrit : « Et du nostre. »

2. P. Paris : « Jehan de Wynelvic. »

3. Trésorier de l'église d'York.

4. Il y a ici une omission évidente. Les procureurs et messages spéciaux du prince de Galles devaient être : Regnaut de Cobeham, Barthélemy de Burghersh, Frank de Hall, Miles de Stapleton, Richard la Vache, Nigel ou Nelle de Loryng (Arch. nat., J 638, n° 8).

Pierre de la Charité, chantre de l'eglise de Paris, Jehan d'Angerant, doyen de Chartres, messire Jehan Le Mangre, dit Bouciquaut, mareschal de France, Charles, sires de Montmorency, Emart de la Tour, sire de Vinay, Jehan de Groulée, Regnaut de Goullons, Pierre d'Oomont, Symon de Bucy, chevaliers, maistre Guillaume de Dormans, Jehan des Marès et Jehan Maillart, bourgois de Paris, procureurs, et aussi maistre Robert Porte, evesque dit d'Avranches, messire Raoul de Resneval, monseigneur Artaud de Beausemblant, maistre Macé Gueri et maistre Nicole de Veyres, secretaires nostre dit cousin, et pluseurs autres. Toutes les quelles choses et chascune d'icelles ès noms que dessus, nous, princes de Galles, acceptons, accordons, aggreons, approuvons et confermons de nostre certainne science et les voulons avoir vigour et fermeté[1], si et par tele maniere comme se nous les eussions traictiées, parlées, accordées, jurées et promises en nostre propre personne, à l'onneur de la benoite Trinité, le Pere, le Fil et le Saint-Esperit, et de la glorieuse Vierge Marie, pour la reverence de Nostre Saint-Pere le Pape Innocent VIe, le quel, quant il estoit cardinal en sa personne, et, puis sa promocion[2], par reverens peres en Dieu[3] les cardinalx de Bouloigne et de Pierregort et de Urgel[4], qui furent de par li envoiez en France et en Angleterre, qui en faire ceste pais et accort[5] ont adjousté et mis très

1. P. Paris : « Avoir en vigour et fermeté. »
2. P. Paris : « Puis la promocion. »
3. P. Paris : « Pour reverens peres en Dieu. »
4. Manuscrit : « Urget. »
5. P. Paris : « Ceste pais. »

grant et bonne diligence, et de noz bien amez frere
Androin de la Roche, abbé de Clugny, et messire
Hugues de Geneuve, chevalier, seigneur d'Anthon[1],
messaigiers derreniers envoiez sur ce de par Nostre
dit Saint-Pere le Pape, et ont sur ce diligenment travaillié, traictié et receuz les sairemenz des diz procureurs. En tesmoing des quelles choses à cestes noz
lettres nous avons fait mettre nostre privé seel.
Donné à Louviers, en Normandie, le xve jour[2] de may
l'an de grace dessus dit.

« Je Jehan de Branquetre[3], clerc du dyocese de Nor-
wyc[4], notaire publique de l'auctorité du Pape et de
l'Empereur, pour ce que je fu presens le viiie jour de
may, l'an de grace dessus dit, et viiie du pontifical de
Nostre Saint-Pere le Pape Innocent VIe, quant les
choses avant dites et chascune d'icelles furent parlées,
traictiées et accordées par la maniere et forme que
dessus est compris [entre] les parties, seigneurs, procureurs et tesmoins avant nommez, je les vi et oy
ainsi faire, accorder et expedier, par le commandement et volenté des dictes parties, [et] à ces presentes
lettres contenans les diz traictiez et accors j'ay mis
mon signe publique, avecques le signe maistre Nicole
de Veyres, notaire, en tesmoing de toutes les choses
devant dites.

« Et je Nicolas de Veyres, clerc du dyocese de Sens,
notaire publique de l'auctorité du Pape, pour ce que
je fu presens le viiie jour de may l'an de grace dessus

1. Manuscrit : « D'Ausson. »
2. P. Paris : « Le seiziesme jour. »
3. P. Paris : « Jehan Branquette. »
4. De Norwich. — P. Paris : « De Nosibio. »

dit, et VIIIe du pontifical de Nostre Saint-Pere le Pape Innocent VIe, quant les choses avant dites et chascune d'icelles furent parlées, traictiées et accordées par la maniere et forme que dessus est compris entre les parties, seigneurs procureurs et tesmoings avant nommez, je les vi et oy ainsi faire, accorder et expedier par le commandement et volenté des dites parties, et à ces presentes lettres contenanz les diz traictiéz et accors je ay mis mon signe publique avecques le signe de maistre Jehan de Branquetre, notaire publique[1], en tesmoing de toutes les choses devant dites. »

Une lettre comment monseigneur le regent conferma le traictié accordé à Bretigny[2].

« Charles, ainsné filz du roy de France, regent le royaume, duc de Normandie et dalphin de Viennois. A tous ceuls qui ces presentes lettres verront, salut. Savoir faisons que nous avons veu par escript et leu de mot à mot le traictié de bonne paix et accort final, traictié et fait pour monseigneur et pour nous et le royaume de France, pour noz adherens, aliez, amis et aidans, par noz amez et feaulx conseilliers de monseigneur et les nostres, et messaiges et procureurs especialment de nostre partie establis et aians à ce faire plain povoir et mandement especial de nous, c'est asavoir : monseigneur Jehan, esleu de Beauvais, per de

___

1. P. Paris : « Mon signe publique, Jehan de Branquette et Nicolas de Veyres, notaires publiques, etc. »
2. Le dauphin avait juré la veille (9 mai), devant six chevaliers anglais, délégués par le prince de Galles, de garder et faire garder la paix de Brétigny. Le présent acte a pour objet de constater cette prestation de serment. Il serait donc mieux placé quelques pages plus loin.

France, nostre chancellier, maistres Estienne de Paris, chanoine, Pierre de la Charité, chantre de l'eglise de Paris, et Jehan d'Angerant, doyen de Chartres, monseigneur Jehan Le Maingre, dit Bouciquaut, mareschal de France, monseigneur Charles, sires de Montmorency, monseigneur Aymart de la Tour, sire de Vinay, monseigneur Jehan de Groullée, monseigneur Regnaut de Goullons, monseigneur Symon de Bucy et monseigneur Pierre d'Oomont, chevaliers, maistres Guillaume de Dormans, Jehan des Marès et Jehan Maillart, bourgois de Paris, d'une part, et certains autres procureurs et messaiges de nostre cousin le prince de Galles, filz ainsné du roy d'Angleterre nostre cousin, ayans à ce povoir et mandement especial de par li, et autres gens et traicteurs pour les diz roy d'Angleterre et prince de Galles, pour leurs adherens, aliez, aidans et amis, d'autre part; le quel traictié et accort nous avons eu et avons ferme et aggreable, et avons juré sur sains euvangiles, touchiez de nostre main, devant le saint corps Nostre-Seigneur Jhesu-Crist sacré, l'autre main dreciée envers lui, le dit accort tenir et garder de nostre partie, et faire tenir et garder à nostre povoir sanz mal engin à tousjours. En tesmoing de la quelle chose nous avons fait mettre à ces presentes lettres nostre seel de secret, en l'absence du grant. Donné à Paris, le xe jour de may l'an de grâce mil CCC soixante. »

Une autre lettre du prince de Galles, confermanz semblablement le traictié dessus dit.

« Edouart, filz ainsné au noble roy de France et d'Angleterre, prince de Galles, duc de Cornouaille et conte de Cestre, à tous ceuls qui ces presentes lettres verront, salut. Savoir faisons que nous avons veu par escript le traictié de bonne paix et accort final, traictié et fait pour nostre tres redoubté seigneur et pere le Roy et nous, et pour les subgiez, amis, aliez, aidans et adherens de nostre dit seigneur et les nostres, par les traicteurs à ce deputez de par nostre dit seigneur et de par nous, et ayans à ce faire plain povoir, d'une part, et nostre cousin le regent le royaume de France, pour li et pour son pere, et pour leur subgiez, aliez, amis, aidans et adherens, par leurs traicteurs, procureurs et messaiges, ayans à ce faire souffisant povoir, d'autre part; le quel traictié et accort nous avons ferme et aggreable, et avons juré sur saintes euvangiles, touchiées de nostre main, devant le saint corps de Nostre-Seigneur Jhesu-Crist sacré, l'autre main destre envers li, le dit accort tenir et garder de nostre partie et faire tenir et garder à nostre povoir, sanz mal enging, à tousjours. En tesmoing de la quelle chose nous avons fait mettre nostre privé seel à ces presentes lettres. Donné à Louviers, en Normandie, le xve jour[1] de may l'an de grace mil CCCLX. »

Les lettres de monseigneur le regent, contenans
l'ordenance des treves[2].

« Charles, ainsné filz du roy de France, regent le royaume, duc de Normandie et dalphin de Viennois,

---

1. P. Paris : « Le seiziesme jour. »

2. L'acte, étant daté du 7 mai, aurait dû, logiquement, venir avant le texte du traité de Brétigny. Il a été imprimé par Rymer (t. III, 1re partie, p. 486), d'après l'original. Cet origi-

à tous ceuls qui ces lettres verront, salut. Savoir faisons que, comme entre noz amez et feaulx l'esleu de Beauvais, nostre chancelier, messire Charles, sires de Montmorency, messire Jehan Le Maingre, dit Bouciquaut, mareschal de France, messire Aymart de la Tour, sire de Vignay, messire Raoul de Resneval, messire Symon de Bucy, chevaliers, maistre Estienne [de] Paris et Pierre de la Charité, noz conseilliers, et avecques pluseurs autres chevaliers, clers et saiges de nostre Conseil, noz procureurs et messaiges especiaulx à ce faire de par nous, pour monseigneur et pour nous especialment establiz, et ayans povoir de par nous de faire, traicter, accorder, promettre et jurer en l'âme de nous, et pour monseigneur et pour nous, bonne paix et accort, et bonnes treves et loyaux, d'une part, et monseigneur Regnault de Cobehan, monseigneur Berthelemy de Broeiz, monseigneur Franc de Hale, banerez, Mile de Stapelenton, monseigneur Richart la Vache et Noel Loreng, chevaliers, procureurs et messaiges especiaulx de mess. Edwart[1], filz ainsné du roy d'Angleterre, especialment à ce establiz et ayans semblable povoir, et avec eulz pluseurs autres chevaliers, clers et saiges du conseil du roy d'Angleterre, d'autre part, sur tous les descors et articles pour les quelz estoient guerres qui longuement ont duré entre les deux roys,

nal est conservé aujourd'hui au P. R. O. (Diplomatic documents, n° 1493). La lecture en est assez difficile, le parchemin ayant beaucoup souffert de l'humidité. On peut cependant corriger la plupart des fautes de lecture commises par les copistes de Rymer.

1. P. Paris : « Edouart. »

leurs royaumes dessus diz et nous, les aliez, aidans et
amis d'une part et d'autre, ait esté traictié bonne paix
et accort final à tousjours durans, au plaisir de Dieu,
contenans pluseurs articles, les quelz ne pevent mie
estre acompliz[1] en brief temps, et pour ce convient
que ce pendant bonnes treves et loyaux soient prises,
accordées, tenues et gardées d'une part et d'autre,
tant de leurs royaumes que dehors leurs royaumes,
nous pour l'onneur et reverence de Nostre Saint-Pere
le Pape, qui pour ce a envoié devers nous ses especiaulx messages, c'est asavoir l'abbé de Clugny, messire Hugue de Genevre et le maistre de l'ordre des
Freres Prescheurs, qui sur ce nous ont requis à grant
instance, ou nom de monseigneur et de nous, pour li
et pour nous, ses subgiez, aliez, amis et aydans, et
pour les nostres, avons accordé et octroyé, accordons
et octroyons aus dit roy d'Angleterre, à ses subgiez,
aliez, aidans et amis, bonnes treves et loyaux, du daté
de ces lettres jusques au jour de la Saint-Michiel prouchain venant, et d'icelui jour jusques à la Saint-Michiel
qui sera l'an mil CCC soixante et un, et tout le jour de la
dicte feste jusques au souleil couchié, et accordons, voulons et octroyons, es noms de monseigneur et de [nous]
et pour tous les dessus diz de nostre partie, que les
dictes treves soient tenues et gardées, et les promet-
tons en bonne foy, sanz fraude et sanz mal engin, es
noms devant diz, tenir et faire tenir fermement par
tout le povoir de monseigneur et le nostre, par my
les quelles tous les subgiez, d'une part et d'autre, de
l'un royaume et de l'autre, pourront franchement, sanz

---

1. P. Paris : « Ne pevent estre acomplis. »

contredit, aler et venir paisiblement de l'un royaume
en l'autre, et marcheans marchander et faire tous contractz de bonne foy, sanz blasme et sanz reprouche,
tout en la maniere que l'en povoit et souloit faire
eu temps de bonne et ferme paix, et que se onques
guerres n'eussent esté entre les diz roys, nous et les
royaumes. Et ne pourront ou devront les diz roys ou
leurs subgiez, aliez ou aidans, durant les dictes treves,
prendre ou embler, escheler ou autrement occuper ou
empeschier, en quelque maniere, aucune ville, chastel,
forteresse ou autre lieu, mais cesseront toutes roberies, pilleries, prises de personnes, arsures, ravisse-
menz, prises reprisables[1], marques et autres prinses,
et tous autres malefices par terre et par mer. Et, se
aucune chose estoit faite ou attemptée de la partie de
monseigneur ou la nostre, ou d'aucun ou par aucun
du povoir monseigneur et du nostre, contre ce que dessus est dit, ou contre les dictes treves, monseigneur et
nous le ferons reparer et mettre au premier et deu
estat, sanz delay, si tost comme nous ou noz deputez
en seront requis, et ferons rendre et restablir ce
qui seroit robé, pris, ravi ou pillié, ou l'estimacion
d'icelles choses, se elles estoient transmuées[2]; et pour
aucun des faiz ou attemptaz dessus diz, se aucuns y
avenoient[3] ou faiz estoient, ne seroient ou pourroient
estre dittes enfraintes ou brisiées les dictes treves, ne
guerre pour ce estre suscitée, mais seront reparé[s]
et mis au premier et deu estat, comme dessus est dit,

1. P. Paris : « Prises. » Il s'agit de *représailles*.

2. Manuscrit : « Se elles n'estoient transmuées. » — Rymer,
III, i, p. 486 : « Si elles n'estoient trouvées. »

3. P. Paris : « Se aucuns y a, venoient, etc. »

et les malfaiteurs en seront pugniz deuement. Mais ceulz
qui seroient ygnorans des dites treves, et auroient juste
cause de la dicte ignorance, ne seroient pas pugniz,
se ilz faisoient ou avoient fait contre les dictes treves.
Les quelles treves tenir et garder et faire loyalment
tenir et garder, et les attemptaz, comme dit est, reparer et mettre au premier et deu estat, nous avons fait
promettre et jurer, en l'ame de nous, par noz diz procureurs et messages traicteurs de la dicte paiz, à ce
faire especialment establiz, et pour plus diligemment
les faire tenir et garder, comme dit est, et pour faire
droiture de prisons et de toutes complaintes, qui pevent
ou pourroient avenir ou temps des treves, et pour les
attemptaz reparer, nous avons deputé et commis, deputons et commettons, conservateurs des dites treves, le
dit monseigneur Jehan le Maingre, mareschal de
France, messire Gauchier de Lor[1], messire Raoul de
Resneval[2], messire Saquet de Blarru[3], Regnault de
Goullons et monseigneur Guichart d'Engles[4], touz
chevaliers, et chascun d'eulz, aus quelz nous, de par

1. Gaucher de Lor, chevalier, seigneur de Ressons et de
Braye-en-Thiérache (Arch. nat., JJ 91, fol. 110, n° 218). Sert
en Hainaut et en Thiérache, au début de la guerre de Cent ans ;
nommé parmi ceux qui devaient accompagner le dauphin, en
1355, dans son « voyage » hors du royaume ; un des défenseurs
de Reims contre Édouard III, en 1359-1360.

2. Raoul de Renneval, sire de Pierrepont, panetier de France
(Anselme, t. VIII, p. 613-614).

3. Jean de Sacquenville, dit Saquet, seigneur de Blaru.

4. Manuscrit : « Gauchier. » — Guichard d'Angle, l'ancien
sénéchal de Saintonge, qui commandait alors, pour le roi de
France, à la Rochelle. C'est lui qui remit la place aux Anglais,
en exécution du traité de Brétigny. Voy. Ch. Guérin, *Recueil
des documents concernant le Poitou*, t. III, p. 258.

monseigneur et de par nous, mandons et commettons
par ces presentes lettres que diligenment et loyalment
tiengnent et gardent, et facent tenir et garder fermement les dittes treves, par le temps dessus dit, et
facent droitures, tant de prisons non gardans leur
convenances, que en autres cas [qui] appartiennent à
faire[1], en temps de treves, aus conservateurs d'icelles.
Et n'est mie nostre entente que, se les genz de l'ost du
dit roy d'Angleterre prennent vitailles, aumailles,
bestes, vin, char ou autres choses pour la neccessité de
leur vivre ou de leurs chevaux, en s'en alant hors du
royaume de France en Angleterre de ci à un mois, que
ilz en soient, ou aucuns d'eulz, repris ou approuchiez,
mais que ilz ne facent autre prise, arsure, occupacion
de forteresses, ravissemens de femmes, ou autres malefices, que prendre pour leur vivre, durant le dit mois
tant seulement.

« *Item,* pour ce que aucunes garnisons des gens du
roy d'Angleterre demourront par aucun temps en
aucunes forteresses ou chasteaux en France, ou ailleurs
ou royaume de France, nous voulons et accordons que
ilz puissent lever teles raençons et en tele maniere,
comme eulz les ont levées et tenues avant ces heures[2],
pour leur vivre et pour la garde des diz chasteaux et
forteresses, sanz ycelles croistre, tant comme ilz
demourront es lieux dessus diz, et que ilz puissent
franchement achater et emporter vitailles et les aient
à fuer et à raison, aussi comme[3] les autres genz des

1. P. Paris : « Appartenant à faire. »
2. Manuscrit : « Euvres. » — Rymer, III, i, p. 486 : « Avant
ces œuvres. »
3. P. Paris : « Ainsi comme. »

lieux et des païs environ les acheteront sanz fraude
et sanz malice, mès qu'ilz ne preignent, ne pillent,
n'emblent forteresses ou facent autres malefices. Sur
toutes les quelles choses, et leurs dependences et appartenances, nous voulons et mandons que tous les justiciers, subgiez et feaulx de monseigneur et de nous,
requerons tous autres, qu'ilz obeissent et entendent
aus diz conservateurs, baillis, capitains et autres dessus diz et à leurs deputez, et à chascun d'eulz. En tesmoing de la quelle chose nous avons fait mettre nostre
seel à ces presentes. Donné à Chartres[1], le VIIe jour de
may, l'an de grace mil CCCLX. »

Du mandement, que monseigneur le regent fist,
pour faire crier et publier les treves[2].

« Charles, ainsné filz du roy de France, regent le
royaume, duc de Normandie et dalphin de Viennois, à
tous justiciers, capitains et à tous les subgiez, feaulx
et obeissans de monseigneur et de nous qui ces lettres
verront salut. Savoir faisons que entre monseigneur
et nous, pour nous et pour noz subgiez, adherens et
aliez, aidans et amis d'une part, et nostre cousin le
roy d'Angleterre et les siens, d'autre part, sont prinses
et accordées bonnes treves et loyaux, jusques à la
Saint-Michiel prochaine venant, et d'icelui jour jusques
à un an ensuyvant, qui sera le jour de la Saint-Michiel,
l'an mil CCCLX et un, pour l'accomplissement et exe-

1. Rymer : « A *Chastres.* »
2. Sur la publication de la trêve en Basse-Normandie, on
trouve quelques renseignements dans un compte d'Aymar
Bourgoise, vicomte de Caen (Bibl. nat., ms. fr. 26003, n° 998).

cucion de bonne paiz final et perpetuel, entre monseigneur et nous et nostre dit cousin, les subgiez,
adherens, aliez, aidans et amis dessus diz. Pour quoy
nous vous mandons et commandons estroitement, et à
chascun de vous, que les dites treves faciez crier et
publier partout, et ycelles tenir et garder fermement,
comme en temps de bonne paix, sanz riens faire ou
souffrir estre fait au contraire. Donné à Bretigny-lez-
Chartres, le viiᵉ jour de may, [l'an] de grace mil CCC LX. »

*Ci s'ensuit la teneur des lettres, que le prince de Galles
donna en la ville de Sours[1], contenans la forme des
treves dessus dites.*

« Edouart, ainsné filz au noble roy de France et
d'Angleterre, prince de Galles, duc de Cornouaille et
conte de Cestre, à touz ceulz qui ces lettres verront
salut. Savoir faisons que, comme entre noz amez conseilliers, monseigneur Regnault de Cobehan, Berthelemi de Broueiz et Franc de Hale, banerez, Mile de
Stapelenton[2], Richart la Vache et Noel Lorengier[3],
chevaliers, noz procureurs et messagiers especiaulx
establis à ce, et ayans povoir de faire traictier et accorder, promettre et jurer, en nostre ame et en l'ame de
nostre tres redoubté seigneur et pere le roy, et pour
li et pour nous, bonne paix et accort et bonnes treves
et loyaux, d'une part, et les honnorables hommes l'esleu de Beauvais, Charles, sire de Montmorency, monseigneur Jehan le Maingre, dit Bouciquaut, mareschal

1. P. Paris : « En la ville de Tours. »
2. Miles de Stapleton.
3. Nigel ou Nelle Loryng.

de France, monseigneur Aymart de la Tour, sire de
Vinay, monseigneur Raoul de Resneval, monseigneur
Symon de Bucy, chevaliers, maistres Estienne de
Paris et Pierre de la Charité, messages et conseilliers
de nostre cousin le regent le royaume de France,
especialment deputez à ce faire pour luy et pour nostre
cousin le roy, son pere, et ayans semblable povoir,
et avecques eulx pluseurs autres chevaliers, clercs et
sages du conseil de nostre dit cousin le regent, d'autre
part, sur tous les descors et articles pour les quelz
estoient guerres, qui lonc temps ont duré entre les deux
roys, les royaumes dessus diz et nous, les aliez et aidans
et amis d'une part et d'autre, ait esté traictié de bonne
paix et accort final à tousjours durer, au plaisir de
Dieu, contenans pluseurs articles, les quelz ne pevent
mie estre acomplis en brief temps, et pour ce convient que ce pendent bonnes treves et loyaux soient
prises, accordées, tenues et gardées d'une part et
d'autre, tant dedenz les royaumes que dehors les
royaumes, nous pour honneur et reverence du Saint-
Pere le Pape, qui pour ce a envoié devers nous ses
especiaulx messages, c'est asavoir l'abbé de Clugny,
monseigneur Hugue de Genevre et le maistre de l'ordre
des Freres Prescheurs, qui sur ce nous ont requis à
grant instance, ou nom de monseigneur et de nous,
pour luy et pour nous, et pour ses subgiez, aliez,
aidans et amis, et pour les nostres, avons accordé et
encore accordons et octroyons à nostre cousin de
France et à ses subgiez, aliez, aidans et amis, bonnes
treves et loyaux, de la date de ces lettres jusques au
jour de la Saint-Michiel prochaine venant, et d'icelui
jour jusques à la Saint-Michiel, qui sera l'an mil CCC LXI,

et tout le jour de la dicte feste, jusques à soleil couchié,
et accordons, voulons et octroions, es noms de monseigneur et de nous, pour et es noms devant diz, [que
les dictes treves soient tenues et gardées, et les pro-
mectons en bonne foy, sanz fraude et sanz mal engin,
es noms devant diz[1]], tenir et faire tenir fermement,
par tout le povoir de monseigneur et le nostre, parmy
les quelles tous les subgiez d'une part et d'autre, et de
l'un royaume et de l'autre, pourront franchement et
sanz contredit aler et venir paisiblement de l'un
royaume en l'autre[2], et marcheans marcheander et
faire tous contractz de bonne foy, sanz blasme et sanz
reprouche, tout en la maniere que l'en povoit et souloit faire en temps de bonne et ferme paix, et que, se
onques guerre n'eust esté entre les diz roys, nous et
les royaumes. Et ne pourront ne devront les diz roys
ou leurs subgiez, aliez ou aidans, durans les dites
treves, prendre ou embler, escheler ou autrement
occuper ou empeschier, en quelque maniere, aucune
ville, chastel, forteresse ou autre lieu, mais cesseront
toutes roberies, pilleries, prises de prisons, arsures,
ravissemens, prises et reprisailles, marques et contre-
prises, et tous autres malefices par terre et par mer,
et, se aucune chose estoit fait ou attempté de la partie
de monseigneur ou de la nostre, ou d'aucun ou par
aucun du povoir de monseigneur ou du nostre, contre
ce que dessus est dit ou contre les dites treves, monseigneur et nous le ferons reparer et mettre au pre-

1. Les mots mis entre crochets, et qui manquent dans le
manuscrit, ont été suppléés d'après les lettres du dauphin
publiées ci-dessus.

2. P. Paris : « De l'un royaume et de l'autre. »

mier et deu estat, sanz delay, si tost comme nous ou
noz deputez en seront requis, et ferons rendre et restablir ce qui sera robé, pris, ravi ou pillié, ou l'esti-
mation d'icelles choses, se elles n'estoient trouvées, et
par aucun des faiz ou attemptaz dessus diz, [se aucuns]
y avenoient ou fait estoient, ne seroient ou pourroient
estre dictes enfraintes ou brisées les dites treves, ne
guerre pour ce estre suscitée; mais seront reparez et
mis au premier et deu estat, comme dessus est dit, et
les malfaiteurs en seront pugniz, se ilz faisoient ou
avoient fait aucune chose contre les dites treves. Les
quelles treves tenir et garder et faire loyalment tenir
et garder, et les attemptas, comme dit est, reparer et
faire reparer et mettre au premier et deu estat, nous
avons fait promettre et jurer, en l'ame de nous, par
noz diz procureurs et messages traicteurs de la dicte
paix, à ce faire especialment establiz. Et pour plus
diligenment les faire tenir et garder, comme dit est, et
pour faire droiture des prisons, et [de] tous com-
plaingnans, qui pevent ou pourroient avenir en temps
de treves, et pour les attemptaz reparer, nous avons
deputé et commis, deputons et commettons, conservateurs des dictes treves, nobles et puissans hommes
monseigneur Thomas de Beauchamp, conte de Waruich et mareschal de nostre dit seigneur et pere, Thomas de Houllande, seigneur de Warch[1], Jehan de
Greyli, captau de Buef, le gardien de Bretaigne et le
capitain de Calays, qui seront pour nostre dit seigneur
et pere pour le temps, et Eustace d'Aubrichecourt,

1. Varcq, Finistère, arr. de Morlaix, cant. de Lanmeur,
comm. de Locquirec. — Th. de Holand avait été lieutenant
d'Édouard III, en Bretagne, en 1354.

tous chevaliers, et chascun d'eulx, et neantmoins les
capitaines et connestables des lieux et paiz où les cas
avendront et chascun d'eulx, aus quelx nous mandons
de par nostre dit seigneur le roy, et commettons par
ces presentes lettres, que diligenment et loyalment
tiengnent et gardeṅt et facent tenir et garder fermement les dictes treves, par le temps dessus dit, et
facent droitures tant de prisons non gardans leur
convenances, comme. en autres cas appartenanz à
faire, en temps de treves, aus conservateurs d'icelles,
et n'est mie nostre entente que, se les genz de l'ost
nostre seigneur le roy et les nostres prennent vitailles,
aumailles, vin, char, bestes ou autres choses, pour la
neccessité de leur vivre et de leurs chevaux, alans
hors du royaume de France en Angleterre de ci à un
mois, que nous ne eulz, ne aucun d'eulx, soient repris,
approuchiez[1] ne damagiez, mais que nous ne eulx ne
facions autre arsure, occupacion de forteresse, ravissemens de femmes ou autres malefices, que de prendre
pour les vivres de nous et d'eulx, durant le dit mois
tant seulement. — *Item*, pour ce que aucunes garnisons des genz de nostre dit seigneur le roy demourront par aucun temps en aucunes forteresses ou chasteaux en France, et aillieurs ou royaume de France,
nous voulons et accordons, de par nostre dit seigneur
le roy et de par nous, que ilz puissent lever teles
raençons, et en tele maniere, comme ilz ont levé avant
ces treves, pour leurs vivres et pour la garde des diz
chasteaux et forteresses, sanz ycelles croistre, tant
comme ilz demourront es lieux dessus diz, et que ilz

____

1. P. Paris : « Reprouchiez. » La bonne leçon est : *approuchiez*. Cf. ci-dessus, p. 307.

puissent franchement achater et emporter vitaille, et
les ayent à fuer raisonnable, aussi comme les autres
genz[1] des diz lieux et des paiz environ acheteront,
sanz fraude et sanz malice, mais qu'ilz ne preignent,
pillent ou emblent forteresses ou facent autres malefices. Sur toutes les quelles choses et leurs dependences et appartenances, nous voulons et mandons à
tous les subgiez et feaulx de nostre dit seigneur,
requerons tous autres, qu'ilz obeissent et entendent
aus diz conservateurs, capitaines, connestables dessus
diz et à leur deputez et à chascun d'eulz. En tesmoing
de la quelle chose, nous avons fait mettre nostre seel
à ces presentes lettres. Donné à Sours devant Chartres,
le septiesme jour de may, l'an du regne de nostre dit
seigneur et pere, de France vint premier, et d'Angleterre trente et quart. »

*Comment le roy d'Angleterre et le prince de Galles
     envoierent VI chevaliers à Paris, pour veoir faire à
     monseigneur le regent le sairement de tenir ferme et
     estable le traictié de paix.*

Le samedy ensuyvant, ixe jour du dit mois, aucuns
de ceuls de la partie de France retournerent à Paris
et amenerent vi chevaliers anglois[2], pour veoir le dit

1. P. Paris : « Ainsi comme les autres gens. »
2. Ce devaient être les six « messages » ou « procureurs »
du prince de Galles : Regnault de Cobeham, Barthelemy de
Burghersh, Frank de Hall, Miles de Stapleton, Richard la
Vache et Nigel Loryng (voy. ci-dessus, p. 303). Froissart ne
parle que de quatre chevaliers, et un seul des noms qu'il donne
est à retenir, celui de Regnault de Cobeham (*Chron.*, t. VI,
p. 19). Villani nomme Regnault de Cobeham, Barthelemy de

regent faire ce qui ensuyt, et pour cele cause les y avoient envoiez le dit roy anglois et le prince de Galles, son ainsné filz.

Item, le dymenche matin ensuyvant, x[e] jour du dit mois, le dit regent, qui lors estoit à Paris en l'ostel à l'arcevesque de Sens, aus Barrez[1], ot son Conseil assemblé, le prevost des marcheans et pluseurs bourgois de la dicte ville, en la presence des quelx le dit regent fist reciter, par maistre Jehan des Marès, tout le dit traictié, le quel fu aggreable au dit regent. Et, pour ce que entre les autres choses du dit traictié estoit accordé que le dit regent devoit oir la messe, et après le *Agnus Dei* il devoit aler à l'autel, et l'une des mains sur le corps Jhesu-Crist sacré, sanz y touchier, et l'autre main mise sur le Messel, devoit jurer que le dit traictié il tendroit et acompliroit, feroit tenir et acomplir de tout son povoir, fu chantée une messe basse du Saint-Esperit, par Guillaume de Meleun, arcevesque de Sens, et, quant elle fu dicte jusques au point dessus dit, le dit regent issy de son oratoire et ala à l'autel, et en la presence des VI chevaliers anglois dessus diz, qui pour veoir le dit sairement faire y avoient esté envoiez par les diz roy et prince, et de grant foison de gent qui là estoient, fist le dit sairement par la

Burghersh, Frank de Hall, Richard la Vache; son énumération est donc à très peu de chose près complète et exacte (lib. IX, cap. 105, Muratori, t. XIV, col. 620).

1. Voy. M. Prou, *Recherches sur les hôtels de l'archevêché de Sens à Paris* (1882), p. 3 et n. 2. L'hôtel de Sens était situé « juxta domum fratrum Barratorum... ». Les religieux ainsi désignés étaient des Carmes. L'appellation familière de frères barrés était tirée de leur costume : « Quod pallia ex albo et nigro distincta deferrent », dit du Cange.

maniere devant dite, en lisant une cedule en la quelle
estoient lés paroles, que il devoit dire, escriptes for-
meement[1]. Et par semblable maniere le devoit faire
le prince de Galles, et devoit ledit regent envoier
vi chevaliers, trois banerez et trois bachelers, si comme
les Anglois avoient fait, pour veoir le prince de Galles
faire le dit sairement, et les deux roys de France et
d'Angleterre le devoient faire pareillement, quant ilz
seroient ensemble. Et tantost que le dit sairement fu
fait par le dit regent, la dicte paix fu criée par un sergent d'armes, aus fenestres de la chambre du dit regent,
sur la court du dit hostel de l'arcevesque de Sens. Et,
quant la ditte messe fu chantée, le dit regent ala à
Nostre-Dame de Paris li rendre graces de la dicte paix,
là où l'en chanta *Te Deum* et sonna l'en les cloches
moult solempnelment[2].

1. C'est-à-dire en lettres de forme ou en gros caractères.

2. *Contin. chronici Guillelmi de Nangiaco*, t. II, p. 311 :
« ... et statim in ecclesia illa omnes campanæ cum magno
mugitu et devota melodia sunt pulsatæ, canonicis omnibus et
clericis *Te Deum laudamus* læte et devote cantantibus, et
Dominum laudantibus, et pro pace reddentes Deo gratiarum
debitas actiones. Et sic factum est quasi eadem hora per uni-
versas ecclesias et collegia dictæ urbis. Tunc enim audita est
illa die per totam civitatem *vox jucunditatis* et lætitiæ in
tabernaculis justorum et omnium afflictorum. » Il y a dans
ces dernières lignes une allusion à l'office du jour, qui con-
viait le peuple à chanter des cantiques d'allégresse. Jean de
Venette a noté lui-même la coïncidence (*op. cit.*, p. 310) : « Et
factum est, in dominica qua cantatur in Ecclesia : *Vocem jucunditatis*, ante Ascensionem Domini, etc. » L'introït du cin-
quième dimanche après Pâques, qui précède immédiatement la
fête de l'Ascension, commence par ces mots : « Vocem jucunditatis annuntiate, et audiatur, alleluia, etc. »

Comment le prince de Galles fist à Louviers le sairement pareil à celi que le regent avoit fait à Paris.

L'endemain, jour de lundy, XIe jour du dit mois de may, le dit regent monstra aus diz Anglois les saintes reliques, en la chapelle royal à Paris[1], et donna à disner aus diz Anglois, et à chascun un bel cheval, et après se partirent de Paris pour aler par devers le dit roy d'Angleterre et par devers le dit prince, et envoia le dit regent, avecques les diz Anglois, VI chevaliers, III banerez et III bachelers, de la partie de France, pour veoir fairé le dit sairement au dit prince, par la maniere que avoit fait le dit regent[2]. Le quel

1. Il leur donna même de ces reliques (Walsingham, *Hist. anglicana*, t. I, p. 289) : « Post hæc datis militibus reliquiis de corona Christi in testimonium, omnibus valefecit. » — Froissart dit que le prince donna à ses hôtes « un moult biel et bon coursier, richement paré et ensellé », « plusieurs biaus jeuiaus », et, — ce qui est peu vraisemblable et eût été excessif, — « à çascun des chevaliers *une des plus grandes espines* » de la Sainte-Couronne.

2. Cinq de ces chevaliers sont connus par un mandement du 27 mai 1360, adressé aux gens des Comptes, au nom du régent. C'est l'ordre de passer en compte à Jean le Villain, trésorier général du subside de Normandie, la somme de 200 florins, baillée, « de nostre volenté et de nostre commandement », à « noz amez et feaux chevaliers, conseilliers et chambellans le sire de Vinay, messire Jehan de Groullée, messire Artaut de Beausemblant, messire Jaques et messire Pepin des Essars, pour faire leurs despenz en alant devers le prince de Galles, pour recevoir le serement de lui, en la ville de Loviers, sur le traitié de la pais, etc. » (Bibl. nat., ms. fr. 20413, n° 9). Le sixième chevalier, député par le régent, a pu être Pierre d'Omont, également son chambellan.

prince fist le dit sairement, en la presence des diz chevaliers et d'un des secretaires du dit regent, par la
maniere que l'avoit fait le dit regent, en l'eglise de
Nostre-Dame de Louviers[1], le landemain de l'Ascen-
cion Nostre-Seigneur, jour de venredy et xve jour du
dit mois de may, l'an mil CCC LX dessus dit[2].

Item, le mardy ensuyvant, xixe du dit mois, le dit
roy et ses enfans entrerent en mer, à Honefleu, pour
aler en Angleterre querir le roy de France, et la plus
grant partie de l'ost des diz Anglois passerent la riviere
de Saine, au Pont-de-l'Arche, là où le dit regent avoit
mandé que l'en les feist passer, et s'en alerent droit à
Calais sanz meffaire ou pays, fors que de prendre
vivres, et demoura en France, pour les Anglois, le
conte de Waruich, mareschal d'Angleterre, pour faire
tenir de leur partie les treves qui avoient esté prises
par le dit traictié, jusques à la feste Saint-Michiel, l'an
mil CCC LXI, pour ce pendant mettre le dit traittié de
paix à execucion d'une partie et d'autre. Et furent les
dictes treves publiées par tout le royaume, mais elles
furent mal tenues en pluseurs lieux, par especial des
Anglois, car pluseurs se mistrent à estre espieurs de
chemins, et par maniere de roberie[3] faisoient pis que
ilz ne faisoient en temps de guerre, car ilz tuoient les
gens, que ilz trouvoient par les chemins, et roboient
tout.

1. « ... en la grant moustier de Loviers », dit Thomas Gray
(*Scalacronica*, p. 196).

2. Voy. plus haut, p. 302, à la fin du traité juré par le prince
de Galles : « Donné à Louviers, en Normandie, le xve jour de
may, l'an de grace mil CCC LX. »

3. P. Paris : « De volerie. »

*Comment le roy de France vint d'Angleterre à Calays,
et de l'emprumpt pour le premier paiement de la
raençon du roy.*

Le dymenche, XIIIIe jour du mois de juing ensuyvant, le roy de France donna à disner au roy d'Angleterre, en la Tour de Londres, et firent moult grant
semblant d'amour l'un à l'autre, et jurerent par leurs
fois, bailliées l'un à l'autre, que ilz tendroient veritable-
ment et loyalment la paix dessus ditte, par la maniere
que traictiée avoit esté[1].

Item, le merquedy, VIIIe jour du mois de juillet
ensuyvant, à matin, arriva le roy de France à Calays[2],
lequel y devoit estre, par le traictié, dedenz III semaines après la nativité Saint-Jehan-Baptiste, et le
dymenche ensuyvant, XIIe jour du dit mois, le dit
regent parti de Paris pour aler à Saint-Omer[3], pour

1. D. Martène, *Thesaurus anecdotorum novus*, t. I, col. 1426-
1427 : « Memoire de ceux qui furent presents quand les deux
roys ratifierent le traittié fait par les deux filz ainsnez; » —
col. 1427 : Lettres de confirmation du traité de Brétigny par
Jean II. — Le roi de France promit en outre de se considérer
toujours comme prisonnier, tant que la paix n'aurait pas été
jurée solennellement à Calais, de ne rien faire pour abréger sa
captivité, et, s'il en était tiré contre son gré, de venir se
remettre entre les mains du roi d'Angleterre (Martène, *op. cit.,*
col. 1426 : « Comment le Roy promet au roy d'Angleterre tenir
loyal prison »).

2. Il était parti de Londres le 30 juin. Arrivé à Douvres le
6 juillet, il n'en était reparti que le surlendemain matin.

3. C'est à l'abbaye de Saint-Bertin, à Saint-Omer, qu'étaient
centralisés les apports de fonds faits de toutes les parties du
royaume.

faire acomplir ce que il pourroit du dit traictié, afin que le roy de France, son pere, feust delivré. Et en ce temps fu ordené que l'en leveroit à Paris et en la viconté cent mile royaux d'or par emprumpt, que l'en feroit de toutes personnes d'eglise, nobles et autres qui auroient puissance de prester, pour ce que la dicte ville de Paris avoit accordé à paier, pour le premier paiement de la raençon du Roy, iiii vins mile royaulx d'or pour la dicte ville et viconté[1].

Item, le vendredy, jour de feste Saint-Denis, ixe jour du mois d'octobre ensuyvant, le dit roy d'Angleterre arriva à Calays.

Item, le dymenche ensuyvant, xie jour du dit mois, le roy de France, qui estoit encore ou chastel de Calays, ala veoir le dit roy d'Angleterre, en l'ostel où il estoit herbergiez en la dicte ville de Calays, car encore n'avoient il veu l'un l'autre depuis que le dit Anglois estoit entrez en la dicte ville, fors quant le dit Anglois estoit descendu de sa nef, car là li estoit alé le dit roy de France à l'encontre, et s'entrefirent tres bonne chiere, et pria le roy de France au roy d'Angleterre que il et ses enfans disnassent l'endemain ou dit chastel avecques luy, le quel Anglois li accorda. Et celui dymenche traicta le dit roy de France la paix du dit roy d'Angleterre et du conte de Flandres[2]. Et l'endemain, jour de lundy, xiie jour du dit mois d'octobre, le dit roy d'Angleterre disna avecques le roy de France, ou dit chastel de Calays. Et sey à la table pre-

---

1. Les 20,000 royaux d'or restants furent sans doute fournis par la noblesse et le clergé.

2. Louis de Male, dont la fille devait épouser plus tard Philippe le Hardi, duc de Bourgogne.

mier le roy d'Angleterre, le roy de France secont, le
prince de Galles le tiers, et le duc de Lanclastre le quart
et le derrenier. Et ainsi, comme ilz disnoient, le conte
de Flandres entra à Calays, et ala droit au chastel et
fist la reverence en soy agenoillant devant le roy de
France, et après salua le roy d'Angleterre sanz age-
noillier, et li fist le roy de France tres bonne chiere.
Et après disner, deux des enfans du roy d'Angleterre
partirent de Calais, et deux des enfans du roy de
France les conduirent droit à Bouloigne, à l'encontre
des quelz ala environ demie lieue le duc de Normandie,
qui estoit en la dicte ville de Bouloigne, et les mena
en la dite ville.

*Comment monseigneur le regent ala de Bouloigne à
  Calays, pour veoir son pere le roy de France, et des
  sairemens des II roys, et de la paix du roy de Navarre,
  et comment le roy de France se parti de Calais.*

L'endemain, jour de mardy, XIIIe jour du dit mois,
le duc de Normandie parti de Bouloigne et ala à
Calays, et disna ce mardy avecques le roy d'Angleterre, et aussi fist le roy de France. Et les II enfans
du roy d'Angleterre demourerent à Bouloigne, et II des
enfans du roy de France pour les compaignier.

Item, l'endemain, jour de merquedy, XIIIIe jour du
dit mois d'octobre, après ce que le dit duc ot disné
avecques son pere le roy de France, il se parti de
Calays et s'en ala au giste à Bouloigne[1], et les II enfans
du roy d'Angleterre s'en retournerent à Calays, et
furent les choses si ordenées, que le dit duc de Nor-

____

1. P. Paris : « Au giste de Bouloigne. »

mandie, quant il retournoit de Calais à Bouloigne, et les deux enfans du roy d'Angleterre, quant ilz retournoient de Bouloigne à Calays, s'entre encontrerent aussi comme en my voie[1].

Item, en cette semaine le Beigue de Villaines prist par escheler le chastel de Pacy, la femme et les filles de monseigneur Pierre de Saquenville, qui estoient dedenz.

Item, le samedy XXIIIIe jour du dit mois d'octobre, l'an mil CCC LX dessus dit, les diz roys de France et d'Angleterre jurerent à Calais ensemble, sur le corps Jhesu-Crist et sur les saintes euvangiles, tenir perpetuelment la paix faite entre eulz sans enfraindre, et ouyrent les deux roys messe ensemble, en deux oratoires, et ne alerent point à l'offrande, pour ce que l'un ne vouloit aler avant l'autre, mais l'en porta la paix au roy de France premierement, le quel ne la voult prendre et issy de son oratoire et la porta au roy d'Angleterre, le quel ne la voult prendre, et baisierent l'un roy l'autre sanz prendre autre paix. Et celi jour fu faicte la paix du roy de France, d'une part, et du roy de Navarre et messire Phelippe de Navarre, son frere, d'autre part, jà soit ce que le dit roy de Navarre ne feust pas lors present à Calais à faire la dite paix, mais le dit messire Phelippe y estoit, qui se fist fort pour son dit frere et jura la dicte paix, et le duc d'Orlienz, frere du roy de France, la jura pour le roy son frere.

Item, l'endemain, le dymenche XXVe jour du dit mois d'octobre, le dit roy de France Jehan fut à plain deli-

---

1. P. Paris : « S'entre rencontrerent ainsi comme, etc. »

vré de sa dicte prison[1], et se parti à matin de Calais
et s'en ala à Bouloigne, et le convoia le dit roy d'Angleterre environ une lieue, et après s'en retourna à
Calays. Et le prince de Galles, ainsné filz du roy d'Angleterre, ala avecques le roy de France jusques à
Bouloigne[2].

Item, l'endemain, jour de lundy, xxvie jour du dit
mois, le duc de Normandie, ainsné filz du roy de
France, et le dit prince de Galles jurerent de rechief
tenir la dicte paix sanz enfraindre, et aussi fist le conte
d'Estampes et aucuns autres grans seigneurs qui là
estoient. Et celui lundy, après disner, se parti le dit
prince de Bouloigne et s'en retourna à Calais. Et ainsi
appert que le dit roi de France Jehan fu prisonnier du
dit roy d'Angleterre iiii ans, et tant comme il a[3] du
xixe jour de septembre, à quel jour le dit roy fut pris
comme dessus est dit, jusques au xxve jour d'octobre
que il fu delivré.

1. Édouard III délia Jean II de ses promesses et serments de
rester « loyal prisonnier », lui donna « congé et licence » de
s'en aller « tout à plain delivré », par un acte spécial dont
l'original porte la cote suivante, d'une écriture anglaise :
« Quitance du roi de France et de sa prison » (Arch. nat.,
J 638, n° 4; Calais, 24 octobre 1360). De son côté, Jean II
reconnut par des lettres données à Saint-Omer, le 1er novembre
suivant, qu'Édouard III lui avait rendu la liberté : « Jehan, etc.
Savoir faisons que nous cognoissons et confessons que nostre
tres cher frere le roy d'Angleterre nous a laissé partir de
Calais paisiblement et venir à nostre povoir et à nostre reaume,
par la maniere que accordé le nous avoit à faire. En tesmoign,
etc. » (Rymer, t. III, i, p. 552. Ex originali).

2. Il y arriva « à l'heure de none », c'est-à-dire vers midi
(Arch. comm. de Montpellier. Fonds du Grand Chartrier,
D XIX; Boulogne, 25 octobre 1360).

3. C'est-à-dire : tant comme il y a, etc.

Les noms de ceuls qui demourerent hostages en Angleterre pour le roy de France.

Le jeudy ensuyvant, xxixe jour du dit mois d'octobre, le dit roy de France se parti de Bouloigne et ala à Saint-Omer, et aucuns de son Conseil qui estoient demourez à Calais, pour parfaire les lettres et les autres choses qui estoient à parfaire, s'en partirent le venredy ensuyvant, xxxe jour du dit mois, et alerent à Saint-Omer, là où le dit roy de France estoit. Et est à savoir que dès le samedy precedent, xxiiiie jour du dit mois d'octobre, après ce que la dicte paix ot esté jurée des ii roys, comme dessus est dit, le dit roy d'Angleterre laissa le nom de roy de France et se appella roy d'Angleterre, seigneur d'Illande et d'Aquitaine, mais il ne renonça pas encore au dit royaume de France, et aussi ne renonça pas le roy de France aus ressors et souverainetez des terres que il bailloit au dit roy d'Angleterre ne à l'omaige[1], mais il seurseoit[2] du nom de roy de France et y devoit renoncier, quant certaines terres li seroient delivrées[3], qui li devoient estre bailliées par le dit traictié.

Item, le samedy ensuyvant, veille de la feste de Toussains, derrenier jour du dit mois d'octobre, à matin

---

1. Le rédacteur des *Grandes Chroniques* insiste sur ce point, parce que les renonciations n'ayant jamais été faites, le roi de France a retenu la souveraineté sur les terres « qu'il baillait au roi d'Angleterre », et, par conséquent, il a pu recevoir valablement l'appel des seigneurs de Guyenne, en 1368.

2. *Il*, c'est-à-dire le roi d'Angleterre.

3. Il s'agissait, en somme, de la remise de la presque totalité des terres cédées aux Anglais. Cette remise devait se faire

devant le jour, le dit roy d'Angleterre se parti de
Calays et entra en mer pour aler en Angleterre, et les
hostaiges que le roy de France li avoit bailliez avecques
li, c'est assavoir : monseigneur Loys et monseigneur
Jehan, enfans du dit roy de France, les quelx le dit
roy leur pere avoit fais ducz de nouvel[1], c'est asavoir
monseigneur Loys, qui estoit son secont filz, duc d'Anjou et du Maine, qui par avant en estoit conte, et le
dit monseigneur Jehan, duc d'Auvergne et de Berry,
qui par avant avoit esté conte de Poitiers, la quelle
contée devoit estre bailliée au roy d'Angleterre par le
traictié, si comme dessus est dit. Après les dessus diz
monseigneur Loys et monseigneur Jehan, filz du roy
de France, furent hostages : monseigneur Phelippe, duc
d'Orliens, frere germain du dit roy de France, monseigneur Loys, duc de Bourbon, monseigneur Pierre
d'Alençon[2] et monseigneur Jehan, frere du conte

avant la Saint-Jean-Baptiste 1361, ou au plus tard avant la
Toussaint de la même année. Les renonciations s'effectue-
raient à la mi-août ou à Noël, suivant l'époque où aurait eu
lieu la délivrance des terres.

1. La charte d'érection du comté d'Anjou et du Maine en
duché-pairie au profit de Louis, le second des fils du Roi, et
celle par laquelle le roi Jean crée son troisième fils, Jean,
naguère comte de Poitiers et de Mâconnais, duc de Berry et
d'Auvergne, sont datées l'une et l'autre de Boulogne-sur-Mer,
en octobre 1360. Par conséquent, elles n'ont pu être données
qu'entre le dimanche 25 et le jeudi 29 octobre, Jean II n'ayant
passé que ces cinq jours à Boulogne (Siméon Luce, *Froissart*,
t. VI, p. xi, n. 1 et 2). Néanmoins, les deux princes prennent
déjà dans le traité de Brétigny leurs nouveaux titres (24 oct.).
La même observation doit être faite pour leur frère Philippe.

2. Pierre d'Alençon, frère de Charles III, comte d'Alençon,
qui lui succéda en 1361. Voy. p. 282, n. 4.

d'Estampes[1], tous des Fleurs de lis, Guy, frere du conte de Bloys, le conte de Saint-Pol, le seigneur de Montmorenci, le seigneur de Hangest, le seigneur de Saint-Venant, le seigneur d'Andrezel[2], le conte de Braine-en-Laonnoys, le seigneur de Coucy, le conte de Harecourt, le conte de Grantpré[3], le seigneur de la Roiche-Guyon[4], le seigneur d'Estouteville[5].

Item, le dymenche ensuyvant, jour de la feste de Toussains, premier jour du moys de novembre l'an mil CCC LX dessus dit, le dit roy de France, à sa messe, fist chevalier un escuier d'Artoys, appellé Jehan d'Ainville, qui avoit demouré avecques li en Angleterre, et esté maistre de son Hostel tant comme le dit roy y avoit demouré[6]. Et ce jour entrerent en la foy du roy IIII chevaliers de la partie du roy d'Angleterre, c'est assavoir : monseigneur Rogier de Beauchamp[7], monseigneur Guy de Briene[8], monseigneur Regnault de Cobehan, touz Anglois, et monseigneur Gauthier de Manny, hennuyer, pour certaine rente que le dit roy de France leur promist. Et le dit samedy, XXIIIIe jour d'octobre, le duc de Lenclastre, monseigneur Phelippe de Navarre et monseigneur Jehan de Montfort, qui

1. Jean d'Évreux, frère de Louis d'Évreux, comte d'Étampes.

2. Jean d'Andresel, chevalier, chambellan de Jean II (Bibl. nat., P. O. 59, d. 1268, ANDRESEL).

3. Jean III, comte de Grandpré.

4. Gui IV, seigneur de la Roche-Guyon.

5. Robert VI, sire d'Estouteville.

6. Il fut aussi maître de l'hôtel de Charles V et châtelain du Louvre (Bibl. nat., P. O. 961, d. 21199, DAINVILLE).

7. Roger de Beauchamp avait été chargé de la garde du roi Jean en Angleterre, à l'hôtel de Savoie (Rymer, t. III, I, p. 413).

8. Guy de Bryan.

avoit esté filz du conte de Montfort, qui s'en ala en Angleterre pour le debat du duchié de Bretaigne, estoient entrez en la foy du dit roy de France, et li avoient fait hommaige, pour les terres que ilz tenoient en France avant les guerres des diz roys, les quelles terres leur furent toutes rendues par le dit traictié[1].

Comment l'en fist les joustes à Saint-Omer, et de la venue du roy de France à Saint-Denys, et du roy de Navarre qui vint par devers ly.

Le mardy et le merquedy ensuyvans, IIIe et IIIIe jours du dit mois de novembre, furent faites moult beles joustes à Saint-Omer, pour l'oneur du roy de France qui là estoit.

Et lors avoit grant foison d'Anglois et autres es pays de Brie et de Champaigne qui gastoient tout le pays, tuoient et raençonnoient genz et faisoient du pis qu'il povoient, dont aucuns se appelloient la Grant Compaignie[2]. Les quels, après ce que ilz orent sceu que le

---

1. Les terres, que le duc de Lancastre tenait dans le royaume « avant les guerres », étaient situées en Champagne : à Beaufort, Soulaines, Nogent-l'Artaud et Boulancourt. Elles lui venaient de sa grand'mère Blanche d'Artois, veuve en premières noces d'Henri le Gros, dernier comte de Champagne, et remariée avec Edmond de Lancastre, frère d'Édouard Ier (S. Luce, *Froissart*, t. V, p. XLII, n. 1; *Jeanne d'Arc à Domrémy*, p. XL-XLI; J. Viard, *Documents parisiens du règne de Philippe VI de Valois*, t. I, p. 84-85, n° LVI).

2. Appellation qui n'était pas nouvelle à cette époque, car dès 1357 on la donnait aux bandes que l'Archiprêtre (Arnaut de Cervole) avait recrutées un peu partout, notamment dans le Dauphiné, pour les conduire en Provence. La *Grande Compagnie* est désignée aussi quelquefois par les mots *Gens sine*

dit roy de France estoit delivré de sa prison, se partirent du dit pays de Brie et s'en alerent en Champaigne, là où ilz tenoient pluseurs forteresses. Et le dit
roy de France, après la dite feste de Saint-Omer, s'en
ala à Hedin, là où il demoura par aucun temps, et là
fist ordenances des gens de son Hostel et de la Chambre
des comptes[1], et par les dites ordenances ne demoura
es Requestes de l'Ostel que trois clers et trois lays, et
furent les clers : maistre Estienne de Paris, maistre Guy
de Saint-Sepulcre[2] et maistre Jaque Le Riche[3], et les
lays furent : monseigneur Jehan Haniere[4], monseigneur Fauviau de Vaudencourt[5] et monseigneur Gile de
Soocourt[6], chevaliers. Et en la Chambre des comptes,

----

capite, *Gens acephalica*, parce que les différentes fractions
qui la composaient prétendaient ne pas reconnaître de chef
unique. Elles eurent pourtant assez de cohésion pour battre
une armée royale (à Brignais, le 6 avril 1362) et pour causer
au Pape, bloqué dans Avignon, les plus cruels soucis.

1. *Ordonnances des rois de France*, t. III, p. 433 et suiv.

2. Conseiller clerc au Parlement dès 1346.

3. Official de Thérouanne. Avait été commis, avec Aleaume
Boistel, abbé de Saint-Bertin de Saint-Omer, pour recevoir les
fonds destinés au paiement du premier terme de la rançon de
Jean II. Il fut plus tard chanoine de Paris (Arch. nat., LL 106ᴮ,
fol. 348).

4. Jean Hanière était déjà maître des Requêtes de l'Hôtel en
1343 (F. Aubert, *le Parlement, Compétence*, p. 322, n. 3).

5. Fauvel de Vaudencourt, bailli de Cotentin (1327-1331),
conseiller au Parlement (1336-1340), maître des Comptes en
1345, maître des Requêtes de l'Hôtel à partir de 1346 (F. Aubert, *le Parlement de Paris, Compétence*, p. 319, 322).

6. Gilles de Soyecourt (Soicourt, Soycourt, Soucourt), chevalier, déjà antérieurement maître des Requêtes de l'hôtel
(*Ordonnances des rois de France*, t. III, p. 391; 27 janvier
1360).

trois clers et trois lays, c'est asavoir, clers : messire
Jehan Laigle[1], maistre Oudart Levrier[2] et messire
Legier de la Charmoye[3] ; lays : monseigneur Jehan de
Charny, chevalier[4], Jaques de Pacy[5] et Guillaume
Staise[6]. Et depuis s'en vint le roy par Amiens, par
Noyon et par Compiegne et par Senlis. Et le ven-
redy, xiᵉ jour de decembre ensuyvant, entra le Roy
au giste à Saint-Denys en France.

Item, l'endemain, jour de samedy, xiiᵉ jour du dit
mois, le roy de Navarre, qui encore n'avoit veu le roy
de France depuis sa prise, vint à Saint-Denys, à matin,
et ramena avecques li certains hostaiges, que le roy de
France avoit envoiez à Mante, afin que le roy de
Navarre[7] venist par devers li, qui autrement ne se
estoit volu accorder d'y venir, mais, en monstrant
que il se fioit es promesses du Roy, il ramena les diz
hostaiges, et là fu parlé que il feist homaige au Roy.
Mais le dit de Navarre ne le voult, en disant que il

1. Jean L'Aigle (*Johannes Aquile*), déjà maître clerc des
Comptes sous le règne de Philippe VI (Bibl. de Rouen, extraits
de Ménant, t. I, fol. 31. Ordonnance du 14 décembre 1346),
maintenu en cette qualité par Jean II.

2. Oudart Levrier, employé à la Chambre des comptes dès
1346 comme clerc du trésorier du Roi, maître clerc des Comptes
en 1350 (*Ibid.*, fol. 33 vᵒ-34).

3. Leger de la Charmoye, maître des Comptes en 1353
(H. Moranvillé, *Extraits de journaux du Trésor*, p. 49, nᵒ 186).

4. Fils de Robert de Charny et conseiller aux Enquêtes ;
connu par sa participation aux événements qui causèrent la
mort d'Étienne Marcel.

5. Maître des Comptes dès 1350 (Bibl. de Rouen, extraits de
Ménant, t. I, fol. 34).

6. Ancien prévôt de Paris.

7. P. Paris : « Le roi de France. »

n'avoit onques forfait l'omaige, que autre foiz li avoit fait, et finablement après pluseurs parlers, le dit de Navarre vint devant le roy de France, devant le grant autel de Saint-Denis, et li fist la reverence assez humblement, et après jura sur le corps Jhesu-Crist sacré, que tenoit l'abbé de Saint-Denis, revestu des vestemens es quelz il avoit dite la messe, que dès lors en avant il seroit bon et loial fil et subgiet du dit roy de France, et le dit roy de France jura après pareillement que il li seroit bon pere et bon seigneur, et après jurerent le duc de Normandie et monseigneur Phelippe, duc de Touraine, son frere. Et si jura lors aussi le dit roy de Navarre que il tendroit et feroit tenir à son povoir la paix traictiée entre les roys de France et d'Angleterre, et après l'en mena le roy de France par la main disner avecques luy, et après disner, prist congié du roy de France et s'en parti.

Item, le jeudy, xiie jour de novembre, l'an mil CCCLX dessus dit, furent enterrées les deux filles du duc de Normandie[1], à Saint-Anthoine près de Paris, et fu present le dit duc à l'enterrage, moult courroucié qui plus n'en avoit.

Item, le samedy dessus dit, xiie jour de decembre, fu criée et publiée à Paris la forte monnoie[2], c'est

1. Jeanne, née à Maubuisson dans les derniers jours du mois de septembre 1357, morte à l'abbaye de Saint-Antoine le 21 octobre 1360, et Bonne, dont la date de naissance est inconnue, décédée au Palais le 7 novembre de la même année. Voy. Raunié, *Épitaphier du Vieux Paris*, t. I, p. 133-134, n° 210.

2. Ordonnance d'Amiens du 5 décembre 1360 (*Ordonnances des rois de France*, t. III, p. 433 et suiv.). Elle établissait tout un système d'aides pour le paiement de la rançon royale. Elle créait une nouvelle et forte monnaie, qui fut aussi une monnaie

asavoir un franc d'or, que l'en fist lors nouveaux, pour xvi solz parisis, un royal pour xiii solz quatre deniers parisis, blancs neufs fins, qui furent lors fais, pour xii deniers parisis, etc.

Comment le roy de France entra à Paris[1].

Le dymenche, xiiie jour du dit mois de decembre, ala le roy de France à Paris et y fu receu moult honorablement, et furent les rues et le Grant Pont par où il passa encourtinées, et fu une fontaine, oultre la porte Saint-Denys[2] qui rendoit vin aussi habondanment comme se ce feust eaue, et portoit l'en sur le Roy une paile d'or à iiii lances. Et ala le Roy droit à Nostre-Dame faire son oroison, et puis retourna descendre au Palais. Et ly firent ceuls de Paris un bel present de vaisselle, qui pesoit environ mil mars d'argent.

stable, car pendant les dernières années de la vie de Jean II, comme pendant tout le cours du règne de son fils, il ne fut apporté à la taille des espèces d'or et d'argent d'autres changements que ceux qu'imposaient et légitimaient les variations du cours des métaux précieux. Ce retour aux principes et aux prescriptions de la grande ordonnance de décembre 1355 fut certainement dû à l'influence du dauphin et marque le triomphe des idées de Nicole Oresme, qui ont inspiré et dirigé la politique monétaire de Charles V (E. Bridrey, *Nicole Oresme*, p. 506-559).

1. Manuscrit, fol. 436 v°. L'entrée de Jean II à Paris.

2. Il y avait, entre l'ancienne porte Saint-Denis et la nouvelle, une fontaine, dite plus tard *la Fontaine du ponceau Saint-Denis*, à hauteur de laquelle, quand le roi de France ou un souverain étranger faisait son entrée dans Paris, on voyait habituellement quelque spectacle extraordinaire. C'était le commencement de la voie triomphale qui, par le Châtelet et le Grand-Pont, aboutissait à Notre-Dame et au Palais.

Item, le jour des Innocens, fu pris le pont du Saint-Esperit et la ville par ceulz de la Grant compaignie, qui s'estoient partiz de France[1].

Item, le xIII[e] jour de janvier ensuyvant, commença celuy an le Parlement. Et par avant avoit eu presidens à Paris, par un an ou environ, qui avoient autel povoir comme Parlement[2].

Item, le jueudy, xxVIII[e] jour du dit mois de janvier, furent pris, du commandement des refformateurs, qui lors avoient esté establis nouvellement[3], monseigneur Nicolas Braque, Almaury Braque, son frere[4], Jehan de

1. Pont-Saint-Esprit, Gard, arr. d'Uzès, ch.-l. de cant. — Indépendamment du projet qu'auraient eu les routiers de mettre la main sur une forte somme d'argent, destinée à la rançon du roi Jean, et qui devait être apportée au Pont-Saint-Esprit le jour même où la ville tomba en leur pouvoir, ils ne pouvaient manquer d'attacher une extrême importance à la possession d'une localité, qui, étant donné le très petit nombre de ponts jetés sur le Rhône, leur permettait de tenir les deux rives du fleuve.

2. Cet état de choses dura en réalité plus de deux ans, de la fin de novembre 1358 au 13 janvier 1361. Voy. Félix Aubert, *le Parlement de Paris. Organisation,* p. 152, et les textes cités.

3. *Ordonnances des rois de France,* t. III, p. 520-521 (Paris, 17 septembre 1361) : « Commission donnée à deux réformateurs généraux (Olivier Le Fèvre et Adam Chanteprime) sur le fait des monnoyes. »

4. Nicolas Braque, fils d'un bourgeois de Paris, Ernoul Braque, anobli sous Philippe VI, était chevalier et maître de la Chambre des comptes; il avait été maître de l'Hôtel de Jean II, membre du grand et secret Conseil, trésorier de France. Tous ses méfaits sont énumérés dans des lettres de rémission qu'il obtint au mois de juin 1361 (N. Valois, *la Revanche des frères Braque.* Paris, 1883, extrait du t. X dés *Mém. de la Soc. de l'hist. de Paris*). — Amaury Braque, son frère, était aussi maître des Comptes. Voy. les lettres de rémission qu'il se fit délivrer en avril 1361 (*op. cit.*).

Brunetout[1], Hugue Bernier[2], Jehan Poillevillain[3], Jaques Lempereur[4], Gauchier de Vanves[5], Jehan Arrode[6]. Et furent eslargiz le VIIIᵉ jour de mars ensuyvant.

Item, en yceli mois fu faite l'ordenance de faire retourner les Juyfz en France[7].

Incidence. L'an de grace mil CCC LXI, le mardy après la Penthecouste, qui estoit le XIXᵉ jour de may, gelerent les vignes en pluseurs contrées entour Paris, et jà en estoient pluseurs fleuries.

Item, le jeudy, premier jour de juillet ensuyvant, fu ou marchié de Meaulx, devant le Roy, une bataille, emprise de volenté[8], entre messire Fouquaut d'Archiac[9],

---

1. Jean Brunetot ou Burnetot, changeur de Paris. Il avait été anobli par Philippe de Valois en 1342.

2. Avait été trésorier de France en 1360, en même temps que Jean d'Orbec.

3. Maître des Comptes et ancien souverain maître des Monnaies du royaume.

4. Le trésorier des guerres bien connu.

5. Il avait succédé à Étienne de la Fontaine en qualité d'argentier du Roi (1353). Le ms. porte *Vanves* plutôt que *Vannes*. D'ailleurs Douët d'Arcq, qui avait d'abord désigné cet argentier sous le nom de G. de Vannes, avait fini par préférer l'appellation de G. de Vanves (*Nouveau recueil de comptes de l'Argenterie des rois de France*, 1874, p. xxx, n. 1.)

6. Bourgeois de Paris et changeur, comme Jean de Brunetot. — Un Jean Arrode avait été prévôt des marchands de Paris au XIIIᵉ siècle.

7. *Ordonnances des rois de France*, t. III, p. 473 et suiv.

8. C'est-à-dire qu'ils s'offrirent à venir combattre devant le roi de France, sans avoir été poursuivis, ni cités par lui, et qu'on leur laissa régler toutes les conditions de la rencontre. Voy., pour l'intérêt de cette distinction, *Hist. de Charles V*, t. II, p. 283.

9. Fouquaut d'Archiac, chevalier, seigneur de « Tornerac » (Thonerac, Tournerac). Voy. Bibl. nat., P. O. 85, d. 1746.

appellant, et messire Maingot Maubert[1], deffendant, et fist moult grant chaut celi jour. Et avint que le dit Fouquaut descendi de dessus son cheval, pour ce que le dit cheval estoit un pou desrayé[2], et moult longuement fu a pié ou champ, et tous jours se mettoit en peine de requerir son adversaire qui estoit à cheval, jusques à ce que il fu si travaillié que il n'en povoit plus, et de foiz à autres se asseoit sur une chaiere qui estoit au bout des lices, et cuidoient ceüls qui le veoient qu'il deust estre desconfit, car il avoit moult travaillié à pié, et si estoit lors malade d'un assès de quartaine. Mais du grant chaut qui estoit, le dit Maingot, qui tous jours estoit demourez à cheval, fu en tel point que il perdy toute puissance, par tele maniere que il se laissa pendre sur son arson devant, et feust cheuz qui l'eust laissié longuement, mais, quant son dit adversaire le vit en tel estat, il ala vers li à tres grant painne et le prist, ainsi pendant comme il estoit par le col, et le tira à terre, et fist son povoir de le tuer, mais l'en disoit que il estoit jà mort. Toutes voies, le dit Fouquaut fu si grevez, que il convint que ses amis, par le congié du Roy, l'emportassent en son hostel, et le dit Maingot demoura mort en la place, et depuis en fu portez par ses amis, du congié du Roy, et enterré le soir secretement, et le dit Fouquaut fu en bon point tantost que il ot un pou reposé[3].

1. Maingot Maubert, capitaine de la garnison de Saint-Jean-d'Angély en 1353-1354 (Bibl. nat., P. O. 1891, d. 43560).

2. C'est-à-dire : emporté ou devenu ingouvernable.

3. Le cheval de Maingot, qui appartenait de droit au vainqueur, fut vendu par lui au dauphin, pour le prix très élevé de 400 deniers d'or ou francs (voy. P. O., dossier précité, n°ˢ 5-7).

Item, celui jueudy, premier jour de juillet, fu la cité de Satalie[1] prise par les Crestiens, c'est asavoir par le roy de Chipre[2] et les freres de l'ospital de Saint-Jehan-de-Jherusalem, et pluseurs autres, tant du royaume de France comme d'aillieurs. Et toute celle saison le Roy se tint à Paris et environ, et en pluseurs pays du royaume de France furent pluseurs et diverses compaignes de gens de diverses nascions, et domagierent moult le royaume es parties où ilz furent.

Incidences. *Item*, le xxie jour du mois de novembre ensuyvant, mourut à Rouvre, près de Dijon[3], Phelippe, duc et conte de Bourgoigne, conte d'Artoys, d'Auvergne et de Bouloigne, de l'aage de xiii ans ou environ[4], auquel succeda ou duchié le roy de France, et es contez d'Artoys et de Bourgoigne, la mere au conte de Flandres, et es contez d'Auvergne et de Bouloigne, monseigneur Jehan de Bouloigne, oncle de sa mere[5]. Et se parti le Roy de Paris, pour aler prendre la possession du dit duchié, le dymenche v[e] jour de decembre ensuyvant, et ala au boys de Vinciennes au giste.

Item, en l'an mil CCC LXI dessusdit, le merquedy

---

1. Adalia, Atalia ou Satalièh, ville et port de la côte méridionale de l'Anatolie. La prise de cette ville n'eut lieu, en réalité, que le 24 août 1361. Voy. N. Jorga, *Philippe de Mézières et la croisade au XIVe siècle*. Paris, 1896, in-8°, p. 121 et suiv.

2. Pierre Ier de Lusignan.

3. Rouvres, Côte-d'Or, arr. de Dijon, cant. de Genlis.

4. En réalité, le jeune prince, né au commencement de l'année 1346, avait un peu plus de quinze ans au moment de sa mort (Ernest Petit, *Hist. des ducs de Bourgogne*, t. VII, p. 40-41, et t. IX, p. 2, n. 1, et 228).

5. Pour la façon dont fut réglée la succession de Bourgogne, voy. A. Chérest, *l'Archiprêtre*, p. 139-140.

vi^e jour d'avril devant Pasques, se combati le conte
de Tanquarville pour le Roy, et pluseurs autres chevaliers et escuiers, contre aucunes parties des compaignes, qui lors estoient ou royaume de France, à
Brinais, près de Lyon, sur le Rosne[1]. Et y furent pris
le dit conte de Tanquarville, monseigneur Jaques de
Bourbon, conte de la Marche, qui tantost après mourut pour les plaies qu'il ot en la dicte bataille[2], le
conte de Sallebruche, le conte de Joigny et pluseurs
autres, et le conte de Forest mourut en la place[3].

Item, le merquedy après Pasques et le jueudy ensuyvant, xxe et xxie jours du dit mois d'avril, l'an mil
CCCLXII, et furent Pasques le xviie jour du dit mois,
gelerent les vignes par toute France, Biauvoisin, Orle-
nois, Laonnois, Bourgoigne, et en la riviere de Marne,
par telle maniere que celle année ne crut point de vin
es diz pays, ne es pays voisins, [et] communelment l'en
ne trouvast pas en cent arpens une queue de vin, et
fist l'en le plus verjus de ce qui crut celle année, mais
les vignes geterent assez bois, et n'estoit homme qui
onques eust veu si grant faute de vin comme il fu
celui an.

1. Brinais est Brignais, Rhône, arr. de Lyon, cant. de Saint-
Genis-Laval. — Une erreur chronologique de Froissart, qui
place la date de cette bataille un an plus tôt, a faussé pendant
longtemps et rendu incompréhensible l'histoire de la *Grande
Compagnie*.

2. Son fils, Pierre de Bourbon, mourut, comme lui, de ses
blessures, à Lyon, où l'un et l'autre avaient été transportés
(Froissart, *Chroniques*, t. VI, p. xxviii et note; G. Guigue, *les
Tard-Venus*, p. 75-76).

3. Louis, comte de Forez depuis 1360, était fils du comte
Guigues VII et de Jeanne de Bourbon, sœur de Jacques de
Bourbon.

*Comment le roy de France ala à Avignon, et de la
mort de pape Innocent et de l'eleccion du pape Urbain,
dit Grimouart.*

L'an de grace mil CCC LXII, ou mois d'aoust, le
roy de France Jehan parti de Paris, pour aler à Avignon visiter le pape Innocent, qui lors vivoit. Et en
celui an meismes, le lundy XIIe jour de septembre,
mourut le dit pape Innocent. Et le jeudy, XXIIe jour du
dit mois, environ nonne, entrerent les cardinaulx ou
conclave pour eslire pape, et estoient lors[1] presens
XX cardinalx. Et le jueudy, XXVIIe jour d'octobre, veille
de saint Symon et saint Jude, l'an mil CCC LXII dessus dit, pour ce qu'il ne porent estre à accort de l'un
d'eulz[2], eslurent en pape l'abbé de Marseille[3], appellé
messire Guillaume Grimouart, qui par avant avoit esté
abbé de Saint-Germain-d'Aucerre, et estoit né de la
senechauciée de Beaucaire. Et, pour ce que il n'estoit
pas lors à Avignon, ilz celerent l'eleccion et li signi-
fierent que tantost il alast à Avignon. Et le dymenche
ensuyvant, XXXe jour du dit mois, au soir, il entra assez
secretement en la dicte ville et ala droit descendre en
l'ostel du Pape, et y just celle nuyt sanz ce qu'il veist
aucuns des diz cardinalx, qui encore leens estoient.
Et le lundy, veille de Toussains, li distrent les diz cardinaulx son eleccion, la quelle il ot aggreable, et celui

1. P. Paris : « Les. »

2. Les prétentions rivales des deux cardinaux de Périgord
et de Boulogne avaient divisé le Sacré-Collège en deux fractions
égales.

3. L'abbé de Saint-Victor de Marseille.

jour fu publiée, et fu appelé Urbain le Quint, et le vi[e] jour de novembre ensuyvant fut consacré.

Item, le dit roy Jehan, qui par avant estoit parti pour aler visiter le pape Innocent, si comme dessus est dit, entra en Avignon le dymenche devant la Sainte-Katherine, xxe jour du mois de novembre ensuyvant, et le reçu le dit pape Urbain honorablement, en consistoire, et le detint avec luy à disner.

Item, le lundy, v[e] jour du mois de decembre ensuyvant, fut la bataille du conte de Foez et de ses genz contre le conte d'Armygnac et les siens, à Lille, près de Thoulouse[1]. Et ot le dit conte de Foez victoire, et y furent pris le dit conte d'Armignac, les contes de Comminges[2] et de Montleshun[3], le seigneur de Lebret[4] et ses deux freres[5], le seigneur de Tarride[6], et pluseurs autres.

1. C'est ce qu'on appelle ordinairement la bataille de Launac (Haute-Garonne, arr. de Toulouse, cant. de Grenade-sur-Garonne), du nom d'une localité située à peu de distance de l'Isle-en-Jourdain (Gers, arr. de Lombez, ch.-l. de cant.).

2. Pierre-Raymond, comte de Comminges.

3. Guillaume-Arnaud, comte de Montlezun ou de Pardiac.

4. Arnaud-Amanieu, fils de Bernard-Ezi II et de Mathe d'Armagnac, sire d'Albret depuis 1358, mort en 1401. C'est lui qui épousa Marguerite de Bourbon.

5. Bérard et Geraud d'Albret.

6. Bertrand de Terride, vicomte de Gimoès. — La vicomté de Gimoès ou de Terride, qui dépendait de l'ancien diocèse de Toulouse, englobait notamment les villages situés au nord de l'Isle-Jourdain entre la Save et la Gimone, d'où elle a tiré son nom (*Gimonesium*). Son chef-lieu primitif s'élevait sur le territoire de la commune actuelle de Cologne (Gers, arr. de Lombez, ch.-l. de cant.) ou sur celui d'une des communes limitrophes. Les vicomtes de Gimoès étaient issus des comtes de

Item, le mardy ensuyvant, vi[e] jour du dit mois de decembre, fut la bataille de messire Amanion de Pomiers[1], appellant, et de messire Fouque d'Archiac, deffendant, en la presence du dit roy de France, à Ville-Neuve, près d'Avignon, et fu fait l'accort ou champ, parce que le dit Roy prist le descort sur luy.

Item, le venredy benoist ensuyvant[2], le dit pape Urbain prescha à Avignon le passage general d'oultre-mer, et en fist et ordena chief et capitain le dit roy de France Jehan, qui presenz estoit, et li bailla la croix, et au roy de Chipre et a pluseurs autres qui là estoient, et si fist et ordena le cardinal de Pierregort, legat pour le dit passage.

Comment le roy de France Jehan retourna de France en Angleterre de sa franche volenté, et comment il y fu receu honorablement des Anglois, et comment une maladie le prist, dont il mourut.

L'an de grace mil CCC LXIII[3], le mardy au soir, iiie jour de janvier, le roy de France entra en mer, à Bouloigne, pour aler en Angleterre traictier avec le roy d'Angleterre de la delivrance de son frere Phelippe, duc d'Orliens, de son fil Jehan, duc de Berry, et

Lomagne (Edmond Cabié, *Documents inédits... concernant le Gimoès*, dans *Revue de Gascogne* (1881), t. XXII, p. 423-424; P. Joanne, *Dict. Géographique et administratif de la France*).

1. Amanieu de Pommiers, seigneur gascon, qui avait com-battu à Poitiers dans les rangs anglais.

2. Le vendredi saint.

3. Manuscrit, fol. 438. En tête du feuillet, grande minia-ture représentant l'entrée de Jean II à Londres.

de pluseurs autres duz, contes et bannerez, qui là estoient hostaiges pour le dit roy de France, et qui y estoient demourez depuis la delivrance du dit roy Jehan de France. Et arriva le dit roy de France à Douvre, l'endemain jour de jueudy, et y demoura trois ou quatre jours, et depuis se parti et ala à Londres et entra en la ville le dymenche, xiiiie jour du dit mois de janvier, et alerent à l'encontre de li grant nombre de notables personnes de la dicte ville de Londres, jusques au nombre de mil chevaux ou de plus, vestuz de robes pareilles par mestiers, et alerent jusques à un hostel du dit roy d'Angleterre, appellé Helthan, à deux lieues près de la dicte ville de Londres[1], ouquel hostel le dit roy de France avoit disné celi jour aveques le roy d'Angleterre et la royne, et con-voierent[2] les dictes personnes de Londres le dit roy de France jusques à la dicte ville, et par ycelle jusques à un hostel, appellé Savoie, ou quel il fu logié[3]. Et assez tost après ordenerent les diz roys de France et d'Angleterre certainnes personnes de leurs Consaulx, pour traictier sur les choses pour les queles le dit roy de France estoit alé en Angleterre. Et, à l'entrée du mois de mars ensuyvant, prist une maladie au dit roy de France, pour occasion de la quelle les traictiez qui furent apointiez entre les diz Consaulx, et les quielx estoient neccessaires estre accordez par les diz roys, en presence l'un de l'autre, furent assoupez. Et fu malade

1. Eltham, comté de Kent.
2. P. Paris : « Envoierent. »
3. L'hôtel de Savoie, qui avait été sa première résidence pendant sa captivité.

le dit roy de France de la dicte maladie jusques au
lundy au soir environ myenuit, huitiesme jour du mois
d'avril, l'an mil CCC LXIIII après Pasques, — car
Pasques furent celi an le XXIIIIe jour de mars, — en
laquelle nuit il trespassa de ce siecle[1]. Et li succeda au
royaume de France Charles, son ainsné filz, lors duc
de Normandie et dalphin de Viennoys[2].

*En quel temps messire Bertram du Guesclin prist la ville
de Mante et celle de Meullent et pluseurs de Paris.*

L'an de grace mil CCC LXIIII dessus dit, celui huitiesme jour d'avril, monseigneur Bertran du Guesclin,
chevalier breton-galot, qui estoit, es parties de Nor-

---

1. On ignore de quel mal mourut le roi de France, mais on
sait qu'à cette époque l'état sanitaire de Londres était très
mauvais, comme le note la *Chronique des quatre premiers
Valois*, p. 130 : « En Angleterre oult (vers la fin de 1363) une
tres grant mortalité de mort moult hastive. En icelle mortalité,
mourust tres grand quantité de gens et des hostages grant foison, c'est assavoir monseigneur le conte de Saint-Pol, monseigneur de la Roche, monseigneur de Preaux... Et des bourgeois des bonnes villes de France moururent d'icelle mortalité
grant partie des hostages... »

2. La nouvelle de la mort de Jean II parvint à Paris le
16 avril (J. Lemoine, *Chron. de Richard Lescot*, p. 166, n. 4),
et c'est le lendemain 17 que le dauphin qui se trouvait au château du Goulet (dans une île de la Seine, l'Ile-aux-Bœufs, dépendant aujourd'hui de Notre-Dame-de-l'Ile, Eure, arr. et cant. des
Andelys) prit pour la première fois dans des actes publics le
titre de roi. Ici se termine logiquement la chronique de Jean II.
Néanmoins, dans le manuscrit français 2813, comme dans tous
ceux où une distinction matérielle est faite entre les règnes de
Jean II et de Charles V, celui de Charles V ne commence
qu'après la bataille de Cocherel, au couronnement du Roi.

mandie, capitain, de par le dit duc de Normandie[1], prist la ville de Mante, qui lors estoit au roy de Navarre. Et assez tost après fu la ville de Meullent prise, et toute la forteresse, par les gens du dit duc de Normandie, la quelle ville aussi estoit au dit roy de Navarre[2], et furent pris pluseurs de la ville de Paris et autres, qui tenoient la partie du dit roy de Navarre contre les diz roy de France et duc de Normandie, leurs drois seigneurs. Et pour ce en furent aucuns executez et decapitez à Paris comme traistres[3].

Comment le corps du roy Jehan fu apporté en France en l'abbaie de Saint-Anthoine-lez-Paris, et de son obsèque et enterrement à Saint-Denys.

Le merquedy, premier jour de may, l'an M CCC LXIIII dessus dit, le corps du dit roy Jehan, qui avoit esté trespassé à Londres, comme dit est, fu apporté à Saint-

1. Officiellement, Bertrand du Guesclin était qualifié « capitaine souverain », ou « capitaine général », « en la province de Rouen oultre la rivière de Saine et ou bailliage de Chartres et ressors » (Bibl. nat., Clairambault CXXXVIII, n° 20, mars 1364; P. O. 2633, d. 58513, Sacquainville, n° 5; 18 mars 1364).

2. Le dauphin, voulant déjouer les menées du roi de Navarre qui n'étaient plus un mystère pour personne, avait pris les devants en ouvrant les hostilités sans déclaration de guerre préalable. C'était une violation, au moins apparente, du droit des gens que, quelques mois plus tard, Charles V se croyait obligé de justifier, dans un mémoire adressé au Pape et au roi d'Angleterre (Secousse, *Recueil*, p. 200-208).

3. Un registre du Trésor des chartes (Arch. nat., JJ 94, fol. 20) donne les noms d'un certain nombre de « desobeissants et rebelles », de Mantes, qui furent pris dans la forte-

Anthoine près de Paris, au soir, et y demoura le jueudy, le venredy et le samedy ensuyvant, pour appareillier et mettre à point le corps et les autres choses neccessaires pour l'obseque. Et le dymenche, v[e] jour du dit mois de may, après disner, fu le dit corps apporté de la dicte abbaye de Saint-Anthoine en l'eglise de Nostre-Dame de Paris, acompaigniez de processions de toutes les eglises de Paris, de trois de ses filz, c'est asavoir : Charles, duc de Normandie, qui estoit ainsné[1], Loys, duc d'Anjou, qui estoit le secont, et Phelippe, duc de Touraine, qui estoit le plus jeune de tous ses filz, et ausi y fu le roy de Chipre, et Jehan, duc de Berry, qui estoit le tiers en aage, estoit encore en Angleterre[2]. Et porterent le corps dudit Roy les gens de son Parlement, si comme acoustumé avoit esté des autres roys, pour ce que ilz representent sa personne ou fait de justice, qui est le principal membre de sa coronne, et par lequel il regne et a seigneurie[3]. *Item,*

resse de Meulan où ils s'étaient réfugiés. Leurs biens furent confisqués et donnés à du Guesclin. Cf. *Chronique des quatre premiers Valois*, p. 142.

1. Remarquer que le titre de roi n'est donné par le chroniqueur au fils aîné de Jean II qu'après les obsèques de ce dernier à Saint-Denis (voy. ci-après, p. 344).

2. Le duc d'Anjou, qui était otage comme son frère le duc de Berry, s'était évadé de Calais, où il se trouvait momentanément, et, en violation de son serment, avait refusé de se remettre entre les mains des Anglais. Sa conduite aurait été l'un des motifs, sinon le motif déterminant, du retour de Jean II en Angleterre.

3. P. Paris a noté, non sans quelque apparence de raison, que « cette phrase semble accuser dans l'historien de Charles V un membre du Parlement » (p. 231, n. 1). Il ajoute, je ne vois

le lundy matin ensuyvant, vi^e jour du dit mois de may, fu la messe chantée sollempnelment en la dicte eglise de Nostre-Dame de Paris, et tantost après la messe fu le corps mis à chemin pour porter à Saint-Denys en France, par la maniere qu'il avoit esté apporté de Saint-Anthoine. Et alerent après à pié ses III filz, Charles, Loys et Phelippe, et aussi le dit roy de Chipre jusques à Saint-Ladre[1], au dehors de Paris, et là monterent à cheval les trois freres dessus diz et le dit roy de Chipre, et alerent tousjours à cheval après le corps jusques à l'entrée de la ville de Saint-Denys, et lors descendirent et alerent à pié après par la dicte ville jusques à l'eglise. Et le mardy ensuyvant, VIIe jour du dit mois de may, fu fait l'obseque du dit Roy, en la dicte eglise de Saint-Denis, et fu le corps enterré au bout du grant autel, à la senestre partie. Et tantost après la messe, le roy Charles, son ainsné filz, ala ou preau du cloistre de la dicte eglise, et là, appoyé à un savigner, estant ou dit preau[2], reçupt pluseurs hommaiges des pers et grans barons, et après ala disner et demoura à Saint-Denys le dit jour et l'endemain.

pas trop pourquoi : « La rédaction lui appartiendroit à partir du traité de Brétigny. »

1. La maladrerie de Saint-Lazare.

2. Savignier (*Sabinarius*). Ce mot se trouve dans le manuscrit de Charles V et dans tous ceux de la même famille. D'autres manuscrits, nombreux, le remplacent par la variante *figuier*. Une troisième leçon, évidemment mauvaise et qui provient d'une faute de lecture, est : *seigneur*. *Savignier* doit être préféré à *figuier*. On appelle ainsi aujourd'hui encore un conifère de petite taille, le *Juniperus sabina* (Olivier de Serres, *le Théâtre d'agriculture et mesnage des champs*, nouv. édit.,

Item, le jeudy ensuyvant, ixe jour du dit mois de may, parti le dit roy Charles de Saint-Denys pour aler à son sacre à Reims, le quel devoit estre le jour de la Trinité ensuyvant.

De la prise du captal par messire Bertran du Guesclin, chevalier.

Le jueudy, xvie jour du dit mois de may, monseigneur Bertran du Guesclin, qui lors estoit pour le dit roy de France es parties de Normandie, se combati devant Coicherel, près de la Croix Saint-Lieffroy[1], contre le captal de Buech, lors lieutenant du roy de Navarre es dittes parties, et fu le dit captal desconfit et pris, et la plus grant partie de sa gent mors ou pris. Et pour avoir le dit captal, le roy de France donna au dit messire Bertran, du quel le dit captal estoit prison, la contée de Longueville la Giffart[2], la quelle avoit esté au dit roy de Navarre[3]. Mais le roy de France l'avoit fait prendre et mettre en sa main, pour ce que le dit roy de Navarre s'estoit rendu son ennemy, et par ce le dit

publiée par la Société d'agriculture du département de la Seine, Paris, 1805, 2 vol. in-4°, t. II, p. 273 et 463, n° 60; C. de Kirwan, *les Conifères*, Paris, Rothschild, 1867, t. II, p. 167-168; Littré, *Dictionnaire*, v° *Savinier*).

1. Cocherel, hameau de la commune de Houlbec-Cocherel, Eure, arr. d'Évreux, cant. de Vernon. — La Croix-Saint-Leufroy, Eure, arr. de Louviers, cant. de Gaillon. Siège d'une ancienne abbaye bénédictine.

2. Seine-Inférieure, arr. de Dieppe, ch.-l. de cant.

3. Depuis la mort de son frère Philippe (29 août 1363) auquel le comté de Longueville appartenait.

messire Bertran laissa le dit captal au roy de France,
le quel il fist mener en prison ou marchié de Meaulz[1].

1. C'est ici que, dans la pensée de l'auteur du manuscrit 2813,
se termine véritablement la chronique de Jean II. Le titre courant ne change qu'au folio suivant : *Charles-le-Quint.* Ce feuillet porte à sa partie supérieure deux miniatures, particulière-
ment soignées, qui représentent le couronnement du Roi et
celui de la Reine. Certains manuscrits marquent, avec beaucoup plus de netteté encore, le point de départ entre les deux
chroniques et les deux règnes. Voy. Bibl. nat., ms. fr. 2597,
fol. 416 v°, col. 1 (après Cocherel) : « Ci fine l'istoire du roy
Jehan, » col. 2 : « Les chapitres du roy Charles le Quint. » —
Ms. fr. 2615, fol. 380. Après les mots « ou marchié de Meaux »
(fol. 379 v°) : « Cy fenissent les chappitres du roy Jehan et après
commence la table du roy Charles le Quint. » — Ms. fr. 6465,
fol. 417. Après les mêmes mots : « Cy finissent les croniques
du roy Jehan. Cy commence la table des croniques du roy
Charles le Quint de ce nom. »

Nogent-le-Rotrou, imprimerie DAUPELEY-GOUVERNEUR.

www.ingramcontent.com/pod-product-compliance
Lightning Source LLC
Chambersburg PA
CBHW061302030726

47595CB00001B/178